图书馆 · 情报 · 文献学

国家社科基金项目书系

本书是国家社科基金重点项目"基于关联数据的中文名称规范档语义描述及数据聚合研究"（15ATQ004）的研究成果

中文名称规范档的关联及聚合

Linage and Aggregation of Chinese Name Authority Files

贾君枝 著

国家图书馆出版社

图书在版编目（CIP）数据

中文名称规范档的关联及聚合 / 贾君枝著 . — 北京：
国家图书馆出版社，2022.12
ISBN 978-7-5013-7226-3

Ⅰ.①中… Ⅱ.①贾… Ⅲ.①中文－名称－规范－研
究 Ⅳ.① H12

中国版本图书馆 CIP 数据核字（2021）第 000372 号

书　　名	**中文名称规范档的关联及聚合**	
	ZHONGWEN MINGCHENG GUIFANDANG DE GUANLIAN JI JUHE	
著　　者	贾君枝　著	
责任编辑	张　颀	
封面设计	陆智昌	

出版发行　国家图书馆出版社（北京市西城区文津街 7 号　100034）
　　　　　（原书目文献出版社　北京图书馆出版社）
　　　　　010-66114536　63802249　nlcpress@nlc.cn（邮购）
网　　址　http://www.nlcpress.com
排　　版　北京旅教文化传播有限公司
印　　装　北京科信印刷有限公司
版次印次　2022 年 12 月第 1 版　2022 年 12 月第 1 次印刷

开　　本　710mm×1000mm　1/16
印　　张　17.75
字　　数　229 千字
书　　号　ISBN 978-7-5013-7226-3
定　　价　128.00 元

目　　录

前　　言 …………………………………………………………（ 1 ）

1　导　论 …………………………………………………………（ 1 ）

　　1.1　名称规范档的作用 ……………………………………（ 1 ）

　　1.2　名称规范档的发展历史 ………………………………（ 4 ）

　　1.3　名称规范档的国内外研究现状…………………………（ 11 ）

2　语义网环境下知识组织系统的发展 …………………………（ 32 ）

　　2.1　语义网 …………………………………………………（ 32 ）

　　2.2　关联数据 ………………………………………………（ 46 ）

　　2.3　知识组织系统 …………………………………………（ 66 ）

3　名称规范档的构建流程 ………………………………………（ 88 ）

　　3.1　名称规范档的工作原理 ………………………………（ 88 ）

　　3.2　描述规则 ………………………………………………（ 93 ）

　　3.3　描述格式 ………………………………………………（109）

　　3.4　描述词表 ………………………………………………（120）

4　名称规范档的建设与共享 ……………………………………（137）

　　4.1　国家名称规范档的建设 ………………………………（137）

　　4.2　名称规范档的共享模式 ………………………………（142）

4.3　NACO 项目 ……………………………………………（146）

4.4　LEAF ……………………………………………………（151）

4.5　中文名称联合数据库 …………………………………（155）

4.6　VIAF 项目 ………………………………………………（159）

5　中文名称规范档的发展途径 ………………………………（168）

　　5.1　中文名称特点 …………………………………………（168）

　　5.2　中文名称规范档建设存在的问题………………………（175）

　　5.3　中文名称规范档的发展路径 …………………………（179）

　　5.4　中文名称规范档的共建共享实现………………………（184）

6　中文名称规范档的关联数据化 ……………………………（194）

　　6.1　中文名称规范档关联数据化的应用价值 ……………（194）

　　6.2　中文名称规范档的数据模型 …………………………（197）

　　6.3　基于 Drupal 的数据发布 ……………………………（214）

7　中文人名名称规范档与外部资源的聚合应用 ……………（221）

　　7.1　中文人名名称规范档与维基百科的链接 ……………（221）

　　7.2　中文人名名称规范档与维基数据聚合实现 …………（229）

　　7.3　中文人名名称规范档与豆瓣读书的作者聚合 ………（246）

术语缩略词表 …………………………………………………（260）

综合主题索引 …………………………………………………（263）

图表目录

图 2-1　RDF 图例 ………………………………………………（36）

图 2-2　FOAF 术语 ………………………………………………（46）

图 2-3　《中图法》心理学类目 …………………………………（68）

图 2-4　MeSH 词表片段 …………………………………………（69）

图 2-5　疾病本体 …………………………………………………（71）

图 2-6　VIAF "鲁迅" 名称片段 …………………………………（72）

图 2-7　概念的语义三角 …………………………………………（74）

图 2-8　概念获取的方法 …………………………………………（75）

图 2-9　概念之间的语义关系 ……………………………………（77）

图 2-10　美国国会图书馆标题表的叙词 "Water" …………………（80）

图 2-11　OWL 版本的 NCI 叙词表 ………………………………（85）

图 3-1　名称规范档构建流程 ……………………………………（90）

图 3-2　名称规范档的工作实现 …………………………………（93）

图 3-3　书目框架模型 ……………………………………………（122）

图 4-1　分布式模型 ………………………………………………（143）

图 4-2　链接式模型 ………………………………………………（144）

图 4-3　中心式模型 ………………………………………………（145）

图 4-4　中心链接式模型……………………………………………（146）

图 4-5　NACO 数据传输………………………………………………（149）

图 4-6　NACO 中 2011—2017 年名称规范数据分布………………（150）

图 4-7　LEAF 系统的整体架构………………………………………（152）

图 4-8　CNAJDSS 平台的功能模块图………………………………（157）

图 4-9　增强型规范记录创建流程……………………………………（161）

图 4-10　MapReduce 工作原理………………………………………（162）

图 4-11　VIAF 簇分布…………………………………………………（164）

图 5-1　多馆中心式模型………………………………………………（187）

图 5-2　多馆系统的数据维护过程……………………………………（188）

图 6-1　Schema.org 类型层次结构……………………………………（207）

图 6-2　中文名称规范文档个人实体属性模型………………………（210）

图 6-3　中文名称规范文档个人实体关系模型………………………（211）

图 6-4　机构名称规范数据实体属性模型……………………………（213）

图 6-5　机构名称规范数据实体关系模型……………………………（214）

图 6-6　"Person" 类字段定义…………………………………………（216）

图 7-1　中文名称规范档平台与维基百科的交互……………………（224）

图 7-2　目标人物 URL 提取实现……………………………………（227）

图 7-3　提取结果与名称规范档结合…………………………………（229）

图 7-4　Wikidata 数据属性使用频次…………………………………（231）

图 7-5　聚合实现流程…………………………………………………（232）

图 7-6　维基数据 "老舍" 属性内容…………………………………（238）

图 7-7　"林昭" 人物名称数据………………………………………（238）

图 7-8　相似度计算结果………………………………………………（240）

图 7-9　RDF 文档表示…………………………………………………（241）

图 7-10 "老舍" RDF 属性图 ………………………………………（242）

图 7-11 "老舍" 人物信息页面 …………………………………（246）

图 7-12 豆瓣读书与中文名称规范档匹配算法设计 …………（251）

图 7-13 豆瓣数据和名称规范档数据模型 ……………………（256）

图 7-14 Author 内容类型字段设置 ……………………………（257）

图 7-15 有关毛姆的数据示例 …………………………………（258）

图 7-16 Firefox 浏览器查看 RDF 数据…………………………（259）

表 2-1 不同本体类型的 Swoogle 点击量 ……………………（ 44 ）

表 2-2 关联开放数据（LOD）云图中的馆藏资源数据集 ……（ 59 ）

表 2-3 LOD 中的规范文档数据集 ……………………………（ 61 ）

表 2-4 LOD 中的知识组织系统 ………………………………（ 64 ）

表 2-5 美国地名表（部分）……………………………………（ 70 ）

表 2-6 SKOS 属性 ………………………………………………（ 78 ）

表 3-1 "鲁迅" 名称规范形式 …………………………………（ 92 ）

表 3-2 个人名称实体的类型 …………………………………（105）

表 3-3 个人实体的属性 ………………………………………（105）

表 3-4 家族实体属性 …………………………………………（106）

表 3-5 团体实体类型 …………………………………………（107）

表 3-6 团体实体的属性 ………………………………………（107）

表 3-7 实体之间的关系 ………………………………………（108）

表 3-8 UNIMARC 标目字段 …………………………………（111）

表 3-9 UNIMARC 个人名称使用的字段 ……………………（112）

表 3-10 UNIMARC 团体名称使用的字段 ……………………（113）

表 3-11 MARC21 名称字段……………………………………（115）

表 3-12　个人名称字段 ……………………………………………（115）

表 3-13　MARC21 机构名称使用的字段 ………………………（116）

表 3-14　CNMARC 中标目使用的字段表 ……………………（118）

表 3-15　书目框架中名称类 ………………………………………（122）

表 3-16　德国国家图书馆的一条书目记录 ……………………（123）

表 3-17　Schema.org 中个人（Person）类定义的属性 ………（127）

表 3-18　Schema.org 中机构（Organization）类定义的属性 ·（128）

表 3-19　GND 定义的类 …………………………………………（131）

表 3-20　GND 定义的法人机构属性 ……………………………（132）

表 3-21　GND 人名规范数据的描述 ……………………………（133）

表 5-1　MARC21 与 CNMARC 个人名称字段的对应 ………（189）

表 6-1　个人实体的属性列表 ……………………………………（199）

表 6-2　机构实体的属性列表 ……………………………………（201）

表 6-3　个人相关的属性、关系及 RDF 映射 …………………（208）

表 6-4　机构相关的属性、关系及 RDF 映射 …………………（212）

表 7-1　CALIS 的 CNMARC 字段与维基数据属性的对应关系

　　　　…………………………………………………………（236）

前　言

随着数字资源的迅速发展，在资源文本表述中人名、机构名等名称类数据占比很高。由于名称类数据与实体对象之间并不存在一对一关系，从而为名称类数据识别带来了一定困难。图书馆作为信息资源处理的中心机构，致力于高质量的数据描述、表示与存储。为提升书目数据存取效率，以国家图书馆为核心的书目编制机构开始着手构建名称规范档，旨在将书目记录中的检索点人名、题名、主题名进行规范化管理，以实现名称的统一标识，建立正式名称与变异名称之间的关系，实现资源的汇聚。中文名称规范档的建设始于 1995 年，由国家图书馆负责，由于制作成本高、投入人力物力有限等原因，建成的规模并不大。但随着书目共享运动的发展，中文名称规范档的发展得到进一步推动。2003 年 10 月，国家图书馆、中国高等教育文献保障系统（China Academic Library & Information System，CALIS）管理中心、香港高校图书馆咨询委员会（Joint University Librarians Advisory Committee，JULAC）和台湾汉学研究中心四家联合成立中文名称规范联合协调委员会（Cooperative Committee for Chinese Name Authority，CCCNA），合作开展中文名称规范数据库建设，共同致力于中文名称规范档的建设。随着名称规范数据不断积累，就目前的应用范围看，仅限于图书馆内部书目记录检索，其价值还有待进一步提高。名称规范档的发展已经有近百年的历史，中文名称规范档的发展也已经历经 20 多年，作为书目数据的重要构成、重要的知识组织工具之一，名称规范档如何有效提高其构建效率，在网络资源开发与利用中发挥其重要价值？如何运用语义网技术与方法提高其机器可理解性及互操作性？这将成为中文名称规范档能否适应未来发展的重点考虑问题。

1997 年，国际图书馆协会与机构联合会（简称"国际图联"，International Federation of Library Associations and Institutions，IFLA）发布了书目记录的功能需求（Functional Requirements for Bibliographic Records，FRBR）模型，为制订新的编目规则奠定了基础，在此基础上提出了规范数据的功能需求（Functional Requirements for Authority Data，FRAD）模型，以适应数字网络环境及国际编目环境。2003 年联机计算机图书馆中心（Online Computer Library Center，OCLC）、美国国会图书馆（Library of Congress，LC）、德国国家图书馆（Deutsche Nationalbibliothek，DNB）三家机构着手开发虚拟国际规范文档（Virtual International Authority File，VIAF），旨在将各个国家的图书馆名称规范档建立匹配链接，实现名称规范档全球范围内应用。2004 年，国际图联联合指导委员会（Joint Steering Committee，JSC）批准发布的《资源描述与检索》（Resource Description and Access，RDA），成为取代《英美编目条例》第二版（Anglo-American Cataloguing Rules，Second edition，AACR2）的新一代著录规则标准，为所有内容及媒介类型的资源描述与检索提供参考和建议，旨在使图书馆提供的书目数据能够与互联网资源进行互操作。2006 年，关联数据的提出进一步推动了数据之间的互联与共享。2008 年，美国国会图书馆未来书目控制项目组提交报告，明确指出新的书目数据应具有以下特点：更灵活的元数据模型、面向网络环境的图书馆标准、为所有的数据元素及词汇生成基于 web 的标准识别符，进一步指明了书目数据的发展方向。2010 年，万维网联盟图书馆关联数据孵化小组（W3C Library Linked Data Incubator Group）成立，积极推动文献信息机构将语义网和关联数据有效应用于书目数据、规范档建设中，以提高这些数据在互联网环境下的复用性。2011年，美国国会图书馆为取代机读目录而开发了关联数据项目书目框架（Bibliographic Framework，BIBFRAME），此后瑞典、德国、日本、丹麦等许多国家的图书馆参与到关联数据发布中，纷纷将书目数据、名称规范档转换为关联数据，架起了图书馆数据的"语义转换之桥"。

随着新的资源描述标准——资源描述与检索（RDA）的问世及其关联数据的发展，名称规范档如何突破现有描述规则的局限性与机读目录格式（Machine-Readable Catalogue，MARC）描述格式的复杂性，通过与网络上可获得的资源和数据建立广泛链接，以获得丰富的语义而服务于其他网络应用程序，从而跨越图书馆的边界，实现最大限度的数据复用。立足于此，我们开展了语义网环境下中文名称规范档发展研究，旨在引入当前语义网及网络知识组织系统的理论，应用语义网的理论及方法，对中文名称规范数据的描述模型、形式化表示等关联数据化问题及其国际化应用进行研究。本文主要从以下四个方面开展了研究：一、梳理了中文名称规范档的发展现状，找出制约其发展的原因，并对国外的名称规范档项目 NACO、LEAF、GND、VIAF 进行了详细考察；二、对中文名称规范档的关联数据化进行分析，构建了数据模型，并探讨了关联数据发布流程及实现方案；三、对中文名称规范档的共享进行了研究，提出了共享模型及其与 VIAF 共享的实现方案；四、着重于中文名称规范档的应用探讨，分析了其与豆瓣、维基百科、维基数据的数据聚合理论及方法，促进了中文名称规范档的互联网应用，为其价值提升奠定基础。

全书分为七章。第一章"导论"，介绍名称规范档相关的基本概念，系统梳理了名称规范档的发展历史，对当前国内外学者围绕名称规范档开展的研究进行了总结。第二章"语义网环境下知识组织系统的发展"，揭示了语义网、关联数据、知识组织系统的发展特点，对于名称规范档的发展环境及其发展方向进行描述。第三章"名称规范档的构建流程"，剖析了名称规范档的工作实现原理，全面描述构建流程，同时对名称规范档构建过程中所使用的描述规则、描述格式、描述词表进行讨论，对不同国家的不同标准的描述规则及格式进行比较分析。第四章"名称规范档的建设与共享"，分别对具有代表性的美国国会图书馆、德国国家图书馆、中国国家图书馆、中国高等教育文献保障系统四家机构的名称规范档建设进行了概括性描述，对名称规范档的四种共享模式的特点进行了分析；以 NACO、LEAF、中文名称联合数据库、VIAF 四大名称规范档共享项目为例，深入分析其共享管理模式、共享平台及其资源情况。第五章"中文名称规范档的发展途径"，介绍了中文名称的特点，客观分析了当前中文名称规范档建设存在的问题，并进一步从网络知识组织工具、数据模型及描述规则、描述语言、数据质量、合作共享五个角度提出了中文名称规范档的发展路径，对中文名称规范档共享构成要素、共享模式及其与 VIAF 共享进行了详细分析。本章内容作为本研究的重点，旨在为中文名称规范档的发展提供建设思路。第六章"中文名称规范档的关联数据化"，讨论了关联数据化的应用价值，针对中文名称规范档的名称、机构实体以及数据模型、发布流程进行了分析，旨在实现名称规范档语义化描述及网络化应用。第七章"中文人名名称规范档与外部资源的集成应用"，探讨了名称规范档的应用场景。以维基百科、维基数据、豆瓣读书的 Web2.0 平台的人名数据为例，探讨在中文人名名称规范档建设中如何更好地利用 Web 资源，丰富其名称规范数据，以及外部资源如何利用中文规范档数据，提升其数据质量水平。

本书是国家社会科学基金重点项目"基于关联数据的中文名称规范档语义描述及数据聚合研究"（15ATQ004）的研究成果。书中内容包含了已发表论文中的相关研究成果，在此对为这些研究成果贡献力量的其他项目成员石燕青、白林林、薛秋红、李捷佳、赵宇飞等表示感谢。书中仍然存在一些不足之处，如在实证分析部分，所采集的数据规模不大，这是由于目前中文名称规范档缺乏大规模的数据下载接口，从而导致所处理的数据有限，一定程度上可能影响研究结果的可信度。另外，对于大数据环境下名称规范档如何与其他海量数据进行集成应用，并未在本书中进行讨论。

著者

二〇二二年六月

1 导 论

名称规范档在图书馆领域发展已将近多半个世纪，其有效地推动了书目记录检索效率的提升。随着编目环境的变化，从手工编目、计算机编目、合作编目到网络环境下编目工作的开展，名称规范档发展也经历了从基本思想提出、规范控制成熟发展、名称规范档共建共享、名称规范档语义化发展四个主要阶段。理论研究方面，学者们围绕名称规范档的建设，从规范控制模型及规则分析、规范控制工作、规范档的语义描述及网络应用进行了深入探讨；实践方面，各个图书馆不断丰富各自的名称规范档，并与其他机构建立合作，从名称规范档的语义化描述、国际合作、开放应用都进行了尝试，以扩大名称规范档在网络环境下的影响力。

1.1 名称规范档的作用

事物名称是人认识客观世界、区别客观事物的基础。由于语言的丰富性及多样化，存在着一个事物对应多个名称、一个名称可能对应多个事物的现象。为有效区分及识别这些事物，名称规范档应运而生。名称规范档的建设旨在实现对名称的规范控制，以达到唯一区分、类目汇聚的目的。

1.1.1 基本概念

1.1.1.1 书目记录

书目数据库的基本单元，表达书目的题名、责任者、出版社、主题、分类、馆藏等基本信息，便于实现对书目实体的获取。

1.1.1.2 标目

标目又称为检索点，是生成不同检索系统的依据。标目中包含检索信息资源所使用的题名、责任者、分类、主题等数据。

1.1.1.3 规范档

对书目记录中的检索点进行控制、跟踪、维护而形成的数据库。规范档通常包括名称规范档和主题规范档。

1.1.1.4 规范控制

利用规范档对书目数据库中的检索点（标目）进行规范化校验，以保证目录体系中标目的唯一性和一致性[1]。规范控制旨在构建、维护术语的统一形式，去除标目的歧义，实现资源的汇聚。

1.1.1.5 名称规范

名称规范是维护言语形式的一致性过程，为书目提供检索点，并显示名称、作品、主题之间的关系[2]。名称规范是编目过程的核心部分，有

---

[1] 国家图书馆MARC21格式使用手册课题组. MARC21规范数据格式使用手册[M]. 北京：北京图书馆出版社，2005.

[2] TAYLOR A G. Wynar's introduction to cataloging and classification[M]. 9th ed. Westport, Conn: Libraries Unlimited, 2004.

助于编目员及图书馆用户识别、定位所需资源[①]。

1.1.1.6 名称规范档

名称规范档又称为名称规范表，是实体名称集合。建立名称规范档的主要目的是识别唯一的命名对象，通过名称及名称变体形式，提供对名称实体记录的检索。

1.1.2 名称规范档的作用

1.1.2.1 消除名称歧义，统一表达形式

由于自然语言的丰富性及多样化，同一名称实体有多种表达方式，如著名作家茅盾，笔名有郎损、玄珠、方璧、止敬、蒲牢、微明、沈仲方、沈明甫等；同一表达形式可能指代不同的实体对象，如人名"刘伟"可能指代多个不同的人，从而给名称识别及统计带来了很大的困难。名称规范档将指代同一名称实体的不同名称聚集在一起表示，对同一表达形式的不同实体添加附加信息进行区分，从而较好地解决了名称歧义问题。

1.1.2.2 展示名称术语之间的关系

名称作为给定实体的专门称谓，其具有多样性、动态性特点。名称是个人名称、家族名称、机构名称、标题名称的集合。名称形式有缩写、全称、简称、变体名称、其他语种等多种形式。随着时间的变化，名称具有不同的演变形式。个人名称相对稳定，机构名称则会伴随机构的合并、撤销、更名等调整行为呈现出变化的趋势。名称规范档客观地记录各种名称形式，并对新旧名称演变、机构隶属关系、等同关系进行

---

① WOLVERTON R E. Authority control in academic libraries in the United States: a survey[J]. Cataloging & classification quarterly, 2005(1):111-131.

描述，充分全面地展示名称术语之间的各种联系，为名称的识别及应用提供基础。

1.1.2.3 提高检索及统计效率

所构建的名称规范档作为元数据库，可实现对与其关联的其他数据库，如人名、书目、期刊论文、会议等数据库的检索、统计分析，提高其信息检索及统计分析的质量。许多数据库中都涉及名称信息，规范档对名称的统一及标准化处理，可以消除数据库中名称的歧义问题，将指代同一实体的不同名称形式都纳入检索或统计中，确保检索的结果具有较好的覆盖性和准确性，使得基于此的以名称实体为核心的科研成果统计及评价、经济数据统计分析具有良好的数据源保障。

1.2 名称规范档的发展历史

随着名称类型数据所占的比例不断增加，书目记录中出现了同一名称下资源对象不同或不同名称指代的资源相同的情况。如何对名称进行有效的识别及控制，成为图书馆编目领域工作人员及学者要考虑的问题。在书目数据库中用规范文档对书目记录的检索点进行规范控制，通过实现标目的一致性，以达到检索效率提升、目录汇集的目标。规范记录成为与书目记录相伴而生、不可缺少的重要组成部分。名称规范控制和管理是图书馆规范控制工作的重要组成部分，名称规范档的建设水平已成为衡量图书馆书目数据库质量的指标之一。随着编目理论与实践的发展，规范控制也经历了从基本思想提出、规范控制成熟发展、名称规范档共建共享、名称规范档语义化四个主要发展阶段。

1.2.1 规范控制基本思想的提出

早在 1876 年，美国图书馆学家卡特（Charles Ammi Cutter，1837—1903）在其所拟定的《印刷本字典式目录规则》中提出，在建立"编目员的著者字顺表"的过程中需进行规范控制，并认为该表应该完整记录不同形式的全部名称。受卡特的影响，1908 年美国图书馆协会（American Library Association，ALA）和英国图书馆协会（Library Association，LA）共同制订的《目录规则：著者与书名款目》规定了使用参照方式以实现不同名称形式的链接。之后，以美国国会图书馆为首的一些图书馆着手开展规范工作。20 世纪 40 年代，美国国会图书馆开展合作编目计划，为了保证成员馆向其提交高质量的书目记录和规范记录，编制与《ALA 著者与书名款目编目规则》《成员馆合作编目手册》等，规定了个人与团体名称规范卡片的制作方法，以确保工作的可操作性。这一阶段各个图书馆以手工编制目录卡片为主，名称规范档卡片的编制成本高，主要由各国的国家图书馆承担此重任。其时，中国的名称规范档建设还处于空白期。

1.2.2 规范控制的成熟阶段

20 世纪 60 年代后，计算机的应用推动了机读目录格式的发展，图书馆界制订了一系列有关书目记录的规则，计算机编目成为图书馆业务活动的重要内容。随着书目记录数量的增加，名称规范档的建设成为必要。美国国会图书馆、联机图书馆中心和国际图联三个机构在规范控制领域发挥了重要的带头作用。他们先后颁布了针对名称规范档的著录规则及其机读目录格式，推动了名称规范档的标准化进程，促进了规范工作向成熟化发展，为实现地区级、国家级和国际级规范数据交换提供了可能。尤其是世界书目控制（Universal Bibliographic Control，UBC）

原则中明确指出国家书目机构有责任建立本国个人和团体著者的规范形式，各国家书目机构所创建的规范记录应易于被全世界所获取。这一规定进一步推动各国国家图书馆承担起构建本国规范库的重任。自动化规范控制成为这一时期各图书馆关注的重要问题。

1967 年，美国图书馆协会、加拿大图书馆协会（Canadian Library Association，CLA）、英国图书馆与情报专家学会（Chartered Institute of Library and Information Professionals，CILIP）共同出版的《英美编目条例》第 2 版（AACR2），其中虽然没有明确地强调规范控制，但它提供了关于书目记录的检索点选择、标目形成、提供参引的指导。1976 年，美国国会图书馆发布了《规范记录：MARC 格式》预印本，并于 1977 年开始提供机读型的名称规范记录。1981 年，《规范记录：MARC 格式》正式出版。1999 年，美国国会图书馆与加拿大国家图书馆合作出版《规范数据：MARC21 格式》，定义了规范记录中数据元素的指示符、子字段代码及取值。美国国会图书馆目前拥有 903 万条名称规范记录，其制作的规范数据被许多图书馆作为规范记录的来源或标准。

1979 年，联机图书馆中心编印了《名称规范：用户手册》。联机图书馆中心自 1982 年致力于自动化规范控制，与美国国会图书馆密切合作，将美国国会图书馆创建的名称规范数据纳入自己的数据库并建立规范记录与书目记录的链接。

20 世纪 70 年代，国际图联一直致力于构建规范控制的国际系统研究。1977 年首次出版了《个人名称》（*Names of Persons*），以指导款目编制。1978 年出版了《目录标目规范文档和规范控制系统调查：首次报告》，随后成立了国际规范控制工作小组，负责讨论、制订和实施国际规范系统的技术要求。1980 年发表了《IFLA 国际规范控制工作小组进展报告》《机构名称的形式和结构》，旨在推动统一书目控制框架下的标目统一性，实现国际数据交换。1984 年出版了《规范款目与参照款目指南》(*Guidelines for Authority and Reference Entries*，GARE)，2001 年修订为《规范记录与参照指南》(*Guidelines for Authority Records and References*，GARR)，为印刷品、缩微品及机读记录的统一题名及名称提供规范及参考款目的详细说明。除此之外，1991 年，国际图联还出版了《UNIMARC/ 规范格式》(*UNIMARC/Authorities*)，并于 2001 年修订，以带动机读形式的规范数据的国际交换。

中国名称规范档建设在这一阶段进入启动期。我国台湾地区于 1983 年制订《中国编目规则》，1984 年出版了《中国机读编目权威记录格式》。1991 年北京图书馆制订了两项规范标准草案:《规范数据款目著录规则（草案）》和《中国机读规范格式（试用本）》，并相继于 1997 年正式发布《中文名称规范数据款目格式著录规则》，2002 年发布《中国机读规范格式》。1995 年北京图书馆中文编目部成立了中文名称规范组，着手开展中文名称规范工作。截至 2013 年，中文名称规范数据库已经收录了 123 万多条记录。

1.2.3 名称规范档的共建共享阶段

名称规范档的建设是一个长期积累、不断更新的过程，规范数据制作成本较高，尤其是规范档的维护占到书目数据库日常维护的很大一部分，随着计算机网络的发展以及国际交流与合作的日益加强，规范控制工作进入共建共享时期。1977 年美国国会图书馆推动 "名称规范合作计划"(Name Authority Cooperative Program，NACO)，以促进共享的联合规范档形成。到 2016 年，已有 797 家机构参与向 NACO 创建的规范文档贡献数据。NACO 的许多记录包含了多语种信息，2016 年新增加名称规范记录 198 643 条，在这一方面，其他机构的贡献已超过美国国会图书馆。1995—1997 年，欧洲委员会开展 AUTHOR 项目，旨在促进规范记录的国际交流与共享，英国、法国等 5 个国家书目机构参与了模型构建，将 10 万条名称规范记录转换成 UNIMARC 格式统一存储。2001 年来自欧洲的 15 家机构合作开展"连接和探索规范档项目"（Linking and Exploring Authority Files，LEAF）。2003 年由德国国家图书馆、美国国会图书馆和联机计算机图书馆中心开发的虚拟国际规范文档（Virtual International Authority File，VIAF）采用虚拟联合模式，旨在链接各国国家图书馆的名称规范档，实现对全世界主要名称规范档的国际化存取服务，现有 35 家机构为其贡献数据，截至 2014 年 7 月，VIAF 已创建 4000 多万条规范记录和 1 亿多条书目记录。2003 年由国家图书馆、中国高等教育文献保障系统（CALIS）管理中心、香港高校图书馆咨询委员会（JULAC）和台湾汉学研究中心联合成立图书馆合作组织中文名称规范联合协调委员会（CCCNA），建立了"中文名称规范一站式查询系统"，旨在实现对中文名称规范数据的统一存取，数据总量已经达到 197 万条。

1.2.4　名称规范档的语义化发展阶段

随着语义网技术的发展以及用户需求的变化，图书馆编目规则及编码格式面临着极大的挑战，更侧重于外部特征揭示。机读格式的封闭性导致图书馆内部无法与网络资源有效集成，这些缺点日显突出。图书馆界重新审视编目记录中各数据单元与用户需求的关系，1997 年，国际图联发布了书目记录功能需求（FRBR）模型，采用实体关系模型描述书目记录中所涉及的概念，定义了规范记录涉及的（个人、团体、家族、主题等）实体，为后期制订新的编目规则奠定了基础。1999 年，国际图联着手扩充 FRBR 为规范数据的功能需求（FRAD）模型，旨在提供一个将规范记录创建者制作的数据与用户需求相关联的明确定义的结构化框架，有助于评估图书馆内外规范数据国际共享和应用。2008 年国际图联通过模型草案，模型中对规范记录中的实体、属性和关系进行了详细定义。2004 年国际图联联合指导委员会（JSC）批准发布《资源描述与检索》（RDA），RDA 成为取代《英美编目条例》（AACR2）的新一代著录规则标准，为所有内容及媒介类型的资源描述与检索提供完整的参考和建议，以适应数字环境及国际编目环境。如何运用新的数据模型及描述规则，将 MARC 格式的规范文档转换为计算机可理解的格式成为关键问题。成立于 2010 年的万维网联盟图书馆关联数据孵化小组（W3C Library Linked Data Incubator Group）积极推动图书馆将语义网和关联数据原则有效应用于书目数据、规范文档中，以提高这些数据在互联网环境下的可复用性。在 2011 年书目框架转变声明中，美国国会图书馆为取代机读目录而开发了关联数据项目书目框架（BIBFRAME），随后美国国会图书馆提供了规范数据 MARC 转换为 RDA 映射表。"PCC 可接受标目实施工作组"①于 2012 年 1 月提出 NACO 规范记录的 RDA 更新方案（草案），并于 7 月 11 日发布。2013 年 3 月，美国国会图书馆完成 640 000 条名称规范记录的转换。德国国家图书馆主导的集成规范文档（Gemeinsame Normdatei，GND）项目，提出了 GND 本体。关联开放数据（Linked Open Data，LOD）云中，由大型图书馆（如各国家图书馆或图书馆联盟）创建的 17 个规范文档数据集发布，与 DBpedia、VIAF、LIBRIS、dnb-gemeinsame-normdatei 建立广泛链接。VIAF 提供MARC21、XML、RDF、JSON 多种格式的输出，与维基百科、国际标准名称识别符（International Standard Name Identifier，ISNI）、社会网络及档案语境（Social Network and Archival Context，SNAC）等项目建立合作，在语义网中发挥了重要作用。2012 年，我国由国家图书馆牵头着手 RDA 的中文译本，2013 年定稿。2013 年，全国信息与文献标准化

---

① PCC(Program for Cooperative Cataloging，合作编目方案)Acceptable Headings Implementation Task Group。

技术委员会正式启动我国统一的文献著录规则研制，并将新的标准定名为"资源描述"，于 2016 年 6 月完成报批稿；2021 年 10 月，《信息与文献　资源描述》（GB/T 3792—2021）作为最新的通用描述规范正式实施，替代了以前的系列国家标准，进一步推动了中文名称规范数据向语义化发展的步伐。国家图书馆、CALIS 的名称规范档数据纷纷加入维基数据（Wikidata）中，为名称规范档的外部访问提供了有效链接。可以看出，图书馆在名称规范控制方面做出了极大努力，构建的名称规范档对于书目信息的组织序化起到了重要作用，增强了数据的规范化及可信度。

进入 21 世纪，图书馆收藏资源类型的多样化、用户需求的广泛性、传统编目规则及其记录描述格式的不适应性，迫使图书馆寻求适宜于网络环境下的发展。美国国会图书馆未来书目控制项目组于 2008 年提交报告，明确指出新的书目数据应具有以下特点：更灵活的元数据模型、面向网络环境的图书馆标准、为所有的数据元素及词汇生成基于 Web 的标准识别符，进一步指明了书目数据的发展方向。与书目数据相依存的名称规范数据同样面临着此问题。提高名称规范数据的制作效率、促进名称规范档的共建共享、扩大名称规范档的应用范围将是名称规范数据未来发展的目标。

从以上学术发展的脉络看，中文名称规范档的理论与实践应用与西方国家相比还有一定差距。但随着中文网络资源增多，各个机构国际科技交流与合作的日益频繁，中文名称规范档的建设水平势必影响到与名称相关联的资源统计、评价及其检索应用环节。而当前中文名称规范档的大多数记录以人名名称为主，缺乏对名称实体描述的多维度的详细性信息，具体表现为数据库规模小、制作成本高、数据完整性差、共享性低、仅局限于图书馆内部使用、缺乏良好的数据访问方式等问题，为中文名称数据的国际交流及其网络环境下名称实体识别及其聚类检索增加了难度，急需采用一定的方法及理论体系支持以改善当前现状，但现有理论研究缺乏对名称规范档语义层面应用的系统论述。事实上，名称规范档作为重要的传统知识组织工具之一，如何发挥其在语义网环境中的作用已成为当前研究的重点。随着新的资源描述与检索标准的问世及其关联数据的发展，中文名称规范档的发展面临着挑战，迫切需要突破现有描述规则的局限性与 MARC 描述格式的复杂性，通过与网络上可获得的资源和数据建立广泛链接，以获得丰富的语义而服务于网络其他应用程序，从而跨越图书馆的边界，实现最大限度的数据共享。如果我们将当前语义网及网络知识组织系统的理论引入中文名称规范档的建设，那么既可在理论上进一步丰富信息组织方法，又可为中文名称规范档的建设及其利用提供充分的借鉴与参考，为提升中文数据在世界范围内的影响力及发挥其价值奠定基础。

1.3 名称规范档的国内外研究现状

由于人们对不同的事物给予不同的名称、描述及视角，事物的名称呈现出多样化，从而导致该类型实体的识别困难以及相关资源查找效率低下等问题。名称规范档提供人名、团体名、会议名、地点及题名等规范数据，解决了名称指代不一致的问题。建设名称规范档的主要目标是：简化规范数据的创建维护流程，实现规范数据共享，降低编目成本；方便用户获取到他们需要的资源，并以他们喜爱的方式提供；有效实现资源间的链接，确保更广范围的知识获取①。1985 年，美国伊利诺伊大学的罗伯特·H. 伯格（Robert H. Burger）出版专著《图书编目规

① TILLETT B B. Authority control：state of the art and new perspectives[J]. Cataloging & classification quarterly，2004(3/4)：23-41.

范工作》(*Authority Work*),介绍了规范控制的理论和方法,提出了规范控制的 5 个步骤:建立规范记录;将规范记录集中形成规范文档;将规范文档和书目文档链接,形成规范系统;对规范文档和规范系统进行维护;对规范文档和规范系统进行评估[①]。这一专著的出版标志着规范控制的理论研究进入成熟阶段。

通过文献检索及综合调查发现,研究者们围绕名称规范档建设开展的研究主要涉及规范控制模型及规则分析、规范控制工作、规范档的语义描述及网络应用 3 个方面。

1.3.1 规范控制模型及规则分析

研究者分别对规范控制所使用规则的特点及优势、缺陷进行了客观分析,旨在充分认识当前使用的规则,并对其做进一步改进。

国际图联在《规范记录与参照指南》(GARR)中明确指出其设计目标是促进规范记录的国际交流,定义了款目包含的元素及其使用的符号,提供了规范标目、参照款目及解释款目的形式[②]。该指南所提出的 UNIMARC 规范格式,定义了记录结构、内容标识符、数据内容,能够更好地处理基于机器可读形式规范数据的国际交流[③]。美国国会图书馆发布的 MARC21 规范格式保持了与书目格式相同的结构与功能,武永娜将其与 CNMARC/A 格式对应的字段进行了分析[④]。国际图联提出 FRBR 模型,将书目记录分为作品、责任者、主题三组实体,并

---

① 伯格.图书编目规范工作[M].熊光莹,译.北京:商务印书馆,1993.

② IFLA Working Group on GARE Revision. Guidelines for authority records and references[M]. München:K. G. Saur, 2001.

③ WILLER M. UNIMARC manual:authorities format[M]. 2nd revised and enlarged edition. München:K. G. Saur, 2001.

④ 武永娜.简析规范数据 MARC21 格式[J].图书馆建设,2003(5):43-46.

定义了实体的属性及实体间的关系 ①。依据该模型，规范记录的功能需求与编码（Functional Requirements and Numbering of Authority Records, FRANAR）工作组提出了规范数据的功能需求（FRAD）模型，对名称和题名数据进行了实体关系定义，以满足规范数据国际共享的需求 ②。2010 年，国际图联又发布了主题规范数据功能需求（Functional Requirements for Subject Authority Data, FRSAD），旨在提供定义明确、结构化的主题规范数据参考框架，有助于促进主题规范数据国际分享及使用 ③。2011 年，美国国会图书馆发布了书目框架（BIBFRAME）。作为一种简单明确的数据模型，书目框架将实体类分为作品、实例、规范数据、注释数据，将书目数据与规范数据有机地融合，并采用资源描述框架（Resource Description Framework, RDF）定义，以帮助用户清晰地识别书目实体对象 ④。2012 年，国际标准组织正式发布了《信息与文献—国际标准名称识别符 ISO 27729：2012》[Information and documentation-International Standard name identifier（ISNI）]，作为"桥梁式"标识符，通过 ISNI 注册中心的数据库与其他数据库关联，解决由于作者元数据信息不规范而造成的书目数据无法互联问题，用以识别

① International Federation of Library Associations and Institutions. Functional requirements for bibliographic records[EB/OL]. [2014-01-15]. http：//www. ifla. org/files/assets/cataloguing/frbr/frbr_2008. pdf.

② IFLA Working Group on Functional Requirements and Numbering of Authority Records（FRANAR）. Functional requirements for authority data：a conceptual mode[EB/OL]. [2016-03-15]. http：//www. ifla. org/files/assets/cataloguing/frad/frad_2013. pdf.

③ International Federation of Library Associations and Institutions. Functional requirements for subject authority data（FRSAD）：a conceptual model[EB/OL]. [2014-03-15]. http：//www. ifla. org/files/assets/classification-and-indexing/functional-requirements-for-subject-authority-data/frsad-final-report. pdf.

④ Library of Congress. Bibliographic framework as a web of data：linked data model and supporting services [EB/OL]. [2016-03-15]. http：//www. loc. gov/bibframe/pdf/marcld-report-11-21-2012. pdf.

创造性作品贡献者 ①。2016 年，国际图联 FRBR 评估组完成 FRBR 图书馆参考模型（FRBR-Library Reference Model，FRBR-LRM）初稿，采用"实体—关系"框架，定义了 11 个对实现用户任务具有关键作用的实体，确立实体之间的关系 ②。2012 年，全国信息与文献标准化技术委员会组织召开《国际标准书目著录》（International Standard Bibliographic Description，ISBD）统一版专家研讨会，启动中国文献著录规则统一版的研制，研制工作中参考 RDA 物理表现层的规则，同时兼顾我国原文献著录规则各分册的著录规定，将该标准命名为《资源描述》③。

围绕这些新的数据模型，研究者从不同角度对规范控制模型及其规则进行阐述。Snyman 和 Van Rensburg ④ 分析了规范控制与存取控制的差异，提出了国际标准作者号（International Standard Author Number，ISAN）模型，以实现对名称的标准化管理。Plassard ⑤ 对 UNIMARC/A 的来源、范围、目的、字段进行了详细介绍，认为其有效地促进了国家书目机构的机器可读的规范数据交换。Snyman 和 Van Rensburg ⑥ 比较分析了 ISAN 与 NACO 模型性能差异，认为规范控制中需发挥两者的

---

① International Standard Name Identifier(ISO 27729)[EB/OL]. [2016-08-15]. http://www. isni. org/.

② International Federation of Library Associations and Institutions. FRBR-library reference model[EB/OL]. [2016-10-13]. http://www. ifla. org-files-assets-cataloguing-frbr-lrm-frbr-lrm_20160225. pdf.

③ 宋文,朱学军.《资源描述》国家标准及对我国信息资源描述标准体系的思考[J]. 数字图书馆论坛, 2016(12):21-27.

④ SNYMAN M M M, VAN RENSBURG M J. Reengineering name authority control[J]. Electronic library, 1999(5):313-322.

⑤ PLASSARD M F. Authority control in an international environment:the UNIMARC format for authorities[J/OL]. [2020-08-26]. https://www.nii.ac.jp/publications/CJK-WS/2-1Plassard.pdf.

⑥ SNYMAN M M M, VAN RENSBURG M J. NACO versus ISAN:prospects for name authority control[J]. Electronic library, 2000(1):63-68.

互补优势。Zeng 和 Žumer[1] 认为主题规范数据未来将成为语义网或者关联数据的重要构成，讨论了 FRSAD 模型与 BS8723-5、SKOS、OWL、DCMI 模型的映射。Dunsire 和 Willer[2] 对适于语义网的 IFLA、ISBD、UNIMARC 元数据标准进行探讨，提出元数据管理的新要求，采用 RDF 三元组表示以提高描述的细粒度和互操作性。美国国会图书馆提出了元数据规范描述模式（Metadata Authority Description Schema，MADS），定义了规范数据的 XML 格式，为实现信息资源的整合提供了可能性[3]。AACR2 虽然提供了书目记录的检索点选择，Kiorgaard 和 Huthwaite[4] 分析了 AACR2 在规范控制中的局限性，指出 AACR2 并没有提供规范控制原则及规范记录核心元素指南，认为 RDA 通过揭示作品与表达形式的关系，明确定义了规范控制及其规范记录结构。Danskin[5] 认为 RDA 是基于 FRBR、FRAD 模型、具有清晰的结构、可表示为关联数据的开放标准。Taniguchi[6] 对 FRBR、FRAD 模型进行修正，提出基于事件的新模型。Baker 等[7] 从 RDF 角度对 FRBR、RDA 及其 BIBFRAME 所定义的类、属性进行比较分析，分析了 RDF 表示的局限性，提出了相应的

① ZENG M L，ŽUMER M. Introducing FRSAD and mapping it with SKOS and other models[J]. International cataloguing and bibliographic control，2010（3）：53-56.

② DUNSIRE G，WILLER M. Standard library metadata models and structures for the semantic web[J]. Library Hi Tech news，2011（3）：1-12.

③ Library of Congress. MADS 2. 0 user guidelines [EB/OL]. [2020-10-03]. http://www. loc. gov/standards/mads/.

④ KIORGAARD D，HUTHWAITE A. Authority control in AARC3[EB/OL]. [2020-10-03]. http://www. nla. gov. au/openpublish/index. php/nlasp/article/view/1227/1512.

⑤ DANSKIN A. Linked and open data：RDA and bibliographic control[J]. JLIS. it，2013（1）：147-159.

⑥ TANIGUCHI S. Event-aware FRBR and FRAD models：are they useful?[J]. Journal of documentation，2013（3）：452-472.

⑦ BAKER T，COYLE K，PETIYA S. Multi-entity models of resource description in the semantic web：a comparison of FRBR，RDA and BIBFRAME[J]. Library Hi Tech，2014（4）：562-582.

解决方式。国内学者黄艳芬^①比较 FRAD 与 CNMARC 规范控制的内容、检索点、著录实体的异同，分析在 CNMARC 规范控制中实现 FRAD 概念模型存在的障碍。董燕^②梳理了我国名称规范文档的建设，认为《中国文献编目规则》和《中文图书名称规范数据款目著录规则》在实际操作中存在较多的细节问题，需要遵循国际原则，同时结合中文文献的特点，制定统一的系列标准及细则。朱青青和孙凤玲^③研究了如何将 FRAD 概念模型应用到中文名称规范文档的建设中，清晰定义实体间的各种关系，解决用户对实体的识别等问题。刘炜和夏翠娟^④分析了新的书目框架格式 BIBFRAME 的关联数据模型，认为其具有开放性、语义化、向后兼容性等特点，是一种面向语义网的书目数据格式，将为图书馆数据融入更广阔的互联网环境带来巨大的潜力和可能性。胡小菁^⑤对 BIBFRAME2.0 草案进行详细剖析，提出核心类由创作作品、实例、规范和注释四个转变为创作作品、实例和单件三个。杨恩毅^⑥试图从模型结构、用户任务、实体、属性、关系等方面着重分析 FRBR-LRM 与 FR 家族三模型之间的异同。力恺^⑦在总结日本编目规则的基础上，提出了 RDA 本土化发展建议。

① 黄艳芬 . FRAD 概念模型与 CNMARC 规范控制 [J]. 图书情报工作, 2009(12): 125-128.

② 董燕 . 我国中文名称规范研究进展概述 [J]. 图书馆工作与研究, 2011(8): 27-29.

③ 朱青青, 孙凤玲. FRAD 与中文名称规范控制之研究[J]. 国家图书馆学刊, 2012 (2):19-22.

④ 刘炜, 夏翠娟. 书目数据新格式 BIBFRAME 及其应用[J]. 大学图书馆学报, 2014 (1):5-13.

⑤ 胡小菁 . BIBFRAME 核心类演变分析 [J]. 中国图书馆学报, 2016(3):20-26.

⑥ 杨恩毅. 试论 FRBR-LRM 与 FR 家族三模型的区别与联系[J]. 图书馆杂志, 2017 (5):1-13.

⑦ 力恺.《资源描述与检索》(RDA)的本土化: 从日本制定新《日本编目规则》(NCR) 谈起 [J]. 大学图书馆学报, 2018(2):31-36.

综合国外学者关于规范控制模型及规则的研究可以发现，针对规范控制的模型及规则体系日趋完善。从 AACR2 到 RDA，从早期的标目选取到检索点的控制，从 MARC 格式到 MARC/XML、RDF 三元组格式，规范控制向标准化、国际化迈进了一大步。我国规范控制工作开展得比西方国家晚，但目前已相应地构建了针对中文资源的规范控制规则，学者也讨论了我国规范控制规则存在的问题及发展建议。针对国际编目新形势所提出的 RDA 规则，我国已启动针对规范控制的新规则构建，如何借鉴现有的研究成果，设计适应我国规范控制的规则，成为当前研究中面临的重要问题。充分探讨未来语义网环境下中文规范控制模型及规则的发展，对于信息组织理论与实践发展具有深远意义。

1.3.2　名称规范控制工作的实践总结

基于规范控制规则，各国图书馆纷纷着手于名称规范档的建设。各学者基于名称规范控制实践工作开展的研究，主要涉及建设现状、自动规范控制、多语种、共建共享等问题。

1.3.2.1　名称规范档建设现状

Jamieson[①] 发现与基于关键词检索相比，三分之二的非优先标题借助于名称规范档可以找到书目记录。Hodge[②] 指出，国会图书馆名称规范档和 Getty 地理名称规范档可以对不同名称形式的实体进行控制，并链接到书目记录或其他文档，有助于帮助用户查找到需要的资源。Hu

---

① JAMIESON A J. Keyword searching vs. authority control in an online catalog [J]. Journal of academic librarianship，1986(5)：277-283.

② HODGE G. Systems of knowledge organization for digital libraries：beyond traditional authority files[R/OL]. [2020-08-26]. https：//www. clir. org/wp-content/uploads/sites/6/2016/09/pub91. pdf.

等①对中国、日本等地的中文名称规范档的建设情况进行了调查，发现不同机构采用不同的 MARC 格式。Gorman②指出名称规范档的作用：记录检索点的各种形式，选择检索点的标准形式，确保书目记录的标准化。Seljak 等③描述了斯洛文尼亚 COBISS 图书信息系统的规范控制的实施，在书目记录的基础上自动创建规范档，并建立两者之间的链接。Xia④认为名称规范结构不仅用于维护一致性，提高检索效率，而且将对象与研究者连接，实现对知识产权的管理，提高引文分析准确性。Reid 等⑤讨论了美国国家档案和记录管理局（National Archives and Records Administration，NARA）的规范档的创建、维护，以实现对档案资源的准确获取。Park 等⑥讨论了规范控制是编目员的重要职责，需要掌握使用规范控制规则，才有能力处理规范文档。Lopatin⑦调查中发现 93% 的学院图书馆和非学院图书馆都使用规范词表。Barrionuevo 等⑧对西班牙大学资源库规范控制 26 年的发展状况进行分析，发现各图书馆资源规

① HU L, TAM O, LO P. Chinese name authority control in Asia：an overview[J]. Cataloging & classification quarterly，2004(1/2)：465-488.

② GORMAN M. Authority control in the context of bibliographic control in the electronic environment[J]. Cataloging & classification quarterly，2004(3/4)：11-22.

③ SELJAK M, BREŠAR T, CURK L, et al. Implementation of authority control in the COBISS. SI library information system, Slovenia[J]. New library world，2004(5/6)：203-212.

④ XIA J. Personal name identification in the practice of digital repositories[J]. Electronic library and information systems，2006(3)：256-267.

⑤ REID L J E, SIMMONS C J. Authority control at the national archives and records administration[J]. Journal of archival organization，2008(1/2)：95-120.

⑥ PARK J R, LU C, MARION L. Cataloging professionals in the digital environment：a content analysis of job descriptions[J]. Journal of the American society for information science & technology，2009(4)：844-857.

⑦ LOPATIN L. Metadata practices in academic and non-Academic libraries for digital projects：a survey[J]. Cataloging & classification quarterly，2010(8)：716-742.

⑧ BARRIONUEVO L, Díez M L A, RODRIGUEZ-BRAVO B. A study of authority control in Spanish university repositories[J]. Knowledge organization，2012(2)：95-103.

范控制发展不均衡，检索系统很少采用规范词表对文档进行分类，需制定有效的政策，加强机构之间的合作，发挥规范档在分类、元数据生成、信息检索中的作用。Pulis[①]对 NACO 规范档首次使用的标目进行调查，发现三分之二的标目出现在规范文档，三分之一缺乏对应的规范文档。Chang 等[②]构建了针对 FRBR 模型的 Koha 网络应用平台，建立 CMARC/MARC21 到 FRBR 的映射机制，设计了新一代中文 FRBR OPAC 用户接口。Spink 和 Leatherbury[③]将国会图书馆名称规范档用于人名数据检索的相关试验中，利用名称的变异形式实现扩展检索，检索效率提高了 11%。Waugh 等[④]针对电子论文数据库（ETD），开发了 UNT 名称应用程序，用以实现名称一致性描述，消除名称歧义，为数字化馆藏提供名称参考。Dunn[⑤]结合个人实践，对在项目中如何构建名称规范档做了详细的介绍，并进行举例说明。

围绕我国名称规范文档的建设，学者们提出各自的观点，旨在提高我国名称规范档的建设水平。刘春红等[⑥]结合清华大学图书馆 NINOPAC 系统规范数据模块中规范记录字段的特点，探讨了该馆中文名称规范记录主要字段的著录要点。曹宁等[⑦]针对中国人的姓名具有姓氏数量相对

---

① PULIS N V. "First time use"（FTU）name headings, authority control, and NACO[J]. Library management, 2006(8/9):562-574.

② CHANG N, TSAI Y, DUNSIRE G, et al. Experimenting with implementing FRBR in a Chinese Koha system[J]. Library Hi Tech news, 2013(10):10-20.

③ SPINK A , LEATHERBURY M. Name authority files and humanities database searching[J]. Online & CD-ROM review, 1994(3):143-148.

④ WAUGH L, TARVER H, PHILLIPS M E. Introducing name authority into an ETD collection[J]. Library management, 2014(4/5):271-283.

⑤ DUNN L. Name authority control in large projects[J]. Indexer, 2015(3).

⑥ 刘春红,李凤侠,杨慧.清华大学图书馆名称规范数据的著录探讨[J].现代图书情报技术,2005(2):67-70.

⑦ 曹宁,仲岩.论中国个人名称标目的区分问题[J].中国图书馆学报,2006(6):89-92.

于总人口的比例严重短缺、各汉字姓氏在人口中的实际分布严重失衡、取名用字高度集中等特点，提出中文编目规范控制过程中对中国个人名称标目进行区分。顾犇^①讨论了国际编目原则的起草、FRBR 的研究和推广、《国际标准书目著录》（ISBD）和《资源描述与检索》的修订等国际编目领域的重大变化，建议开发更灵活和可扩展的元数据载体，将图书馆标准结合到万维网的环境中。王冠华^②对国家图书馆和CALIS 两所机构中的各类规范名称标目的选取及规范形式进行比较分析，提出需要构建完整的中文名称规范文档建设规则体系，实现规范化和标准化。易向军^③在对联机编目环境下我国书目数据规范控制的发展现状进行分析的基础上，提出联机编目规范控制工作的可行性，并就联机编目环境下书目规范控制的发展规划和策略进行探讨。张兰^④对中国图书馆中文名称规范控制现状进行调查与分析后指出，目前内地（大陆）和港澳台地区的中文名称规范数据库中的数据量已初具规模，但标目形式各具差异。李慧佳等^⑤通过分析中科院机构名称规范库建设的思路、内容与服务，描述了中国科学院机构名称规范库的元数据表及其机构关联关系。王彦侨和王广平^⑥提出我国中文书目规范控制在机读格式、标目、名称附加等方面均存在共性和差异，应当统一规则、加强合作，推动中文书

---

① 顾犇. 文献编目领域中的机遇和挑战 [J]. 图书馆建设, 2008(4):74-75.

② 王冠华. 国家图书馆与CALIS中文名称标目选取原则及规范形式的差异[J]. 图书馆建设, 2010(6):57-60.

③ 易向军. 联机编目环境下书目数据规范控制研究[J]. 中国图书馆学报, 2011(6):120-124.

④ 张兰. 我国图书馆中文名称规范控制现状调查与分析[J]. 图书馆理论与实践, 2014(9):55-58.

⑤ 李慧佳, 马建玲, 张秀秀, 等. 中文机构名称规范库建设的实践与分析——以"中科院机构名称规范库"建设为例[J]. 图书与情报, 2016(1):133-139.

⑥ 王彦侨, 王广平. 中文名称规范数据的维护与整合 [J]. 图书馆杂志, 2017(2):56-59.

目数据和规范数据质量的提高。赵捷[①]等提出中文名称规范档的建设存在着数据规模小、数据完全性差、数据共享性低等问题。

1.3.2.2 自动规范控制

随着 OPAC 的出现，为提高规范控制效率，作者名称的自动识别及聚类成为关键问题。Franklin[②]探讨了通过书目记录与规范文档标目匹配实现自动规范控制，以 LC 规范数据为例进行实验，证明了该方法的有效性。Warnner 和 Brown[③]设计了基于贝叶斯分类器的名称自动抽取系统以提高名称规范档的建设效率。Chávez-Aragón 等[④]通过作者额外的语义信息，如合著者、题名关键词、出版地等，解决数字化书目及图书馆项目（DBLP）数据库的作者名称的规范控制问题。Diaz-Valenzuela 等[⑤]探讨基于数据挖掘技术的自动规范控制系统设计，通过唯一标识符、题名或者摘要中关键词、合著者属性等计算相似度，旨在找到作者名称的不同表示形式，对相同作者名进行区分。On 等[⑥]重点研究数字图书馆资源中作者各种名称形式的自动发现，采用最大权重及基数双向匹配

① 赵捷，贾君枝.数据网络中中文名称规范档的建设与发展[J].图书情报工作，2017（22）：134-139.

② FRANKLIN L F. Preparing for automated authority control: a projection of name headings verified[J]. Journal of academic librarianship, 1987(4):205-208.

③ WARNNER J W, BROWN E W. Automated name authority control[C]// Proceedings of the 1st ACM/IEEE-CS Joint Conference on Digital Libraries. January, 2001, Roanoke, Virginia. New York: ACM, 2001:21-22.

④ CHÁVEZ-ARAGÓN A, CRUZ J F R, REYES-GALAVIZ O F, et al. An algorithm to tackle the name authority control problem using semantic information[M]. IEEE, 2009: 176-179.

⑤ DIAZ-VALENZUELA I, MARTIN-BAUTISTA M J, VILA M A, et al. An automatic system for identifying authorities in digital libraries[J]. Expert systems with application, 2013(10):3994-4002.

⑥ ON B W, CHOI G S, JUNG S M. A case study for understanding the nature of redundant entities in bibliographic digital libraries[J]. Electronic library and information systems, 2014(3):246-271.

算法，并将识别出的名称与名称规范档建立链接。Hickey 和 Toves[①] 给出了 VIAF 名称匹配算法，对算法的每一步中可能带入歧义的情况进行分析并给出解决方案，对不同机构的名称规范数据实现聚簇，分配唯一的簇号。Carrasco 等[②] 应用相似度匹配算法识别书目记录的作者名，通过对名称附加信息日期进行解析以实现其名称规范自动控制。石燕青[③] 探讨了国内中文名称规范档整合思路，提出多馆中心式模式，通过对数据格式的转换及其数据对应，建立一个信息覆盖全面、格式规范的规范文档库。王瑞云和贾君枝[④] 分析国内名称规范联合库 CCCNA 的检索服务和数据库记录特点，提出对结果集记录合并聚簇的思路，基于个人实体属性名称、出生年、个人关联的书目题名及关联的外部记录实现个人名称规范记录聚簇。李慧佳等[⑤] 结合元数据语义描述标准和元数据语义化映射方法，对中国科学院机构名称规范控制库的元数据语义化映射进行实证研究，从不同层级、学科领域、句法和词法、复杂项映射进行分析。贾君枝等[⑥] 基于 K-means 算法将机构名称围绕聚类中心抱团聚簇，并对每一个簇的机构名称赋予唯一标识符以实现名称归一化处理。

---

① HICKEY T B, TOVES J A. Managing ambiguity in VIAF[J]. D-lib magazine, 2014 (7/8).

② CARRASCO R C, SERRANO A, CASTILLO-BUERGO R. A parser for authority control of author names in bibliographic records[J]. Information processing & management, 2016(5):753-764.

③ 石燕青. 中文个人名称规范文档共享研究及语义化探索[D]. 太原：山西大学, 2016.

④ 王瑞云, 贾君枝. 中文个人名称规范记录的实体匹配与聚簇[J]. 国家图书馆学刊, 2017(2):79-86.

⑤ 李慧佳, 马建玲, 张秀秀, 等. 元数据语义化映射过程研究——以中科院机构名称规范控制库为例[J]. 图书馆论坛, 2017(12):72-79.

⑥ 贾君枝, 曾建勋, 李捷佳, 等. 科研机构名称归一化实现[J]. 图书情报工作, 2018 (13):103-110.

1.3.2.3 多语言问题

不同国家和地区的语言差异，导致名称规范档面临着不同语言处理问题。当前的编目规则不能较好地处理非拉丁语系的名字，比如美国国会图书馆的名称规范档不能有效地存储中文、日文、韩文人名。Yu[1] 提出一个包含多语种、多脚本、基于网络的界面设计的模型，帮助拥有东亚规范数据的机构更好地与美国国会图书馆的网络名称规范文档进行互操作。欧洲国家图书馆会议于1997年提出了多语言主题存取（MACS），旨在利用主题规范档实现标题的等同，提供对欧洲数据库的多语言主题存取[2]。El-Sherbini[3] 描述了亚历山大图书馆对阿拉伯人名的规范控制发展及实现过程，在同时考虑用户需求和国际标准的基础上，建立一个多语种的本地规范文档，促进阿拉伯名称记录的规范化。贾延霞和魏成光[4] 通过对中日韩三国图书馆中人名记录的著录差异进行比较分析，探讨了三国共享规范数据的可能性，为名称规范文档在区域范围内的共享提供了参考。由于东亚国际使用的语言和拉丁文的语言体系不同，文字上的差异增加了共享难度，Kimura[5] 比较了中日韩三国图书馆和美国国会图书馆对日本人名和团体名称的描述，以找出他们的区别，为实现名称规范数据共享奠定基础，同时在 FRAD 模型提出的 15 个实体及关系

① YU A J. The future of authority control for CJK name headings[C]//Joint Symposium on Library and Information Services. Hong Kong: Lingnan College, 1998.

② CLAVEL-MERRIN G. MACS(Multilingual access to subjects): a virtual authority file across languages[J]. Cataloging & classification quarterly, 2004(1/2): 323-330.

③ EL-SHERBINI M. Bibliotheca alexandria's model for arabic name authority control[J]. Library resource & technical Services, 2013(1): 4-17.

④ 贾延霞, 魏成光. 中日韩个人名称规范比较及共享初探[J]. 国家图书馆学刊,2013(6): 59-64, 52.

⑤ KIMURA M. Differences in representations of Japanese name authority data among CJK countries and the Library of Congress[J]. Information processing & management, 2014(5): 733-751.

基础上，针对非罗马语言提出改进模型，以便于名称数据国际范围内交流共享[1]。

1.3.2.4 名称规范控制的共建共享

图书馆信息技术协会（Library Information Technology Association, LITA）于1979年召开了规范控制的会议，认为全球范围内的规范文档共享及其自动规范控制系统是未来发展的重要方向[2]。Danskin[3]描述了英美规范档AAAF的目的在于通过共享名称规范档实现书目数据的交换，并分析了建设的三个阶段及其遇到的机会与挑战。Buizza[4]认为促进规范控制发展的因素是目录的发展及图书馆服务，规范控制的发展经历了从关注统一标目原则到规范记录的定义，从注重国家编目机构的责任发展到国际共享概念。胡云霞[5]对国外联机规范共享数据库NACO、VIAF进行了分析，提出我国规范控制规则的标准性和一致性需要进一步加强，规范控制工作需要合作共建，要在各机构间建立联合检索平台，促进共享。Niu[6]明确指出名称规范从单个图书馆的本地控制机制向

[1] KIMURA M. A modification of the FRAD model for personal names in non-Roman languages[J]. Journal of documentation, 2015(5):938-956.

[2] GHIKAS M W. Authority control:the key to tomorrow's catalog[C]// Proceedings of the 1979 Library and Information Technology Association Institutes. Arizona:Oryx Press, 1982.

[3] DANSKIN A. International initiatives in authority control[J]. Library review,1998(4): 200-205.

[4] BUIZZA P. Bibliographic control and authority control from Paris Principles to the present[J]. Cataloging & classification quarterly, 2004(3/4):117-133.

[5] 胡云霞.论我国图书馆规范数据库的合作建立与共享[J].情报资料工作,2010(1): 46-49.

[6] NIU J F. Evolving landscape in name authority control[J]. Cataloging & classification quarterly, 2013(4):404-419.

跨机构的国家、国际规范记录共享发展。贾君枝和石燕青[①]提出建立多馆中心式的国内名称规范档共享模型，通过对不同格式数据的转换，建立一个综合性的中心数据库，实现中文名称规范数据的整合。郝嘉树[②]梳理了国外近些年开展的名称规范项目 NACO、VIAF、ULAN、Name Project、Stylometry，总结了三种名称规范档数据维护模式：传统的人工维护、基于著者交互的自规范和自动名称消歧。

综合国内外学者在名称规范控制工作实践总结的研究可以发现，各个国家都着手于名称规范档的建设，已形成了规范的构建流程，名称规范档数量已达到一定规模。但在实际构建过程中存在一些问题，如名称规范档与书目数据库的链接不畅、名称规范档的作用发挥有限、不同名称规范档之间的数据格式存在差异等。随着联机目录数据库的发展，为提高名称规范档的构建效率，基于书目数据库实现自动规范控制及其共建共享成为关键问题。由于身份的不确定性，导致名称的歧义识别成为难点。自动规范控制旨在利用各种信息，如合著者、题名、摘要、出版地、出版日期及其个人所属机构名、E-mail 等，实现名称的聚类及其区分。同样，共建共享模式及其多馆之间的合作方法及其多语言处理，尤其是非拉丁语系的人名名称也是学者关注的重要问题。我国目前中文名称规范档主要由国家图书馆、CALIS 主导建设，规范档存在着许多无附加信息的标目，规范记录与书目记录并没有建立有效的链接，从而使名称规范档不能真正发挥提高检索效率、实现目录汇聚的功能。我们应立足于国家名称规范档的建设现状，从规范控制流程标准化、完善名称附加信息、自动名称识别及匹配角度、数据库共建共享等方面深入研究中文名称规范档的构建问题，以提高我国中文名称规范档建设水平及质

① 贾君枝,石燕青.中文名称规范文档与 VIAF 的关联[J].国家图书馆学刊,2014(6):85-90.

② 郝嘉树.境外名称规范项目及发展趋势研究[J].图书与情报,2016(2):123-132.

量，充分发挥名称规范控在网络环境下的作用。

1.3.3 规范档的语义描述及网络应用

成立于 2010 年的万维网联盟图书馆关联数据小组，积极推动图书馆将语义网和关联数据原则有效地应用于书目数据、规范文档中，以提高书目数据在互联网环境下的复用性[①]。目前围绕该方面的研究主要集中在将规范文档转换为 XML/RDF、关联数据、本体以及名称规范档的网络应用研究。

1.3.3.1 规范文档转换为 XML/RDF 研究

MARC 数据的封闭性、复杂性影响了规范文档在网络环境中的应用，如何将 MARC 格式的规范文档转换为计算机可理解的格式成为关键问题。Harper[②] 讨论了如何将美国国会图书馆标题表的规范记录从 MARC/XML 或者 MADS XML 转换成 SKOS 表示的 RDF 格式。Lam[③] 讨论了 MARC21 规范数据在处理多语言环境的局限性，提出了将 MARC 数据转换成 XML 的实验思路，这将有助于形成真实的全球名称存取控制环境。美国国会图书馆提供了从 MARC 数据转换成 MARC XML 的框架及工具，完成了规范数据的 XML 转换[④]。同时，美国国会图书馆还提供了 MADS/RDF 词汇表，定义了描述规范档的数据模型，

---

① W3C Incubator Group. Library linked data incubator group final report[EB/OL]. [2014-04-18]. http：//www. w3. org/2005/Incubator/lld/XGR-lld-20111025/.

② HARPER C A. Encoding Library of Congress subject headings in SKOS：authority control for the semantic web[C]//International Conference on Dublin Core and Metadata Applications：Metadata for Knowledge and Learning. Dublin Core Metadata Initiative ，2006：89-94.

③ LAM K T. XML and global name access control[J]. OCLC systems & services,2002(2)：88-96.

④ Library of Congress. MARCXML-MARC 21 XML schema[EB/OL]. [2016-04-15]. http：//www. loc. gov/standards/marcxml/.

提供了使用 MARC 的 RDF 格式来编目数据的手段，以便能够在语义程序和关联数据项目中使用[①]。Myntti 和 Cothran[②] 还考虑到数字图书馆元数据结构通常为 XML，将犹他大学机构库的规范数据 MARC21 转换为 XML 形式，以适应未来关联数据环境。

1.3.3.2 关联数据及本体研究

Harper 等[③] 讨论了包含规范档的各类知识组织系统如何在语义网中发挥作用，尤其指出来自可信来源的规范数据的国际共享将利于用户的使用。关联开放数据云（LOD）中，共发布了 17 个规范文档数据集，极大地丰富了语义网资源，为形成面向网络的规范文档应用奠定了基础。Solodovnik[④] 提出了 LODe-BD 模型，可以将图书馆书目数据发布为关联数据。白海燕和乔晓东[⑤] 将本体和关联数据应用于书目记录，以解决传统书目资源在资源描述的语法规则、资源组织的数据模式和机制方面的根本性局限。Zeng 和 Žumer[⑥] 将主题规范记录（FRSAR）、BS 8723-5 以及 ISO 25964 进行了比较，认为主题规范记录的 SKOS 或者 OWL 编码有助于提高规范数据的共享效率。Dunsire 和 Willer[⑦] 认为

① Library of Congress. MADS/RDF primer[EB/OL]. [2016-04-15]. http://www. loc. gov/standards/mads/rdf/.

② MYNTTI J, COTHRAN N. Authority control in a digital repository: preparing for linked data[J]. Journal of library metadata, 2013(2/3):95-113.

③ HARPER C A, TILLETT B B. Library of congress controlled vocabularies and their application to the semantic web[J]. Cataloging & classification quarterly, 2007(3):47-68.

④ SOLODOVNIK I. Bibliographic data towards the semantic web:a review of key issues and recent experiences[J]. Bilgi Dünyasi, 2012(1):17-56.

⑤ 白海燕,乔晓东. 基于本体和关联数据的书目组织语义化研究[J]. 现代图书情报技术, 2010(9):18-27.

⑥ ZENG M L, ŽUMER M. Introducing FRSAD and mapping it with SKOS and other models[J]. International cataloguing & bibliographic Control, 2009(3):23-27.

⑦ DUNSIRE G, WILLER M. UNIMARC and linked data[J]. IFLA journal, 2011(4): 314-326.

基于国际标准的图书馆书目数据转换成关联数据对于语义资源的扩充具有重要价值，提出了基于 UNIMARC 格式的规范数据转换成 RDF 形式的方法。郝嘉树和王广平[①] 以中文人名规范数据为例，讨论规范数据的语义描述与开放关联。Vila-Suero 和 Gómez-Pérez[②] 讨论了将 MARC21 格式的图书馆书目数据及规范档发布成关联数据的方法，并应用到西班牙国家图书馆的 datos.bne.es 项目中。Leiva-Mederos 等[③] 分析了 AUTHORIS 软件的特点及结构，基于关联数据原则、RDA 规则，将规范数据自动转换为适宜语义网环境的数据形式。Peponakis[④] 基于 FRBR、FRAD 模型，构建了博硕士论文的实体模型，有机地将作品名、人名、机构名建立关联。Simon 等[⑤] 讨论了法国国家图书馆运用开放关联数据工具，自动转换来自不同数据库的数据为关联数据。Yang 和 Lee[⑥] 用基本的信息术语解释了关联数据模型和语义网技术，并详细讨论了有关语义网的标准和技术，包括 URI、RDF 和本体；对各国图书馆关于 RDA

---

① 郝嘉树,王广平.中文人名规范的语义描述与关联探讨[J].图书情报工作,2012（14）:47-51.

② VILA-SUERO D, GÓMEZ-PÉREZ A. Datos.bne.es and MARiMbA:an insight into library linked data[J]. Library Hi Tech, 2013(4):575-601.

③ LEIVA-MEDEROS A, SENSO J A, DOMÍNGUEZ-VELASCO S, et al. AUTHORIS: a tool for authority control in the semantic web[J]. Library Hi Tech, 2013(3):536-553.

④ PEPONAKIS M. Libraries' metadata as data in the era of the semantic web:modeling a repository of master theses and PhD dissertations for the web of data[J]. Journal of library metadata, 2013(4):330-348.

⑤ SIMON A, WENZ R, MICHEL V, et al. Publishing bibliographic records on the web of data: opportunities for the BnF(French National Library)[M]//The semantic web: semantics and big data. Berlin Heidelberg:Springer, 2013:563-577.

⑥ YANG S Q, LEE Y Y. Organizing bibliographical data with RDA:how far have we stridden toward the semantic web?[M]. Bradford:Emerald Group Publishing Limited , 2013:3-27.

的应用进行了全面介绍。Mak 等[1] 讨论了论文数据库 ETD 向关联数据的转换实现，以有利于机构学术研究者的合作及机构评估。贾君枝和薛秋红[2] 探讨网络环境下个人名称规范档的部分缺陷和维基百科相应的优势，提出集成维基百科的资源，实现中文名称规范档信息的自我完善，有效地建立中文人名名称规范档与维基百科链接的思路。刘炜等[3] 指出当前的语义万维网技术为规范控制提供一种绝好的实现平台，关联数据技术提供了概念以及与概念表示形式完全独立的表达模型，可以基于书目信息中的所有属性特征，进行规范的、基于概念的检索。Hallo[4] 对数字图书馆的关联数据发展现状进行了讨论，对引用的词表及本体、遇到的问题与挑战做了较全面的分析。

1.3.3.3　名称规范档的网络应用研究

Jin[5] 讨论了机构名称记录是否能够帮助用户找到面向 Web 环境的资源，抽取了美国国会图书馆 1998—2002 年创建的机构名称记录进行实验，发现 73% 的机构名称可以匹配到网络资源。FOAF 项目采用 RDF 数据模型，通过属性值等表示人的信息，将关于个人的主页、E-mail 等

---

　①　MAK L, HIGGINS D, COLLIE A, et al. Local data, international connections: enabling and integrating ETD repositories through linked data[J]. Library management, 2014(4/5):284-292.

　②　贾君枝,薛秋红.中文人名名称规范档与维基百科的链接[J].图书情报工作,2015(16):129-134.

　③　刘炜,张春景,夏翠娟.万维网时代的规范控制[J].中国图书馆学报,2015(3):22-33.

　④　HALLO M, LUJÁN-MORA S, MATÉ A, et al. Current state of linked data in digital libraries[J]. Journal of information science, 2016(2):117-127.

　⑤　JIN Q. Is the current way of constructing corporate authority records still useful[J]. Information technology and libraries, 2005(2):68-76.

所有信息聚合，并采用唯一标识符进行识别[①]。Agenjo 等[②] 提出以著者为核心，从多种来源及词汇表中聚合信息来形成规范记录。澳大利亚国家图书馆开展了人民澳洲项目（People Australia），以名称规范档为基本构成，建立与书目、传记、图片、音乐等多种网络资源的链接，旨在提供多种来源的传记类信息。OCLC 开展的 WorldCat Identities 项目，将来自 WorldCat 数据库的 2000 万条身份信息汇聚在一起，罗列了人名的各种变异形式、不同时间轴发表的作品、兴趣的变化，并与维基百科人物关联[③]。Alahmari 等[④] 运用属性重要度模型（AIM）对属性进行聚类，对于给定的检索结果依据属性重要度进行排列，以提高用户检索名称实体的效率。郝嘉树[⑤] 从开放语义资源的数量和类型的有效性，高效维护的评价指标易获取性、自动化程度、维护速度三个评价指标，以及开放资源可信度三个方面论证用语义资源维护名称规范的可行性，以FOAF 为例设计实现方案。OCLC 研究部对国际关联数据实施项目进行调查，发现书目数据和关联数据是发布的主要类型，被广泛使用的数据有 VIAF、DBpedia、GeoNames[⑥]。陈辰等[⑦] 基于科研实体唯一标识符互

① GOLBECK J, ROTHSTEIN M. Linking social networks on the web with FOAF[EB/OL]. [2009-08-10]. https://www. cs. umd. edu/users/golbeck/downloads/foaf. pdf.

② AGENJO X , HERNÁNDEZ F, VIEDMA A. Data aggregation and dissemination of authority records through linked open data in a european context[J]. Cataloging & classification quarterly, 2012(8):803-829.

③ BURROWS T. Identity parade:building web portals about people[J]. OCLC systems & services, 2013(4):329-331.

④ ALAHMARI F, THOM J A, MAGEE L. A model for ranking entity attributes using DBpedia[J]. Aslib journal of information management, 2014(5):473-493.

⑤ 郝嘉树.利用开放语义资源丰富个人名称规范数据——基于FOAF的方案设计[J]. 现代图书情报技术, 2016(2):75-82.

⑥ YOSHIMURA K S. Analysis of international linked data survey for implementers[J]. D-lib magazine, 2016(7/8).

⑦ 陈辰,周莉,王璐,等. 科研实体唯一标识符互操作研究 [J]. 情报理论与实践, 2018(12):99-103.

操作的理论，认为如何合理选择"人"的附加描述属性以及有效复用当前的语义描述规范是构建语义规范文档面临的主要问题。

　　语义网作为数据网络，提供了允许数据共享与复用的统一框架，将不同来源的数据以统一的格式描述，并建立数据与外界的联系，以实现数据的跨组织和跨平台的集成应用。书目领域中关联数据的发展及其资源描述标准——《资源描述与检索》的问世，正是语义网背景下的举措，旨在通过与网络上可获得的资源和数据建立广泛链接，获得丰富的语义而服务于网络其他应用程序，从而跨越图书馆的边界，实现最大限度的数据复用。规范档的发展同样面临着挑战，如何准确完整地获取检索点信息、减少编目成本，提高与其他网络资源的交换能力，发挥其在网络环境中的规范控制作用，成为数据网络环境中的研究重点。综合国内外研究成果发现，各学者纷纷将语义网技术和方法应用到名称规范档的建设中，探讨名称规范档的机器可读形式，并与其他网络资源建立广泛的关联，以扩大名称规范档在网络环境下的影响力，发挥其对网络资源的规范控制作用。基于以上研究成果，利用语义网的技术及工具，对中文名称规范档的语义描述及其形式化表示进行深入研究，构建针对中文规范数据的语义描述模型，并探讨与其他网络资源的关联、集成应用问题，扩充语义网环境下的中文名称规范档的应用场景。

2 语义网环境下知识组织系统的发展

1998 年，Web 的创始人 Tim Berners-Lee 首次提出语义网的构想，阐述了语义网的基本思想：利用语义来重新组织、存储和获取信息，使信息变成机器可识别的知识。在 2000 年 12 月 18 日 XML2000 大会上，Tim Berners-Lee 做了题为 "The Semantic Web" 的重要演讲，正式提出语义网的概念，目标是使得 Web 上的信息成为计算机可理解的，从而实现机器自动处理信息，其同时提出了语义 Web 的体系结构。语义网是万维网发展的必然，其利用语义来重新组织、存储和获取信息，使信息变成机器可识别的知识。语义网改变了万维网重显示、轻内容、面向人的信息组织模式，使 Web 资源更易于机器理解，更易于获取资源的语义内容，为进一步提高资源开放与利用效率提供了可能。

2.1　语 义 网

语义网不是一个全新的 Web，而是当前 Web 的扩展。Berners-Lee 认为："语义网是一个网，它包含了文档或文档的一部分，描述了事物间的明显关系，且包含语义信息，以利于机器的自动处理。"①W3C 认为语义网是数据网，其提供了允许数据共享及复用的统一框架，将来自不同来源的数据以统一的格式描述，并建立数据与外部世界的联系，以实现数据的跨组织及跨平台的集成应用②。从这些描述中我们可以将其理解为：语义网在当前 Web 基础上，增加一个语义（知识）层，其通过所定义的语义规范语言及其构建的知识概念结构，使信息被赋予描述良好的含义，成为机器可以识别、交换和处理的语义信息③。

语义网是推动未来 Web 发展的核心动力，包含了许多相关的基础构件。RDF/RDFS 提供了其数据语义描述规范，本体在 RDF 和 RDFS 进行基本的类 / 属性描述的基础之上，更进一步地描述了相关领域的概念集，并提供了明确的形式化语言 OWL，准确定义相关概念及概念之间的关系，以完成基于语义的知识表示和推理，从而能够为计算机所理解和处理。

2.1.1　RDF/RDFS

RDF（资源描述框架）作为描述网络资源及其关系的语言，用于描述网络资源的元数据信息，如题名、作者、修改日期、版权、许可信息、多个共享资源的模式表等④。1999 年，W3C 公布资源描述框架 RDF 的推荐标准，旨在提供一种用于表达语义信息，并使其能在应用程序间交换而不丧失语义的通用框架，成为语义网的重要构成。RDF 以最小限制、灵活的方式描述信息，独立于应用，旨在网络资源能够被机器所处

---

①　BERNERS-LEE T. Weaving the web[M]. London：Orion Books，1999.

②　W3C semantic web activity Introduction [EB/OL]. [2009-08-10]. http://www. w3. org/2001/sw/.

③　贾君枝,邰杨芳,刘艳玲,等.汉语框架网络本体研究[M].北京：科学出版社,2012：17-23.

④　W3C. RDF primer[EB/OL]. [2006-07-10]. http://www. w3. org/TR/rdf-primer/.

理，实现数据整合，以提升资源的价值。

RDF 中，资源表示所有在 Web 上被命名、具有 URI（Unified Resource Identifier，统一资源描述符）的网页、XML 文档中的元素等；描述是对资源属性（Property）的一个声明（Statement），以表明资源的特性或者资源之间的联系；框架是与被描述资源无关的通用模型，以包容和管理资源的多样性、不一致性和重复性。综上所述，RDF 就是定义了一种通用的框架，即"资源—属性—值"的三元组，以不变应万变来描述 Web 上的各种资源。其以一种机器可理解的方式被表示出来，可以很方便地进行数据交换。

RDF 是基于这一设计思想：被描述的事物看作是资源，其具有一些属性，而这些属性各有其值（Values），这些值是文字或者是其他资源；对资源的描述可以通过指定上述属性及值的声明来进行。因此 RDF 模式由以下四种基本对象类型组成[①]：

（1）资源

所有能用 RDF 表达式来表述的事物都可称为"资源"。资源可以包括网络可访问资源（如一份电子文档、一张图片、一项服务）、非网络可访问资源（如人、公司、在图书馆装订成册的书籍）、非物理存在的抽象概念（如"作者"这个概念）。RDF 中资源通常是唯一资源标识符（URI）引用命名的，任何事物都有一个唯一的 URI 引用，URI 引用的可扩展性使得任何实体都可以获得一个 ID。

（2）属性

属性用来描述资源的某个特定方面，如特征、性质或者关系。每个属性都有特定的含义，规定了它的取值范围、所描述的资源类型，以及与其他属性的关系。在 RDF 中，属性是资源的一个子集，因此一个属

---

① 陆建江,张亚非,苗壮等.语义网原理与技术［M］.北京:科学出版社,2007:33.

性可能用另一个属性描述，甚至可以被自身描述。

（3）文字

文字是字符串或数据类型的值。字符串又称为平凡文字，可结合可选的语言标签（RFC3066）说明其编码；数据类型的值又称为类型文字，一个 RDF 类型文字是通过把一个字符串与一个能确定一个特殊数据类型的 URI 引用配对形成的。RDF 没有自己的数据类型定义机制，而是允许使用独立定义的数据类型，如 XML Schema 中定义的数据类型。

（4）声明

一个 RDF 声明由一个特定的资源和一个指定的性质以及资源的这个性质的取值组成。RDF 用一套特定的术语来表达声明中的各个部分。这三部分分别称为主体、谓词和客体。用于识别事物的部分就叫作主体；而用于区分所声明对象主语的各个不同属性（譬如作者、创建日期、语种等）的部分就叫作谓词；声明中用于区分各个属性的值的部分叫作客体，客体（即属性的值）可以是另一个资源，也可以是一个常量，即一个由 URI 制定的资源或者一个简单的字符串抑或是 XML 中定义的简单类型。

RDF 表达式的潜在结构是三元组集合，即主体、谓词、客体。其可以用具有节点和有向边的图来表示，称为 RDF 图，图中每个三元组表示为一个"节点—边—节点"的链接。RDF 图的节点是主体和客体，其中资源用椭圆节点表示，文字用方节点表示，边代表谓词，具有方向性，总是由主体指向客体。任意一个三元组声明表明主体及客体各指代事物之间的联系，而一个 RDF 图可代表多个三元组，其实质是对应包含所有三元组的逻辑合取的声明。例如，John Smith 的住址看成一个资源，然后发表关于这个新资源的声明。RDF 图中，为了将 John Smith 住址分解成它的各个组成部分，一个用来描述 John Smith 住址这一概念的新节点就随之产生了，并用一个新的 URIref 来标识，如 http://www.
example.org/addressid/85740（可缩写为 exaddressid:85740）。把这个节
点作为主体，RDF 声明（附加的弧和节点）可用来描述附加的信息，如
图 2-1。

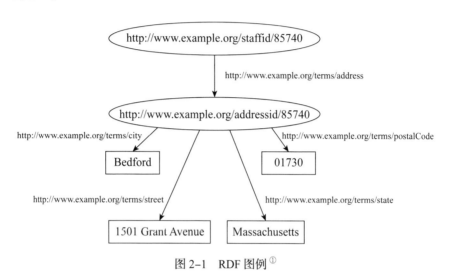

图 2-1　RDF 图例①

其相应的三元组表示如下：

exstaff:85740	exterms:address	exaddressid:85740 .
exaddressid:85740	exterms:street	"1501 Grant Avenue" .
exaddressid:85740	exterms:city	"Bedford" .
exaddressid:85740	exterms:state	"Massachusetts" .
exaddressid:85740	exterms:postalCode	"01730" .

　　RDF 定义用于描述资源的框架，在描述资源属性时，会使用到许多
词汇，这些词汇的含义与用法在 RDF 中并没有涉及。如何定义词汇集，
保证用户可以按照规范进行自定义词汇，RDF Schema 因此产生。它是

---

① 　W3C. RDF primer[EB/OL]. [2006-07-10]. http://www.w3.org/TR/rdf-primer/.

一种 RDF 词汇集描述语言，定义如何使用 RDF 描述词汇集，并提供了一个用来描述 RDF 词汇集的词汇集。其定义了用来描述类、属性和其他资源以及之间关系的类和属性。RDFS 词汇分为类和属性，通常类用大写字母开头，属性的首字母小写，且类与属性都具有层次关系。

（1）类

RDF Schema 把事物的种类称之为类，与我们通常所说的类型或者分类基本相同，类似于面向对象编程语言中的类的概念。RDF 类可以用来表示事物的任何分类，例如网页、人、文档类型、数据库、抽象概念等，其使得资源能够作为类的实例和类的子类来被定义。类可以通过 RDF Schema 中的资源（rdfs:Class 和 rdfs:Resource）以及属性（rdf:type 和 rdfs:subClassOf）来表示。由于一个 RDFS 类就是一个 RDF 资源，我们可以通过使用 rdfs:Class 取代 rdf:Description，并去掉 rdf:type 信息，以下代码表示 horse 是 animals 的子类。

```xml
<?xml version="1.0"?>
<rdf:RDF
    xmlns:rdf= "http://www.w3.org/1999/02/22-rdf-syntax-ns#"
    xmlns:rdfs="http://www.w3.org/2000/01/rdf-schema#"
    xml:base= "http://www.animals.fake/animals#">
 <rdfs:Class rdf:ID="animal" />
 <rdfs:Class rdf:ID="horse">
 <rdfs:subClassOf rdf:resource="#animal"/>
 </rdfs:Class>
</rdf:RDF>
```

（2）属性

RDF 属性通常描述主体和客体之间存在的特定的关系。RDF schema

中，属性是用 RDF 类 rdf:Property、rdfs:domain（定义域）、rdfs:range（值域）以及 rdfs:subPropertyOf 来描述的，其中 rdfs:range 用于表明某个特性的值是给定类的实例，rdfds:domain 用于表明某个特性应用于指定的类。以下代码表示属性 registeredTo 的定义域为 MotorVehicle 类，值域为 Person 类。

```
<rdf:Property rdf:ID="registeredTo">
<rdfs:domain rdf:resource="#MotorVehicle"/>
<rdfs:range rdf:resource="#Person"/>
</rdf:Property>
```

RDF 序列化格式有 RDF/XML（标准格式）、RDFa（用于在 HTML 和 XML 文档中嵌入 RDF 数据）、N-Triples（用面向行的文本处理工具处理人的 RDF 图）、Turtle 等。

Turtle（Terse RDF Triple Language）是 RDF 的一种文本语法，它允许 RDF 图完全以紧凑和自然的文本形式编写。由于 Turtle 简单易读，易于编写，成为常见的序列化 RDF 数据模型的标准。Turtle 的基本格式是一个简单三元组，最简单的三元组声明是主语、谓语和宾语依次出现，由空格分隔，并且在每个三元组的后面，以"."结尾，URL 包含在尖括号中。允许在声明结尾处使用分号，避免重复主语的书写。如果主语和谓语都重复使用，则在声明结尾处使用逗号。Turtle 中的注释采用"#"形式，在解析时注释被视为空白区域。

```
<http://example.org/#Spideman>
<http://www.perceive.net/schemas/relationship/enemyOf>
<http://example.org/#green-goblin>;
<http://xmlns.com/foaf/0.1/name> "Spideman".
```

<http://example.org/#Spideman>

<http://xmlns.com/foaf/0.1/name> "Spideman",

"Человек-паук"@ru .

RDF 的概念中定义了三种 RDF 术语：IRIs、文字、空白节点。Turtle 提供了编写方法。IRIs（Internationalized Resource Identifiers，国际化资源标识符）：为了便于人类识别和交流，URI 规定用字符作为资源标识符的符号。但是 URI 只规定了使用英文字符，于是便引入了使用 Unicode 字符的资源标识符即 IRIs。在 Turtle 中 IRIs 可以写为相对或绝对 IRIs 或前缀名称。相对和绝对 IRI 包含在 "<" 和 ">" 中，相对 IRI 是在当前基础 IRI 上进行解析。采用 "@base" 或 "BASE" 指令定义新的基础 IRI。前缀名称是由前缀标签和本地部分组成，用冒号 "：" 分隔。"@prefix" 或 "PREFIX" 指令定义代表命名空间的前缀标签，通过链接与前缀和本地部分关联的 IRI，将带有前缀的名称转换为 IRI。Turtle 三元组的谓词位置中的标记 "a" 等同于 http://www.w3.org/1999/02/22-rdf-syntax-ns#type，定义了主语其所属的类。

```
@base <http://example.org/> .
@prefix rdf: <http://www.w3.org/1999/02/22-rdf-syntax-ns#> .
@prefix rdfs: <http://www.w3.org/2000/01/rdf-schema#> .
@prefix foaf: <http://xmlns.com/foaf/0.1/> .
@prefix rel: <http://www.perceive.net/schemas/relationship/> .
<#green-goblin>
    rel:enemyOf <#spiderman> ;
    a foaf:Person ;
    foaf:name "Green Goblin" .
```

文字就是用于标识字符串、数字和日期之类的值。引用文字有词法形式，其后为语言标记，或者数据类型 IRI，或者两者都没有。词法形式的表示是由初始分隔符，如""等一系列允许的字符或数字转义序列或字符串转义序列，以及最终分隔符组成。如果存在语言标记，则加"@"。如果有数据类型 IRI，则加"^^"。Turtle 中的数据类型 IRI 可用于绝对 IRI、相对 IRI 或前缀名称。Turtle 中整数值、任意精度十进制值和双精度浮点值都可以直接表示，不加引号。如果既没有数据类型 IRI 又没有语言标记，则数据类型为 xsd：string。Turtle 中的 RDF 空白节点表示为"_："，后跟空白节点标签，空白节点标签是一系列名称字符，可以重复使用相同的空白节点标签标识相同的 RDF 空白节点。

```
@prefix rdfs: <http://www.w3.org/2000/01/rdf-schema#> .
@prefix show: <http://example.org/vocab/show/> .
@prefix xsd: <http://www.w3.org/2001/XMLSchema#> .
@prefix foaf: <http://xmlns.com/foaf/0.1/> .
  show:218 rdfs:label "That Seventies Show"^^xsd:string .
show:218 show:localName "That Seventies Show"@en .
_:alice foaf:knows _:bob .
```

2.1.2　本体

语义 Web 的体系结构中，本体处于核心的地位。本体为语义 Web 提供了相关领域的共同理解，确定了该领域内共同认可的概念的明确定义，通过概念之间的关系描述了概念的语义，是解决语义层次上 Web

信息共享和交换的基础①。

本体的概念最初起源于哲学领域，可以追溯到公元前古希腊哲学家亚里士多德。其定义为"对世界客观存在物的系统的描述，即存在论"，也就是说 Ontology 是客观存在的一个系统的解释或说明，它关心的是客观现实的抽象本质。20 世纪 60 年代本体的概念被引入信息领域后，越来越多的计算机信息系统、知识系统的专家学者们研究本体，并给出了许多不同的定义。其中最著名并被引用得最为广泛的定义是由 Gruber 于 1993 年提出的"本体是概念化的明确的规范说明"②，1997 年 Borst 进一步完善为"本体是共享概念模型的形式化规范说明"③，Studer 等④对上述两个定义进行了深入研究，认为本体是共享概念模型的明确的形式化规范说明，这也是目前对 Ontology 概念的统一看法。其定义包含四层含义：

（1）概念模型（Conceptualization）：通过抽象出客观世界中一些现象的相关概念而得到的模型，其表示的含义独立于具体的环境状态。

（2）明确（Explicit）：所使用的概念类型及使用这些概念的约束都有明确的定义。

（3）形式化（Formal）：采用的是计算机可理解的精确的数学描述，而不是面向自然语言。

（4）共享（Share）：本体捕获共同认可的知识，反映的是相关领域中公认的概念集，针对的是团体而非个体。

---

① 贾君枝，邰杨芳，刘艳玲，等．汉语框架网络本体研究［M］．北京：科学出版社，2012.

② GRUBER T R. A translation approach to portable ontologies[J]. Knowledge acquisition, 1993(2):199-220.

③ BORST W N. Construction of engineering ontologies for knowledge sharing and reuse[D]. Enschede: University of Twente, 1997.

④ STUDER R, BENJAMINS VR, FENSEL D. Knowledge engineering, principles and methods[J]. Data and knowledge engineering , 1998(1/2):161-197.

Pérez等[①]认为本体中的知识形式化主要由5部分构成：类（Classes）或概念（Concepts）、关系（Relations）、函数（Functions）、公理（Axioms）和实例（Instances）。

（1）类或概念（Classes or Concepts）

通常概念指任何事务，如任务描述、功能、行为、策略和推理过程。从语义上讲，它表示的是对象的集合，其定义一般采用框架结构，包括：概念的名称，与其他概念之间的关系的集合，以及用自然语言对概念的描述。

（2）关系（Relations）

关系表示领域中概念之间的交互类型，形式上定义为 n 维笛卡儿积的子集：$R:C1 \times C2 \times \cdots \times Cn$。如子类关系（subclass-of）。在语义上关系对应于对象元组的集合。

（3）函数（Functions）

函数特指一类特殊的关系。该关系的前 n-1 个元素可以唯一决定第 n 个元素。其形式化的定义为 $F:C1 \times C2 \times \cdots \times Cn-1, \rightarrow Cn$。如 Mother-of 就是一个函数，mother-of（x, y）表示 y 是 x 的母亲。

（4）公理（Axioms）

公理代表领域知识中的永真断言，如声明概念"Produce"和"Produced by"是互逆的。

（5）实例（Instances）

实例代表元素。从语义上讲实例表示的就是对象，对应于现实世界中的具体的个体。

---

① PÉREZ A G , BENJAMINS V R. Overview of knowledge sharing and reuse components ontologies and problem-solving methods[C]// BENJAMINS. Proceedings of UCAI99's Workshop on Ontologies and Problem-Solving Methods：Lessons Learned and Future Trends. Stockholm，1999.

语义网中的本体的作用主要体现在以下方面：

（1）实现对资源的描述

本体作为领域内共享词汇集，为资源的描述提供了基本词汇集。运用本体所描述生成的数据集结构化程度高，并揭示了概念之间的关系，为数据的交换与知识发现提供了可能。

（2）有助于实现数据集成

不同资源描述采用不同类名、属性名对其数据进行定义，通常本体用来定义类名、属性名，共同的类名、属性名构成的数据模型框架为跨数据集的数据集成提供了可操作性，比如都柏林核心元数据集中，创建者采用 dc:creator 元素定义，不同的数据集都采用 dc:creator 对其实体进行描述，这样两个数据集间的数据交换成为可能。即便类名、属性名定义采用不同的本体，借助本体之间的互操作使跨数据集的数据集成具有一定的便利性。如在 RDA 中，dc:creator 采用 agent 元素定义，即将两者之间建立对应关系。

（3）实现知识的推理

本体采用形式化语言对概念之间的关系进行定义，可以运用一定的规则将隐含在显式定义和声明中的知识通过一种处理机制提取出来，以获得本体中特定形式的知识集合，用于回答及解决实际问题。比如 Yago 本体中具有关于人的多种属性描述，当提问者想知道出生在同一年代知名的科学家、艺术家时，系统将根据推理机制准确地获得匹配结果集。

当前许多机构参与到本体的构建中，出现了各种类型的本体，有不依赖于特定领域、表示最普遍概念的本体，如 Cyc、Mikrokmos、SUMO 本体等，还有表示特定领域基本概念的本体，如书目本体、基因本体、疾病本体、商品本体等。本体搜索引擎 Swoogle 依据点击数对本

体进行排序 ①，如表 2-1。

表 2-1　不同本体类型的 Swoogle 点击量

本体类型	语言	Swoogle 点击量	修订时间
DC	RDF	1 364 337	2006 年 10 月 28 日
FOAF	OWL DL	1 194 871	2005 年 7 月 27 日
TrackBack	RDF	502 401	—
MetaVocab	RDF	441 790	2002 年 2 月 16 日
Basic Geo Vocabulary	RDF Schema	248 130	2006 年 2 月 1 日
BIO	RDF	220 228	2004 年 3 月 5 日
RSS 1.0	RDF Schema	201 786	2000 年 12 月 6 日
VCard RDF	RDF	181 962	2001 年 2 月 22 日
Creative Commons metadata	RDF Schema	112 216	—
WOT	OWL DL	97 292	2004 年 2 月 23 日
SIOC	OWL DL	42 911	2008 年 4 月 11 日
GoodRelations	OWL DL	5000	2011 年 10 月 1 日
DOAP	RDF Schema	1442	2005 年 11 月 5 日
Programmes Ontology	OWL 2	943	2009 年 9 月 7 日
Music Ontology	OWL 2	646	2010 年 2 月 14 日

　　表 2-1 中所罗列的本体包含词汇表，词汇表定义了用以描述和表示一定领域的概念及关系，是语义网的基本构成单元。一定意义讲，本体与词汇表很难区分，本体更强调形式化描述，概念及概念关系界定更为严格，为实现推理提供基础。词汇表是一种轻量级本体，对语义关系定义不明确，以等级、等同关系为主。表中通用性本体有 DC、

①　Semantic Web. Ontology [EB/PL]. [2016-06-10]. http://semanticweb.org/wiki/Ontology.

TrackBack、MetaVocab、RSS 1.0，社会关系网络本体有 FOAF、BIO、VCard RDF、SIOC，地理位置本体有 Basic Geo Vocabulary，节目本体有 Programmes Ontology，音乐本体有 Music Ontology。点击数最多的本体有 DC、FOAF 等，现对其进行简单介绍。

都柏林核心元素集（Dublin Core，DC）定义了资源描述的 15 个元素，分别为：名称（Title）、创作者（Creator）、主题词（Subject）、描述（Description）、出版者（Publisher）、贡献者（Contributor）、时间（Date）、类型（Type）、格式（Format）、标识（Identifier）、来源（Source）、语言（Language）、相关资源（Relation）、范围（Coverage）、版权（Rights），目前由都柏林核心倡议组（DCMI）维护。元数据术语还包括资源类型集、词表编码标准、语法编码标准，自 2008 年迈进标准化，相应的标准有 IETF RFC 5013、美国的 ANSI/NISO 标准 Z39.85-2012 及 ISO 标准 15836:2009。都柏林核心元素集为每个属性定义了子属性及其定义域及其值域，以便于逻辑推理的自动处理，其简单易用性为其广泛应用提供了可能。

FOAF（Friend-of-a-Friend）描述人及社会关系的词表，集成了三种类型网络：基于人合作的社会网络、卡通世界的表征网络、基于 Web 链接的信息网络[①]。FOAF 术语包括三部分：FOAF 核心、社会网络、关联数据。FOAF 核心定义了类及属性，描述了人及社会团体的基本特征，社会网络还描述了因特网账号、通信录及基于 web 的活动。关联数据注重定义 FOAF 的 RDF 图属性。如图 2-2，分别定义了 FOAF 核心、社会网络。随着 Web2.0 网站不断增多，利用 FOAF 词表描述人与人之间关系的网络资源不断增加，从而为实现这些资源的集成应用提供了基础。

---

① BRICKLEY D, MILLER L. FOAF vocabulary specification 0.99[EB/OL]. [2016-09-12]. http://xmlns.com/foaf/spec/.

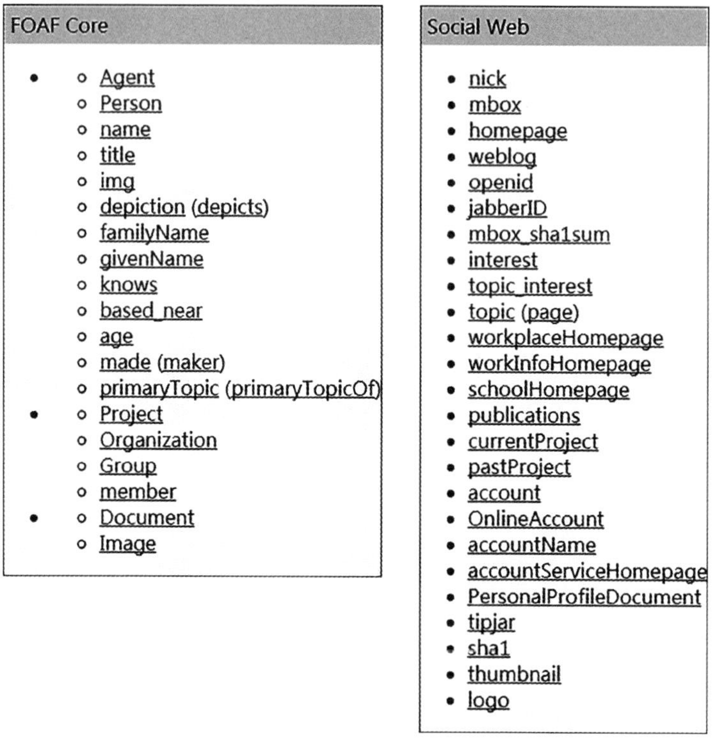

图 2-2　FOAF 术语

2.2　关联数据

语义网的发展依赖于网络上存在着大量可用的标准格式且可以被语义网工具所管理及获取的数据。这些数据集不仅容易获取，而且数据集之间互相关联，因此关联数据应运而生。关联数据是一种推荐的最佳实践，在语义网中使用 URI 和 RDF 发布、分享、链接各类数据、信息和知识①。可以说关联数据是语义网的一个简化实现、一个重要应用、一个

① BERNERS-LEE T. Linked data [EB/OL]. [2015-09-04]. https://www.w3.org/DesignIssues/LinkedData.html.

重要分支①。语义网络作为数据网络，语义网技术可以保证人们创建词汇表、构建处理数据的规则以有效地存储数据，关联数据的实现需借助于 RDF、SPARQL、OWL 及 SKOS 技术。

国际上召开了一系列相关专题会议和研讨会议，旨在推动关联数据的发展。比如 ISWC（International Semantic Web Conference，国际语义网会议）上有专门关于消费关联数据的会议 COLD（International Workshop on Consuming Linked Data，消费关联数据国际讲习班）②、AAAI（The Association for the Advancement of Artificial Intelligence，国际人工智能协会）③、DCMI（Dublin Core Metadata Initiative，都柏林核心元数据倡议）、WWW（The International Conference of World Wide Web，万维网国际会议）④ 等，为关联数据开辟了专门的议题，除此之外还有自 2007 年 W3C 年会之后专门开辟的关联数据分会 LDOW（Linked Data on the Web）⑤ 研讨会，该会议是目前持续最久、累计发布论文最多、影响力较大的关联数据研讨会之一。这些会议从最早研究的关联数据的发布与消费，到现在的关联数据的应用、可视化、网络数据的链接、融合与挖掘、架构建设，涉及多方面的主题。

---

① 刘炜，胡小菁，钱国富，等 . RDA 与关联数据 [J]. 中国图书馆学报，2012（1）：34-42.

② ISWC 2010. First international workshop on consuming linked data(COLD 2010)[EB/OL]. [2015-09-05]. http：//people. aifb. kit. edu/aha/2010/cold/.

③ Linked data meets artificial intelligence [EB/OL]. [2015-08-15]. http://dblp2.uni-trier. de/db/conf/aaaiss/aaaiss2010-7.

④ Linking open data [EB/OL]. [2015-08-15]. http：//www. w3. org/wiki/SweoIG/ TaskForces/CommunityProjects/LinkingOpenData.

⑤ WWW 2008 Workshop. Linked data on the web(LDOW 2008)[EB/OL]. [2015-08-15]. http：//events. linkeddata. org/ldow2008/.

2.2.1 关联数据的发布原则

2006 年 7 月 Berners-Lee[①] 提出关联数据及其四个原则：使用 URI 作为任何事物的名称；使用 HTTP URI 使任何人都可以访问这些名称；当有人访问某个标识名称时，以标准的形式（如 RDF，SPARQL）提供有用的信息；尽可能提供相关的 URI，使人们可以发现更多的事物。其中，HTTP URI、RDF 数据模型和 RDF 链接是发布关联数据的关键技术。HTTP URI 表达资源的访问地址，RDF 三元组使得数据结构化，RDF 链接则表示资源或数据之间的关联。

遵循以上四个原则发布的关联数据，可以形成广泛多样的数据之间的链接，不仅可以把不同来源的数据库进行链接，而且能把原先不能进行互操作的数据之间进行链接，既实现了链接其他数据，也实现了被其他数据链接，从而发现更多新的事物，产生更大的效益和更好的应用[②]。所以关联数据很快得到了国际上的认可接受和广泛研究。

2.2.2 关联数据的应用优势

数据复用及共享。关联数据使用 URIs 命名事物，RDF 为网络上发布结构化的数据提供了标准化、灵活框架，有助于数据的链接、扩展及其他系统复用。越来越多的关联数据集开放并发布在网上，从而为 URI 复用奠定了基础，而资源获取的便利性进一步扩大了用户共享范围，任何网络用户可以自由开放地发现、存取、复用与共享数据。

减少数据冗余。数据以关联数据的形式开放发布后，同样的数据内

---

① BERNERS-LEE T. Linked data [EB/OL]. [2015-09-04]. https://www.w3.org/DesignIssues/LinkedData.html.

② 曹玉平,龚主杰,陈德容,等.关联数据技术及其研究现状[J].图书馆理论与实践,2014(11):42-45.

容从理论上讲只需构建一套，其他系统无须构建同样的数据①，仅仅需要通过 URI 进行数据关联即可。数据之间进行关联后，将大大减少互联网上冗余数据，系统开发的成本会降低，而信息服务的效率将更高。

扩大内在语义关联度。关联数据是面向客观实体与抽象概念之间语义关联关系的②。尽管关联数据借鉴了 Web 网络的超链接结构，但其所构建的数据对象间的 RDF 链接与网页间的超链接却有着本质区别。与 Web 超链接相比，关联数据链接的对象并非网页文件而是其蕴含的海量细粒度数据资源，因而其采用的 RDF 语义链接必须基于客观语义关联，也就是说 RDF 链接必须被赋予明确的属性特征，从而能够表达链接两端资源对象之间存在的具体关联关系。基于此，关联数据能够将大千世界中任意客观事物均作为资源来看待，能够表达主观世界中抽象概念之间基于知识结构而产生的各类关联关系。可以说，正是关联数据的 RDF 三元组结构与语义链接属性使得其不再链接某种单一的数据对象，而是借助 RDF 链接扩大了原来网页超链接所不能揭示的数据之间的内在语义关联度。

实现知识发现及增值。关联数据通过 RDF 链接实现了跨领域、跨学科的数据集之间的关联，这些数据集之间的关联为进一步发现新数据、新知识，实现数据增值提供了基础。关联数据采用机器可读的结构化语义数据模型，因此在数据处理中可以由机器自动和高效率地理解和处理显性描述的数据间的语义关系，使得知识发现可以在语义查询能力的支持下，通过已经存在的语义关系，发现相关的资源，并且允许推断和发现资源之间的进一步关系，乃至形成语义关联的新知识③，实现在原

---

① 胡明玲，王建涛. 关联数据特点及发布研究 [J]. 图书馆界，2011(6)：4-6.

② 游毅. 基于关联数据的馆藏资源聚合模式研究 [D]. 南京：南京大学，2013.

③ 李楠，张学福. 基于关联数据的知识发现模型研究 [J]. 图书馆学研究，2013(1)：73-77，67.

有知识基础上的知识增值。

2.2.3　关联数据的发布实现

Bizer等[①]将关联数据发布流程分为六步：理解原则、理解数据、选择 URI、设置基础设施、与其他数据集进行链接、描述并公布数据。Hyland 和 Wood[②]提出发布关联数据的七步骤：识别、建模、命名、描述、转换、发布、维护。Villazón-Terrazas 等[③]提出具体化、模型化、生成、发布及应用流程。2014 年 W3C 工作组针对政府数据发布了关联数据发布的最佳实践，分为十步：利益相关者的准备、数据集选择、数据模型化、适当的授权、关联数据的 URI、标准词汇的使用、数据转换、机器存取数据的提供、发布新数据集、发布者的社会责任[④]。综合考虑多方面因素，抽取发布流程的关键环节，将其主要划分为选择资源对象、定义 URI、数据模型化、词汇表的使用、RDF 文档的发布五步，将关联数据的查询归入应用，不列入此。

2.2.3.1　选择资源对象

发布资源之前，根据需求确定要发布的资源。通常有两种类型资源：

①　BIZER C, CYGANIAK R, HEALTH T. How to publish linked data on the web [EB/OL]. [2015-08-17]. http：//wifo5-03. informatik. uni-mannheim. de/bizer/pub/LinkedDataTutorial/.

②　HYLAND B, WOOD D. The joy of data：a cookbook for publishing linked government data on the web [EB/OL]. [2015-08-17]. http：//www. w3. org/2011/gld/wiki/Linked_Data_Cookbook.

③　VILLAZÓN-TERRAZAS B，VILCHES-BLÁZQUEZ L M, CORCHO O，et al. Methodological guidelines for publishing government linked data[M]. Linking government data. 2011：27-49.

④　HYLAND B, ATEMEZING G, VILLAZÓN-TERRAZAS B, et al. Best practices for publishing linked data[EB/OL]. [2015-09-05]. http：//www. w3. org/TR/2014/NOTE-ld-bp-20140109/.

信息资源和非信息资源。信息资源多为数字化文档，非信息资源主要指真实世界的概念，如人、机构、主题或事物等。由于发布机构资源条件有限，高价值、可复用的数据是首要考虑选用的。

2.2.3.2 定义 URI

定义 URI，旨在实现资源的命名。实际上，URI 不仅仅是名称，其还提供了获取网络资源的方式。URI 有助于资源的识别，帮助人们查找或者引用资源。为了提高万维网的价值，为所发布的数据定义 URI 需注意简短易记、可解析、具有稳定性和持久性。这样可以保证资源的URI 被有效地获取及复用[①]。注意非信息资源的URI，通常情况下，非信息资源的参引可以通过 303 重定向（303 See Other）和 Hash URI 方式实现。

2.2.3.3 数据模型化

数据模型定义数据集的结构及约束等，用于设计多种数据源的信息集成表示方式，这些数据源是异构且采用不同的模式表示。运用 RDF 模型描述结构化数据，定义模型中的类、实例、属性及其类间、类与实例间关系，构建数据模型图。采用 RDF 数据模型的优点在于：数据模型允许对采用不同表示方式的资源进行表达；全局层面的设计方式，每个数据项使用 URIs 作为统一识别符便于被参引；每个 RDF 三元组成为数据网络的构成，任意一个 RDF 三元组都可作为浏览数据空间的起点，用户在网上通过查找 RDF 图中的 URI 检索到相关资源；易于在不同数据源数据中建立 RDF 链接，运用三元组模型表达时，主体、谓词都需要用 URI 来表示，客体可以用 URI 标识另一个资源，也可以是字

---

① BIZER C，CYGANIAK R，HEALTH T. How to publish linked data on the web [EB/OL]．[2015-08-17]. http：//wifo5-03. informatik. uni-mannheim. de/bizer/pub/ LinkedDataTutorial/.

符串表示的文本；允许采用不同模式来表述信息，从而将不同词汇表进行集成应用。因此数据模型构建中，需尽可能建立与已有数据集或者词汇表之间的链接，先判断其应用领域，根据其属性的值域确定其链接对象，具体应用领域取决于 RDF 属性，比如描述人的属性有 foaf:knows、foaf:based_near 和 foaf:topic_interest，其属性值可能来自 DBpedia 等。owl:sameAs 属性通常用于声明为一个特定的非信息资源提供来自数据源的信息，用来链接表示同一个事物的不同 URI[①]。RDF 链接既可手动生成，但大数据集链接通过链接算法自动生成。

2.2.3.4 词表的使用

词表包括受控词表、本体及其元数据集。尽可能选用一些标准化的、众所周知的词表的术语或概念来表示资源的属性和属性值，在现有的词表中找不到所需要的词汇时再定义新的词汇。标准化词表描述了基本或者更为复杂的关系，尽可能地被复用以促进数据网络的扩展。选择当前现存的词汇表需考虑如下因素：词表发布机构的可信度、词表具有自我描述能力、有永久的 URLs、采用多种语言描述、被多种数据集引用等。W3C 发布了许多用于表示关联数据的词表，如 2011 年开放知识基金会（Open Knowledge Foundation）主持的关联开放词表（Linked Open Vocabularies）项目[②]，旨在推动促进关联数据生态系统的词表的复用，其收集了各词表中的类与属性的定义，提供了关联数据集的链接，旨在描述特定领域或行业的各种类型的事物，目前已收录了 723 个词

---

① 娄秀明.用关联数据技术实现网络知识组织系统的研究[D].上海：华东师范大学，2010.

② Ontology Engineering Group. Linked open vocabularies[EB/OL]. [2017-03-15]. https://lov. linkeddata. es/dataset/lov/vocabs.

表。由 W3C SWEO^①关联开放数据团体维护的属性及属性值词汇表也可以选择，如 FOAF、DC、SIOC、SKOS、CC 等都是常见的属性词汇表，针对属性值词表的选择有 Geonames、DBpedia、Musicbrainz、dbtune 等。在已发布为关联数据的词汇表中找不到合适的词汇来表示类及属性时，就必须定义自己的词汇，可以利用 RDFs、OWL 来定义新的类和属性，但是定义中需要注意以下事项：需提供人、机可读的文档化元数据描述信息，如创建者、日期、版本号；定义词汇永久的 URL；具有自我描述性，词汇的属性或术语有标签、定义及注释，采用多种语言描述，以扩大受众范围；尽可能建立与其他词表的链接。

2.2.3.5　RDF 文档的发布

做好以上的准备，最后要把数据发布在网络上，发布数据时应根据数据量的大小、数据的存储方式、数据的更新频率，选择不同的发布形式与技术工具，目前主要有以下四种^②：①基于静态 RDF 发布，适用于数据量比较小的情况，数据创建者自己制作 RDF 文档上传至网络上，通过对服务器进行 MIME（Multipurpose Internet Mail Extensions，多用途互联网邮件扩展）类型配置，使得浏览器可以识别 RDF 数据。②基于 RDF 三元组批量存储的发布，适用于数据量大的各种类型数据（Excel、MARC、BibTex 等）的发布应用，即把数据提前转换成 RDF 三元组放在一个存储器中，但是在三元组存储器前面需设计一个关联数据界面作为 SPARQL 查询终端，实现其可访问性。如 DBpedia

---

① SWEO Community Project：Linking open data on the semantic web［EB/OL］.［2015-08-26］. http：//www. w3. org/wiki/TaskForces/CommunityProjects/LinkingOpenData/DataSets.

② BIZER C, CYGANIAK R, HEALTH T. How to publish linked data on the web［EB/OL］.［2015-08-17］. http：//wifo5-03. informatik. uni-mannheim. de/bizer/pub/LinkedDataTutorial/.

项目就是利用这一方法，从维基百科中抽取数据，转换成 RDF 存储在 OpenLink Virtuoso 存储器中。另外，DBpedia 还提供 Pubby 关联数据界面，作为 SPARQL 查询端口。③基于关系数据库的发布，适用于将关系数据库存储的数据内容发布成关联数据，可利用的工具有 D2R、OpenLink Virtuoso 或 Triplify。④基于现有应用程序或 Web API（Application Program Interface，应用程序界面）进行封装的数据发布；通过在应用程序界面 API 中配置关联数据封装包，为 API 共享的非信息资源分配 HTTP URI，将客户请求的结果转换为 RDF 形式发送给数据消费者。

2.2.4 图书馆关联数据

　　成立于 2010 年的万维网联盟图书馆关联数据小组，其任务就是聚集参与语义网络活动的人们，帮助其提高网络上图书馆数据的全球性互操作，以提高书目数据在互联网环境下的复用性①。许多图书馆参与到该活动中，纷纷将自己的书目数据公开，并建立与网络上其他数据的链接。早在 2008 年，瑞典国家图书馆率先把瑞典联合目录 LIBRIS 发布为关联数据②。德国国家图书馆在 2010 年 4 月宣布将把其名称和主题规范数据发布为关联数据，2012 年 1 月，将书目数据也发布为关联数据。2010 年 4 月 7 日匈牙利国家图书馆宣布，其全部图书馆目录、数字图书馆馆藏及名称／主题规范数据发布为关联数据③。之后，大英图书馆开放其馆藏

　　①　W3C Incubator Group. Library linked data incubator group final report [EB/OL]. [2014-06-20]. http：//www. w3. org/2005/Incubator/lld/XGR-lld-20111025.

　　②　MALMSTEN M. Swedish union catalogue available as linked data[EB/OL].[2008-08-21]. http：//article. gmane. org/gmane. culture. libraries. ngc4lib/4617.

　　③　POHL A. Linked open data prototype at the German National Library[EB/OL].[2010-04-16]. https：//listserv. nd. edu/cgi-bin/wa?A2=ind1004&L=NGC4LIB&T=0&F=&S=&P=31709.

目录与英国国家书目供研究使用。2012 年西班牙图书馆将馆内书目记录、个人、题名及主题等规范记录转化为 RDF 三元组，并将其与 DBpedia 以及德国、瑞典的国家图书馆目录相关联。同年 6 月，OCLC 将 WorldCat.org 中的书目数据转化发布为关联数据，使其成为目前互联网上最大的关联书目数据。美国国会图书馆将国会图书馆标题表 LCSH 以 SKOS 的形式全部转化为关联数据形式在网上发布，并与瑞典国家图书馆合作实现了 LIBRIS 的瑞典语主题词与 LCSH 之间的关联。2011 年 5 月，美国国会图书馆正式宣布与 Zepheira 公司合作开发 BIBFRAME。美国国会图书馆开展了多轮试验。在发布 BIBFRAME 词表后，2017 年将所有馆藏目录和规范目录由 MARC 转换至 BIBFRAME2.0，作为编目来源库。

2.2.4.1 图书馆书目数据面临的问题

图书馆书目数据采用 MARC 格式描述，一定程度上保证了图书馆之间的数据共享，避免了图书馆资源的重复建设。但 MARC 格式具有封闭性特点，其无法与网络资源集成，同时描述颗粒度较大，以资源为描述对象，侧重于资源外部特征如载体形态、出版发行等项目的描述，并采用字符串形式对资源的各个描述项目进行赋值，缺乏资源之间的联系，难以表述概念之间的关系，因此无法与外部资源建立较好的联系。而且资源所代表作品中涉及作者、地理名称、出版社、主题等概念，无法在外部网络资源中得到充分应用，图书馆内部资源描述的格式限制了其与外部资源进行广泛的连接。

数据的应用范围与其开放程度相关，开放度越高的数据被应用的可能性就越大，数据的价值越高。图书馆资源当前应用的描述规则及描述语言，并未随着信息技术的发展而快速更新，当前语义网技术的发展为图书馆带来机遇，需进一步考虑语义网环境下的技术和方法的兼容性问题，以充分利用语义网技术，将图书馆资源纳入语义网资源建设中，使之成为语义组织的重要工具。

2.2.4.2 图书馆实现关联数据的优势

图书馆关联数据需符合三方面的要求：一是以书目数据及相关资源为描述对象；二是开放性，即法律层面强调数据的互操作，可以被自由使用、复用、再发布；三是关联性，即技术层面强调数据的互操作。图书馆关联书目数据的优势体现在以下几方面：

（1）元数据的开放与共享。图书馆数据通过使用全球性的唯一识别符分配给作品、地点、人、事件、主题及其他对象或者感兴趣的概念，以确保其被自由地使用、复用及再发布。同时图书馆允许本地资源被其他广泛的数据源所引用，或者自己引用其他机构的开放数据，这将使图书馆元数据不断地被其他机构复用，既可以消除数据不必要的重复建设，也会使自身的元数据描述更加丰富。

（2）资源的发现。按照一定的原则实现数据集的互联，明确事物之间的关系，以有效地实现资源导航及其来自不同来源的资源集成[①]。图书馆发布关联数据，这些关联数据链接无数且相关的数据库资源，能有效实现多种来源数据或异构数据的聚合，从而允许用户在资源之间无缝跳转，并在浏览过程中实现对数字资源的偶然发现与存取。

（3）用户行为识别。图书馆书目元数据与用户生成的社会类元数据更易于合并，从而增加了额外的语义信息，既更好地提供丰富完整的元数据描述，又能提供针对用户使用的各种解释说明及术语，以准确地反映用户的信息行为，从而使分析用户的使用资源方式及反馈信息（如点击数、下载量、标签云、评价、用户反馈）更为客观与便利，以帮助图书馆在获取与评估资源时（制订馆藏政策、采访、馆藏探测等）做出准

---

① MALMSTEN M. Swedish union catalogue available as linked data[EB/OL]. [2008-08-21]. http://article. gmane. org/gmane. culture. libraries. ngc4lib/4617.

确决策，并基于用户数据分析提供针对性的服务（推荐、特色数据库、专题等）。

（4）分面浏览实现。分面式浏览提供不同维度的分类，可以帮助用户从大量的信息准确筛选到自己感兴趣的资源。图书馆关联数据通过对资源属性进行描述，从而在资源之间建立关联，关联数据良好的结构面可以有效地用以构建分面，这样既可以区分结果的二义性，又可在降低噪音及信息超载的前提下提高检索的精准度。

2.2.4.3 图书馆关联书目数据的构成

图书馆数据指由图书馆自身创建的各种数字化信息。W3C 组织将图书馆数据分为三部分：数据集、词表、元数据集[①]。数据集描述与图书馆服务相关的资源，如书目记录、特色数据资源、面向主题的开放资源。词表定义描述资源的规范化词汇集，以实现资源的统一性标引及提供多入口的检索，如美国国会图书馆标题表、杜威十进分类法等分类表、叙词表及地名、人名表等此类型的知识组织系统。元数据集确定描述过程中可描述项目的描述标准及描述语言，如简单知识组织系统（SKOS）、都柏林核心元素集（DC）、朋友的朋友（FOAF）等，其规定了一系列描述元素及元素的取值范围。

书目数据的构成不仅包含图书馆创建的书目资源，还包括围绕书目资源衍生的反映用户使用的信息，如用户评注、推荐、下载资源等。这些资源是开放书目数据的核心，但由于书目数据描述中采用了各种类型的受控词汇表，如名称规范档、分类表、叙词表等，因此许多机构关联书目数据计划中，最初着重于各类型词汇表的公开，如美国国会图书馆

---

① Open bibliographic data[EB/OL]. [2014-11-16]. http: //opendefinition. org/bibliographic/.

标题表、杜威十进分类法①、多个机构建立的虚拟国际规范文档（VIAF）等相继公开。随着这些资源被一些大型图书馆逐步发布，当前图书馆的开放书目数据更多地着眼于利用现有已公布的词汇表以发布其机构内部的书目数据。如大英国家书目数据集利用美国国会图书馆标题表及DCMI元数据集来发布其书目数据。

2.2.4.4 关联开放数据云图中的图书馆关联数据

基于更好地应用关联数据的需求，Chris Bizer 等在 2007 年 5 月向 W3C SWE（语义网教育和宣传小组）提交了关联开放数据项目（Linked Open Data Cloud，LOD）申请，该项目旨在号召人们将现有数据发布成关联数据，并将不同数据源互联起来，以可视化图形的方式将互联的关联数据集展现出来，通过链接现存、分散的数据来创造知识，开展数据整合服务，实现数据的增值。越来越多的数据提供者和网络应用开发者将各自的数据发布到网络上，并与其他数据源关联在一起，形成了一个巨大的数据网络②。

LOD 云图中的数据集一直在不断增长，截至 2020 年，LOD 已收录 1260 个数据集以及 16 187 条 RDF 链接③。出版类数据集中，馆藏资源及其知识组织工具类型的数据集占比大，馆藏资源数据集是对文化机构中的馆藏资源进行描述，主要包含图书馆、博物馆、档案馆以及其他信息机构的数据集。通过对馆藏资源语义描述和链接来实现资源内容的充分揭示及关联关系的规范表达，进而为文化机构中数据的深度聚合与知识

---

① OCLC. Dewey Decimal Classification / linked data [EB/OL]. [2014-12-16]. http://dewey.info/.

② 贾君枝，寇蕾蕾. 关联数据云图中出版类数据集特点分析[J]. 国家图书馆学刊，2016(1)：59-68.

③ SCHMACHTENBERG M，BIZER C，PAUIHEIM H. State of the LOD Cloud 2014[EB/OL]. [2015-06-18]. http://linkeddatacatalog. dws. informatik. uni-mannheim. de/state/#toc0/.

发现提供服务。以德国国家图书馆关联数据为例，2010 年将集成规范档
（GND）作为关联数据发布，2012 年将书目数据及连续出版物联合目录
纳入关联数据服务中，目前已包含 192 556 756 个 RDF 三元组[①]，数据间
可相互引用，且其在 LOD 中也被许多数据集链接。从形式来看，其应
用格式包括 RDF 和 XML。关联开放数据云图中（如表 2-2）可以看出，
主要是国家图书馆参与了关联数据集的发布。

表 2-2　关联开放数据（LOD）云图中的馆藏资源数据集

数据集名	描述	URI 地址
DNB	德国国家图书馆	http://www.dnb.de/EN/datendienste/linkedData
Bluk BNB	大英图书馆书目资源	http://www.bl.uk/bibliographic/datafree.html
data.bnf.fr	法国国家图书馆书目资源	http://data.bnf.fr
Princeton	普林斯顿大学图书馆	http://findingaids.princeton.edu/
oszk.hu	匈牙利国家图书馆	http://nektar.oszk.hu/wiki/Semantic_web
Sztaki LOD	匈牙利档案	http://lod.sztaki.hu/
libver.math	维罗纳公共图书馆	http://libver.math.auth.gr
worldcat	在线联合目录	http://www.worldcat.org/
SUDOC.fr	法国学术联合目录	http://punktokomo.abes.fr/2011/07/04/le-sudoc-sur-le-web-de-donnees/
theses.fr	法国学位论文搜索引擎	http://www.theses.fr

---

① German National Library. Catalogue of the German National Library[EB/OL]. [2015-05-19]. http：//www. dnb. de/SharedDocs/Downloads/EN/DNB/service/linkedDataModellierungTiteldaten. pdf.

续表

数据集名	描述	URI 地址
LIBRIS	瑞典联合目录的规范数据	http://libris.kb.se
ZDB	德国联合目录的连续出版物	http://www.zeitschriftendatenbank.de/services/schnittstellen/linked-data/
BritishMuseumCollection	大英博物馆	http://collection.britishmuseum.org
Amsterdam museum	阿姆斯特丹博物馆	http://semanticweb.cs.vu.nl/lod/am/
ArchivesHub	英国档案中心	http://data.archiveshub.ac.uk
muninn project	世界档案馆有关一战的记录	rdf.muninn-project.org
Gutenberg	谷登堡电子书	http://www.gutenberg.org/
Open Library	加州图书馆图书	http://openlibrary.org/
Bib Base	谷歌书目信息目录	http://data.bibbase.org
L3S DBLP	计算机科学书目数据	http://dblp.l3s.de/d2r/
airforcehistoryindex	美国空军历史索引库	http://airforcehistoryindex.org
MisMuseos.net	艺术资源的语义索引库	http://mismuseos.net/

关联开放数据云中，规范文档数据集见表 2-3，其中美国、德国所占比例较大，基本由大型图书馆如国家图书馆或者图书馆联盟创建，并与 DBpedia、VIAF、LIBRIS、dnb-gemeinsame-normdatei 建立广泛链接。可以看出，这些关联数据的发布将极大程度地丰富语义网的资源，为规范文档在网络环境中的应用奠定坚实基础[1]。

---

[1] 赵捷,贾君枝.数据网络中中文名称规范档的建设与发展[J].图书情报工作,2017（22）:134-139.

表 2-3　LOD 中的规范文档数据集

数据集名	创建者	三元组数（记录数）	国家	命名空间	范围	链接资源
Konstanz University Library Catalogue	Konstanz University Library		德国	https://wiki.bsz-bw.de/doku.php?id=v-team:daten:openaccess:knub	书目记录、规范档	
datos.bne.es	Spanish National Library	58 053 215 (4 200 000)	西班牙	http://datos.bne.es/resource/	书目记录、规范档	DBpedia、VIAF、LIBRIS、dnb-gemeinsame-normdatei、Lexvo、SUDOC.fr
Tübingen University Library Catalogue	Bibliotheksservice-Zentrum Baden-Württemberg		德国	https://wiki.bsz-bw.de/doku.php?id=v-team:daten:openaccess:tuub	书目记录、规范档	
Gemeinsame Normdatei	German National Library	114171541 (28 000 000)	德国	http://d-nb.info/gnd/	团队、人名、题名、主题规范档	DBpedia、geonames VIAF、Wikipedia、stw
Faceted Application of Subject Terminology	OCLC Research	30 000 000 (1 600 000)	美国	http://id.worldcat.org/fast/	主题规范档	Geonames、LCSH
Web NDL Authorities	National Diet Library of Japan	15 000 000	日本	http://id.ndl.go.jp/auth/ndlna/	名称、主题规范档	LCSH、VIAF

续表

数据集集名	创建者	三元组数数 （记录数）	国家	命名空间	范围	链接资源
LIBRIS	Sweden's National Library	50 000 000	瑞典	namespace	书目记录、规范档	LCSH、VIAF、DBpedia
Rådata nå!	BIBSYS and NTNU University Library	9 370 074	挪威	http://data.bibsys.no/data/notrbib/authorityentry/	人名规范档	DBpedia、VIAF、dnb-gemeinsame-normdatei
Thematic Indexes	Music Library Association		美国		主题规范档	
Hungarian National Library (NSZL) catalog	National Széchényi Library	19 300 000	匈牙利	http://nektar.oszk.hu/	书目记录、人名、地名、主题名规范档	DBpedia、VIAF
RISM Authority data	RISM	1 154 325	瑞士	https://data.rism.info/id/rismauthorities/	人名、团体名规范档	VIAF、dnb-gemeinsame-normdatei
The Cultural Objects Name Authority	The Getty Research Institute		美国	http://vocab.getty.edu/cona/	题名规范档	
Library of Congress Name Authority File	Library of Congress		美国	http://id.loc.gov/download/	名称规范档	

续表

数据集名	创建者	三元组数 （记录数）	国家	命名空间	范围	链接资源
The Virtual International Authority File	OCLC	200 000 000	美国	http://VIAF.org/VIAF/	名称规范档	DBpedia、dnb-gemeinsame-normdatei
IdRef: Sudoc authority data	ABES	20 000 000 (2 000 000)	法国	http://www.idref.fr/	规范档	FmeSH、Lexvo、geonames-semantic-web、SUDOC.fr
Polymath Virtual Library (Authority data)	Xavier Agenjo	9540		http://www.larramendi.es/i18n/estaticos/contenido.cmd?pagina=estaticos/bibliotecaIL	规范档	DBpedia、OCLC-FAST、VIAF
NCSU Organization Name Linked Data	NCSU Libraries		美国	http://www.lib.ncsu.edu/ld/onld/downloads	团体名规范档	VIAF、The Library of Congress Name Authority File (LCNAF)、DBpedia、Freebase、International Standard Name Identifier (ISNI).

知识组织系统包含主题词表、本体、分类表、元数据等知识组织工具，由于其具有通用性、标准化、科学性等特点，被馆藏资源及其他数据集广泛引用。表 2-4 罗列了一部分知识组织工具，其中美国国会图书馆标题表（LCSH）包含 7 332 816 个 RDF 三元组，自 1898 年以来一直致力于对国会图书馆的资源进行编目，其他合作编目机构也使用 LCSH 并按主题访问它们的馆藏资源。LCSH 关联数据服务项目包含国会图书馆标题表、主题和形式的细分信息、体裁 / 形式标题词表、儿童（AC）标题词表及创建规范记录所需的验证字符串。2009 年 DDC 分类法首次转换为 DDC 关联数据，将 DDC 22 足本中最高三级类目以 11 种语言发布为关联数据[①]。

表 2-4　LOD 中的知识组织系统

数据集名	描述	URI 地址
LCSH	美国国会图书馆标题表	http://id.loc.gov/authorities/
Agrovocskos	联合国粮农组织受控词表	http://aims.fao.org/standards/agrovoc/about
ListaEncabezamientoMateria	欧洲主题词表	http://id.sgcb.mcu.es
STWThesaurusEconomics	经济领域叙词表	http://zbw.eu/stw
FAOgeopoliticalontology	联合国粮农组织地理政治本体	http://www.fao.org/countryprofiles/geoinfo.asp?lang=en
Bible Ontology	圣经本体	http://bibleontology.com/
MSC	数学主题分类表	http://msc2010.org/mscwork/
iconclass	多语言主题分类表	http://www.iconclass.org/help/lod
DeweyDecimaClassification	杜威关联数据服务	http://dewey.info
Cooperative Patent Classification	合作专利分类法	http://planet-data.eu
FAO water areas classification	粮农组织水域分类	http://www.fao.org/aims/aos/fi/water_FAO_areas/

① 贾君枝，赵洁 . DDC 关联数据实现研究 [J]. 中国图书馆学报，2014（4）：76-82.

续表

数据集名	描述	URI 地址
Time Event Ontology	时间事件本体	http://bioportal.bioontology.org/ontologies/3042
Project Gutenberg In RDF	谷登堡项目元数据	http://www4.wiwiss.fu-berlin.de/gutendata/
Art & Architecture Thesaurus	艺术建筑叙词表	http://vocab.getty.edu/
Influenza Ontology	流感本体	http://bioportal.bioontology.org/ontologies/1417
ciard ring	全球农业数据集分类目录	http://ring.ciard.net/
Emotion Ontology	情感本体	http://bioportal.bioontology.org/ontologies/1666
Ontology for General Medical Science	普通医学本体	http://bioportal.bioontology.org/ontologies/1414
DOI	学术出版物的数字对象识别符	http://dx.doi.org
Role Ontology	角色本体	http://bioportal.bioontology.org/ontologies/1538
YSO	芬兰文化领域本体	http://www.yso.fi/onto/yso/
NAICS	北美工业分类系统	http://purl.org/weso/pscs/naics/2007/resource
VIVO	美国国家健康研究院资助的科研本体	http://vivo.cornell.edu/individual/
TEKORD	挪威通用十进分类表	http://www.ntnu.no/ub/data/tekord
JITA	图书情报学的分类表	http://aims.fao.org/aos/jita/
SITC-V4	国际贸易标准分类	http://productontology.org

资料来源：Library of Congress. Library of Congress online catalog[EB/OL]. [2020–09–10]. http://catalog.loc.gov/.

2.3 知识组织系统

知识组织系统[①]是用来组织信息、提高知识管理的各种类型模式集合，是各种类型知识工具的总和。它既包含传统知识组织工具，如分类表、叙词表、名称规范档、术语表，也包括语义网络、本体等语义网新型工具，它们共同在信息资源管理及应用中发挥着重要作用。

2.3.1 知识组织系统的功能[②]

知识组织系统提供了信息组织的方式，各类型知识组织工具将资源中的自然语言转换成知识组织工具表示的形式，既实现对术语的统一化表述，又充分展示了术语之间的语义关系。知识组织系统不再仅仅服务于信息检索过程，提高信息检索效率，还表现为增强知识管理能力。

（1）组织与管理资源文档的工具。网络环境下，资源数量的增加会导致资源获取难度的增加，知识组织系统可以有效地实现对资源文档的表示及索引，通过构建特定领域的潜在语义结构模型，以支持文档的快速检索。

（2）形成了特定领域或学科的语义知识地图。知识组织系统充分利用专家知识，描述了特定领域或学科的基本概念及概念间关系，形成了概念语义地图，有助于支持信息检索者（机器及用户）的知识获取及学习过程。

---

① HODGE G. Systems of knowledge organization for digital libraries：beyond traditional authority files[EB/OL]. [2016-05-23]. https：//www. clir. org/pubs/reports/pub91/contents/.

② 贾君枝. 面向数据网络的信息组织演变发展[J]. 中国图书馆学报,2019(5):51-60.

（3）知识交流及互操作工具。知识组织系统所提供的基于知识系统的概念框架，架起了用户信息需求与文档集、自然语言与受控词汇之间的桥梁，较好地推动了计算机与计算机、人与计算机的交流过程，通过建立知识组织系统之间的映射与链接，可以实现跨语种、跨库、跨系统的操作，满足用户多角度的检索需求。

2.3.2　知识组织系统类型

2.3.2.1　分类表

分类表是类目体系集合，旨在从学科角度揭示知识间的关系。分类表通过构建类目组织体系来划分资源，使资源按类组织，实现用户按类目检索资源的需求，其揭示了类目之间的等级、并列及参照关系。分类表的基本构成：类号、类名、类间关系。类号是类名的符号标识，具有识别类名的作用，类间关系主要表现为上下位类，将具有明显属分关系的类目按照层级结构展示。如图 2-3 所示《中图法》中心理学类目，逐层展开，形成树状层级体系。传统的分类表主要分为等级列举式、分面组配式、列举—组配式三种类型。等级列举式类目体系依照类目的顺序给定类号，充分展示了类目的等级结构，适用于实体图书馆的排架。分面组配式采用组配分析原理仅罗列简单类目，而复杂类目采用简单类目的组合表示。该体系导致类目规模小，有利于表达复杂概念，并可实现多维检索，当前面向网络资源的分面分类体系就是其典型应用，有益于网络用户从众多检索结果中通过分面检索，找出适合自己的检索结果。而列举—组配式是两者的有机结合。当前常用的国内外分类表有很多，其中杜威十进分类法（DDC）、中国图书馆分类法、美国国会图书馆分类法（LCC）、国际十进分类法（UDC）是影响力较广的分类法，被许多大中小型图书馆所使用。除了这些以专家为中心所构建的分类表，当前还出现了以用户为中心所构建的分类体系，如分众分类法（Folksonomy），其采用用户打标签的方式对资源进行分类，最终选用高频率的标签作为划分资源的依据，一定程度上弥补了传统分类体系类目陈旧、概念更新慢、分类体系不能反映用户需求等局限性。分类表丰富的类目体系为资源的划分提供了依据，各机构依照分类表完成分类标引过程，从而保证了资源按类查找或浏览的目标。

图 2-3 《中图法》心理学类目

2.3.2.2 叙词表

叙词表是表示概念及概念之间关系的词表，其采用主题概念揭示资源特征，使资源按主题集中，实现用户按主题检索资源的需求。通常情况下，叙词表揭示了主题概念之间的等级、等同、相关关系。等级关系表示主题概念之间的外延为包含关系，等同关系表示主题概念之间的外延重合，相关关系表示概念之间的外延为交叉关系。不同于关键词表，叙词表定义了概念的规范表达形式，将规范词形式称作叙词，非规范词称之非叙词（入口词），并建立了两者之间的等同关系。叙词表可以分为通用领域叙词表及特定领域叙词表。目前国内外重要叙词表有《汉语主题词表》、《美国国会图书馆标题表》（Library of Congress Subject Headings，LCSH）、《医学主题词表》（Medical Subject Headings，MeSH）、《农业叙词表》（AGROVOC）等。在叙词表构建及更新过程中，逐步改变原有的人工构建方式，采用机器辅助的自动构建方式，从概念的采集、概念关系的搭建及其检测、概念的表示层面尽可能地运用机器处理，实现词表的快速更新与维护。叙词表的基本构成包括叙词名、叙词关系、范畴号。如图 2-4 所示，MeSH 词表定义了叙词、树形号（Tree Number）及其叙词间关系。

MeSH Heading	Neoplasms
Tree Number(s)	C04
Unique ID	D009369
Annotation	general; prefer specifics; familial: consider also NEOPLASTIC SYNDROMES, HEREDITARY; metastatic cancer of unknown origin: index NEOPLASM METASTASIS
Scope Note	New abnormal growth of tissue. Malignant neoplasms show a greater degree of anaplasia and have the properties of invasion and metastasis, compared to benign neoplasms.
Entry Version	NEOPL
Entry Term(s)	Benign Neoplasms Cancer Malignancy Malignant Neoplasms Neoplasia Neoplasm Neoplasms, Benign Tumors
Consider Also	consider also terms at CANCER, CARCINO-, ONCO-, and TUMOR
Public MeSH Note	/diagnosis was NEOPLASM DIAGNOSIS 1964-65; /etiology was NEOPLASM ETIOLOGY 1964-65; /immunology was NEOPLASM IMMUNOLOGY 1964-65; /radiotherapy was NEOPLASM RADIOTHERAPY 1964-65; /therapy was NEOPLASM THERAPY 1964-65; NEOPLASM STATISTICS was heading 1964-65; CARCINOGENESIS was heading 1977
Online Note	pre-explosion = NEOPLASMS (PX)
History Note	/diagnosis was NEOPLASM DIAGNOSIS 1964-65; /etiology was NEOPLASM ETIOLOGY 1964-65; /immunology was NEOPLASM IMMUNOLOGY 1964-65; /radiotherapy was NEOPLASM RADIOTHERAPY 1964-65; /therapy was NEOPLASM THERAPY 1964-65; NEOPLASM STATISTICS was heading 1964-65; CARCINOGENESIS was heading 1977
Entry Combination	secondary:Neoplasm Metastasis
Date Established	1966/01/01
Date of Entry	1999/01/01
Revision Date	2017/06/20

图 2-4 MeSH 词表片段

2.3.2.3 术语表

为了支持术语使用的一致性，术语表定义了特定语言的名称集合，以实现广泛的语言交流目的。术语表可实现的词汇控制手段少，且通常不定义语义关系类型，主要定义术语的名称、概念注释。相对于受控词表（分类表和叙词表）而言，不作为信息检索使用。术语表有地名表、环境术语表及其各行业领域表。表2-5显示的是美国地名表（U.S. Codes of Geographic）的部分内容，其对地名进行编码及规范化显示。

表2-5 美国地名表（部分）

Code	American Indian area
0335	Bois Forte Reservation, MN
0605	Cheyenne River Reservation and Off-Reservation Trust Land, SD
0855	Crow Creek Reservation, SD

资料来源：U.S. Census Bureau.Geographic Codes[EB/OL].[2020-05-01]. http://www.census.gov/geo/reference/geocodes.html.

2.3.2.4 本体

本体是形式化共享概念的模型。其定义了概念及概念之间的关系，并采用形式化语言对其描述。本体根据专指度、覆盖的领域、应用目的来划分类型。顶层本体表示通用的、不依赖领域的概念体系，而领域本体和任务本体各自描述具体领域和特定任务的概念体系。相对于受控词表的语义关系，本体的语义关系定义更严格。比如叙词表的等级关系包括属种、整体部分、实例关系，没有做进一步区分；而本体中，属种、整体部分和实例关系需进一步区分，以备本体推理使用。还可根据具体应用领域定义其他的语义关系，如医患关系、师生关系、疾病与治疗等。图2-5中的疾病本体[①]是由马里兰医科大学所有，其对疾病的名称、定义、参考来源及其语义关系进行了明确界定。

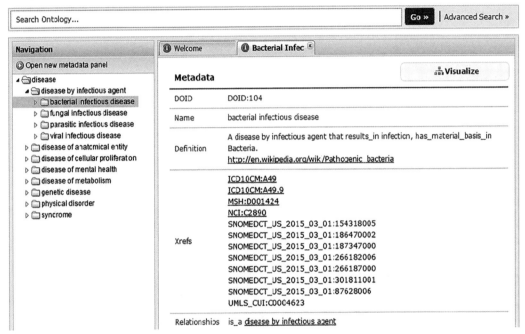

图 2-5　疾病本体

2.3.2.5　名称规范档

对名称进行规范控制，以实现名称标目的统一性。对一个实体的多个变异名称或者指代不同实体的同一名称形式进行控制，能够达到名称识别及其资源聚合的目的。规范的名称类型有个人、机构、地名、题名

① University of Maryland School of Medicine. Disease ontology[EB/OL]. [2017-06-21]. http://disease-ontology.org/.

等。名称规范表所提供的语义关系信息较少，等同关系类型多，等级及相关关系少，但提供了关于名称的额外信息以帮助用户区分这些实体，如出生／死亡日期、家庭关系、地点、相关作品、语言等。由于名称规范档多为人工构建，费时费力，名称规范档的共建共享成为发展的趋势。目前国内外重要的名称规范档有 NACO、VIAF 等，都是多个机构联合共建的典型。图 2-6 中，VIAF 对不同国家的名称规范档进行整合，实现了"鲁迅"不同语种的描述。

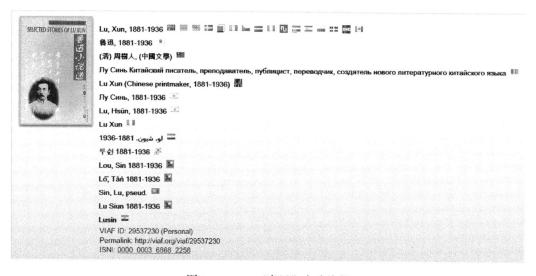

图 2-6 VIAF "鲁迅" 名称片段

资料来源：OCLC. Virtual international authority file [EB/OL]. [2017-03-10]. https：//viaf. org/viaf/29537230/#Lu，_Xun，_1881-1936.

2.3.3 知识组织系统发展特点

语义网技术推动知识组织系统进一步适应网络环境，突破了传统信息组织工具仅局限于图书情报领域内部使用的状况，出现了语义网络、本体等新型组织工具。应用这些工具实现对资源的描述及表示，由原有的文献单元向知识单元深化，描述粒度变细且逐步向用户需求靠近。知识组织系统整体呈现概念体系化、形式化两大特点。

2.3.3.1 概念体系化

从术语表到语义网工具，知识组织系统的描述对象从原有的词汇为中心向概念为中心转变。概念是人类的思维单元，其由代表一定语言的词汇或符号来表示，可以使用自然语言或者人工语言表示。概念包含内涵及外延，内涵为所描述事物的属性，外延为所描述事物对象集合。在图 2-7 所示的概念语义三角中[①]，不同的语言词汇可指代同一个概念，同一词汇在不同的语境中含义不同，语言的多样性特征使得概念的获取及表达具有一定的难度。与词汇相比，概念具有明确性、语义性。如何建立客观事物对象、语言符号、概念之间的对应关系，是确定高质量概念体系的关键。术语表仅罗列现实存在的各种术语，通过释义、注释等方式对词汇含义进行区分，并未从概念角度对词汇进行分类，无法体现出词汇在概念层面的抽象。叙词表引入了规范词，将指代同一概念的多个词建立用代关系，并建立了概念之间的属分关系、交叉及并列关系，较大程度上体现了以概念为核心的特征。本体则以概念为出发点，所构建的共享概念模型强调知识表达的明确性、形式化，其所定义的函数、关系、公理将概念、属性及概念之间的关系进行充分表示，从而为机器可理解及信息共享提供基础。以概念为核心的知识组织系统描述相关资源，意味着不同资源共享共同的概念体系，计算机非常易于抽取及集成相关信息，一定程度上提高了资源间数据交流及集成效率。

将概念进一步明确表达为实体对象及其对象的属性，将有助于机器更好地理解概念的语义含义。目前所提倡的实体分析技术可以较好地用

---

① STOCK W G. Concepts and semantic relations in information science[J]. Journal of the American Society for Information Science and Technology, 2010(10):1951-1969.

于此类问题的解决，以用户为中心明确实体对象集，分析实体对象的属性、实体对象之间的关系，在此基础上明确实体对象的内涵与外延，构建实体关系模型，采用标准化词汇对其进行表达。

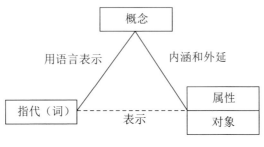

图 2-7　概念的语义三角

（1）概念及概念关系的获取方式

Hjørland[①] 总结了概念及概念关系获取的五种方法，如图 2-8。一是经验主义（empiricism），对具体文档进行观察分析获取。二是理性主义（rationalism），通过分析及逻辑方法获得先验概念的属性及关系。三是解释学（hermeneutics），强调从历史及当前发展中看待概念，基于概念的发展过程整体来理解概念。若将文本作为整体，其提供了理解部分的关键，同时人为了揭示文本，又需要从部分来理解整体。四是实用主义（pragmatism），确定事物所服务的目标，再明确其所属的类及符号，强调在概念定义中手段及目标的意义。五是批判论（critical theory），强调个体有使用词汇及概念的自由，发挥群体智慧，构建开放式的知识组织系统。在现有的知识组织系统构建中，不同的知识组织系统概念获取方式侧重点不一。分众分类法系统明确强调批判论观点，以用户为中心，通过众多用户对资源设置标签的方式，来确定资源所属的类目体系。受控词表（分类表、叙词表）的构建将经验主义、理性主义、实用主义三

①　HJØRLAND B. Concept theory[J]. Journal of the American Society for Information Science and Technology，2009（8）：1519-1536.

者结合，在明确词表构建目标前提下，既重视专家的知识，又注重概念在文档中（包含检索集）的使用频率。本体更强调理性主义，通过逻辑分析与推理方法，抽取领域中最核心的概念及关系，以实现对领域内部概念集合的抽象描述，基于共同认知框架形成共享化模型。

图 2-8　概念获取的方法

（2）概念关系类型

知识组织系统是由代表知识领域的概念及其概念关系构成。通过对概念的描述，可实现以概念为核心的语义检索，突破原有的以关键词为中心的检索，可以准确定位到用户所需要的检索对象。概念之间彼此依赖，互相链接，所形成的关系称之为语义关系，通常概念的含义可通过语义关系来明确。Peters 和 Weller[①] 将语义关系分为两大类型：聚合关系（paradigmatic relation）、组合关系（syntagmatic relation），如图 2-9。组合关系通常存在于文档中，通过文档中词汇共现或者分众分类系统中标签共现方式而构建，其可作为组合关系构建的实验文档。

① PETERS I, WELLER K. Paradingmatic and syntagmatic relations in knowledge organization systems[J]. Information-Wissenschaft und Praxis, 2008(2):100-107.

聚合关系通常独立于文档，构建于一定的知识组织系统中，根据类型的差异，可分为等同关系（equivalence）、等级关系（hierarchy）、相关关系（association）。这三种关系明显地应用于现有的受控词表中。等同关系又可细分为同义（synonymy）、同源（gen-identity）、反义（antonymy）。同义关系表示两个词汇都指代同一概念，如简称与全称、变异名称、不同语种形式等都属于此类型。同源关系表示随着时间变化而采用不同的术语形式，如机构不同时期的称谓形式。同义词表、名称规范档、语义网络充分体现了同义关系及同源关系。反义关系表示两个概念之间互相排斥，外延没有重合，如"生—死"。叙词表中叙词与非叙词关系中包含反义关系。等级关系表示两个概念之间存在包含关系，是知识组织系统中最基本的类型，分为上下位关系（hyponymy）、部分整体关系（meronymy）、实例关系（instance）。上下位关系中，下位类既具有与上位类同样的属性，义有自己特有的属性，两者属于层级关系，如学生与小学生。部分整体关系表示整体概念是由若干部分概念所组成，如"元素—集合""部门—机构""材料—物体"等。实例关系表示通过罗列其主要元素定义概念，各主要元素作为个体概念，被看作是实例，如"摩托车—大阳摩托车"。等级关系在受控词表、本体中是最突出的语义关系，分类表通过类目层级划分表示其类目的等级关系，叙词表等级关系对其上下位关系、部分整体关系、实例关系不做区分，但本体对这三种关系类型进行了明确区分，在继承、传递、对称性体现为不同的特性。相关关系指除等级、等同关系之外的其他关系。语义关系指代不明确，包括参照关系（see also）及其他。参照关系将存在一定联系的两个概念建立关系，如产品与厂家，作品与作者等。叙词表定义了相关关系，本体的严格性限制了对此类关系的引用，其根据不同的情境定义了其他更为具体的语义关系。如"疾病"本体中会定义医患关系、师生关系、疾病与治疗等关系类型。语义关系越丰富，定义越严格，所形成的概念语义网络才能为进一步知识组织系统的应用奠定坚实基础。

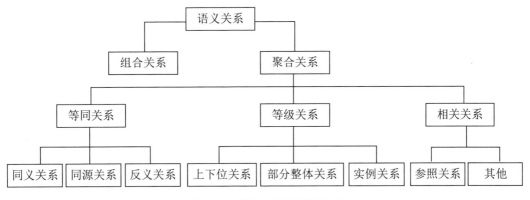

图2-9 概念之间的语义关系

2.3.3.2 形式化

传统知识组织系统的描述的面向是人，而当前知识组织系统则更多地面向机器，其采用形式化语言对各类型工具进行表示，实现机器理解与阅读，有助于实现各个系统之间的互操作，与外部资源及应用软件实现较好的集成。目前知识组织系统的形式化表述语言主要采用 SKOS、RDF/RDFS、OWL 语言，其围绕描述的资源对象，依据概念及概念间关系，定义了其概念所属的类、属性及其关系，以增强其语义表述能力。

（1）SKOS 语言

传统的受控词表缺乏形式化的描述，影响其在语义网的进一步发展。如何在语义层面角度描述及应用现有受控词表，以适应当前语义检索的要求，成为目前分类表、叙词表在语义网环境下发展所面临的主要问题。W3C 组织明确提出"传统叙词表的存在为发展语义网中的本体提供了起点，如果不借助当前叙词表的成果，语义网的发展将会变得缓慢"。叙词表表示过程中，不同人认识不同，如果采用 RDF/OWL 进行描述，可能形成不同的模式，易于导致不同叙词表之间及叙词表与本体之间映射难、互操作性差、共享性差的问题。因此 W3C 组织语义网下的工作组织于 2005 年发布简单知识组织系统（Simple Knowledge Organization System, SKOS）[①]，强调为知识组织系统的表达提供强有力且简单的机器理解方式。作为一种中间语言，SKOS 语言提供表达叙词表、分类表、标题词表等受控词汇表的概念模型的基本结构及内容，提供了一条将已有知识组织系统导入语义网的标准的低成本迁移路线，同时也为开发和共享全新的知识组织系统提供一种轻量级的直观语言，从而使叙词表在形式化表示过程中，都遵循一定的标准规范，定义一个标准的模型，这样保证了形式化的叙词表具有共享特征，使实现跨词表 SKOS 语言叙词表与本体之间的互操作成为可能[②]。

　　SKOS 概念体系是多个 SKOS 概念及概念间语义关系的集合体。每个 SKOS 概念体系可以简单地对应为一个叙词表、分类表或其他知识组织系统。词表中每一词汇都可看作是 SKOS 概念类，词汇之间的关系采用 SKOS 属性进行定义，各属性与语义关系对应如表 2-6。除此之外，SKOS 定义了词表之间的映射关系，依此将多个词表之间的词汇建立对应关系，为词表互操作的实现提供了形式化描述方法。

表 2-6　SKOS 属性

属性	语义关系
skos:prefLabel	代关系
skos:altLabel	用关系

① MILES A, BRICKLEY D. SKOS core vocabulary specification. [EB/OL]. [2016-03-20]. https://www.w3.org/TR/swbp-skos-core-spec/.
② 贾君枝，杨洁，卫荣娟.《汉语主题词表》简单知识组织系统表示的自动转换设计[J]. 情报理论与实践，2011(5):54-57, 14.

续表

属性	语义关系
skos:narrower skos:broader	下位关系 下位关系
skos:related	相关关系
skos:note skos:historyNote skos:changeNote skos:editorialNote skos:scopeNote	通用注释 历史注释 修改注释 编辑注释 范围注释
skos:exactMatch skos:closeMatch skos:broadMatch skos:narrowMatch skos:relatedMatch	准确映射 近似映射 上位映射 下位映射 相关映射

　　美国国会图书馆已将国会图书馆标题表（LCSH）的 MARC 数据转换成 SKOS，联合国粮农组织将 AGROVOC 转换成 SKOS 格式并提供免费下载，国际十进分类法（UDC）、杜威十进分类法（DDC）分别实现了 SKOS 化，我国学者着手探讨《中国图书馆分类法》《汉语主题词表》《中国分类主题词表》的 SKOS 实现。图 2-10 摘自美国国会图书馆标题表[①]中对叙词"Water"的显示，其中所对应的 SKOS 描述如图 2-10 所示。

---

① Library of Congress. Library of Congress Subject Headings [EB/OL]. [2015-05-22]. http://id. loc. gov/authorities/subjects/sh85063965. html.

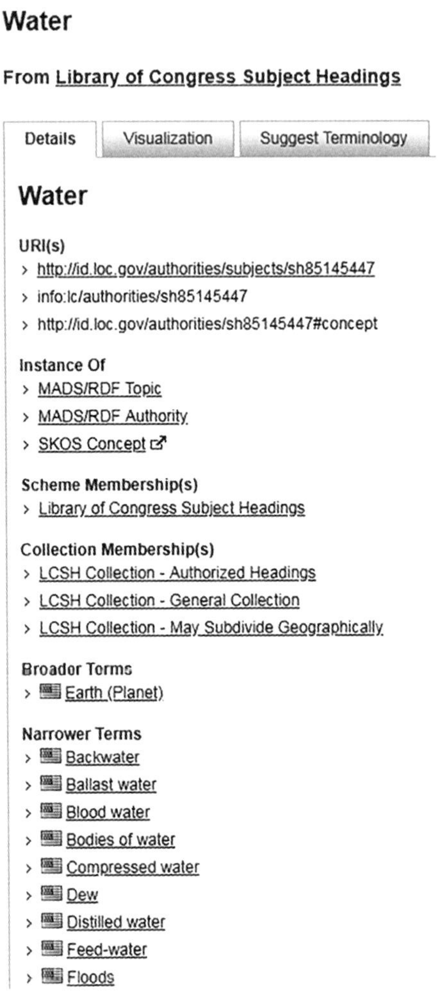

Water

From Library of Congress Subject Headings

Details | Visualization | Suggest Terminology

Water

URI(s)
- http://id.loc.gov/authorities/subjects/sh85145447
- info:lc/authorities/sh85145447
- http://id.loc.gov/authorities/sh85145447#concept

Instance Of
- MADS/RDF Topic
- MADS/RDF Authority
- SKOS Concept

Scheme Membership(s)
- Library of Congress Subject Headings

Collection Membership(s)
- LCSH Collection - Authorized Headings
- LCSH Collection - General Collection
- LCSH Collection - May Subdivide Geographically

Broader Terms
- Earth (Planet)

Narrower Terms
- Backwater
- Ballast water
- Blood water
- Bodies of water
- Compressed water
- Dew
- Distilled water
- Feed-water
- Floods

图 2–10　美国国会图书馆标题表的叙词“Water”


```
<rdf:RDF xmlns:rdf="http://www.w3.org/1999/02/22-rdf-syntax-ns#">
<rdf:Description rdf:about="http://id.loc.gov/authorities/subjects/sh85145447">
  <rdf:type rdf:resource="http://www.w3.org/2004/02/skos/core#Concept"/>
    <skos:prefLabel xml:lang="en" xmlns:skos="http://www.w3.org/2004/02/
skos/core#">Water</skos:prefLabel>
    <skos:broader rdf:resource="http://id.loc.gov/authorities/subjects/sh85040427"
```

xmlns:skos="http://www.w3.org/2004/02/skos/core#"/>

　　<skos:narrower rdf:resource="http://id.loc.gov/authorities/subjects/sh85051939"

xmlns:skos="http://www.w3.org/2004/02/skos/core#"/>

　　<skos:narrower rdf:resource="http://id.loc.gov/authorities/subjects/sh85111202"

xmlns:skos="http://www.w3.org/2004/02/skos/core#"/>

　　........

　　<skos:related rdf:resource="http://id.loc.gov/authorities/subjects/sh85063458"

xmlns:skos="http://www.w3.org/2004/02/skos/core#"/>

　　<skos:exactMatch xmlns:skos="http://www.w3.org/2004/02/skos/core#">

　　　<rdf:Description rdf:about="http://lod.nal.usda.gov/nalt/6435">

　　　　<rdf:type rdf:resource="http://www.w3.org/2004/02/skos/core#Concept"/>

　　　　<skos:prefLabel xml:lang="EN">water</skos:prefLabel>

　　　</rdf:Description>

　　</skos:exactMatch>

　　<skos:closeMatch xmlns:skos="http://www.w3.org/2004/02/skos/core#">

　　　<rdf:Description rdf:about="http://d-nb.info/gnd/4064689-0">

　　　　<rdf:type rdf:resource="http://www.w3.org/2004/02/skos/core#Concept"/>

　　　　　　　　<skos:prefLabel xml:lang="DE">Wasser</skos:

　　　　　　　　prefLabel>

　　　</rdf:Description>

　　</skos:closeMatch>

　　<skos:editorial xmlns:skos="http://www.w3.org/2004/02/skos/core#">headings

beginning with the word [Water]</skos:editorial>

　　<skos:inScheme rdf:resource="http://id.loc.gov/authorities/subjects" xmlns:

skos="http://www.w3.org/2004/02/skos/core#"/>

　　<skos:changeNote xmlns:skos="http://www.w3.org/2004/02/skos/core#">

```
<cs:ChangeSet xmlns:cs="http://purl.org/vocab/changeset/schema#">
    <cs:subjectOfChange rdf:resource="http://id.loc.gov/authorities/subjects/sh85145447"/>
    <cs:creatorName rdf:resource="http://id.loc.gov/vocabulary/organizations/dlc"/>
    <cs:createdDate rdf:datatype="http://www.w3.org/2001/XMLSchema#dateTime">1986-02-11T00:00:00</cs:createdDate>
    <cs:changeReason rdf:datatype="http://www.w3.org/2001/XMLSchema#string">new</cs:changeReason>
    </cs:ChangeSet>
    </skos:changeNote>
    </rdf:Description>
</rdf:RDF>
```

（2）OWL 语言

RDF schema 可以对子类、子属性、属性的定义域和值域约束以及对类的实例进行描述，但用作一般的本体表示语言，其表达能力还不够，因此需要一种描述能力更强的本体语言。为此，W3C 于 2004 年提出了 OWL 以扩展 RDF schema，添加了更多用于描述属性和类的词汇，如增加了类之间的不相交性、基数限制、等价性、丰富的属性特征、枚举类，通过提供更多具有形式语义的词汇，使 Web 信息拥有确切的含义，可被计算机理解并处理。

OWL 提供了三种表达能力递增的子语言 OWL Lite、OWL DL、OWL Full，以分别用于特定的实现者和用户团体[①]。

———————————

① MCGUINNESS D L, VAN HARMELEN F. OWL web ontology language overview [EB/OL]. [2007-09-03]. http://www.w3.org/TR/owl-features/.

OWL Lite 用于提供给那些只需要一个分类层次和简单约束的用户。例如，虽然 OWL Lite 支持基数限制，但只允许基数为 0 或 1。提供支持 OWL Lite 的工具应该比支持其他表达能力更强的 OWL 子语言更简单，并且使叙词表和分类系统转换为 OWL Lite 更为迅速。相比 OWL DL，OWL Lite 还具有更低的形式复杂度。

OWL DL 用于支持那些需要最强表达能力而需要保持计算完备性（computational completeness，即所有的结论都能够确保被计算出来）和可判定性（decidability，即所有的计算都能在有限的时间内完成）。OWL DL 包括了 OWL 语言的所有语言成分，但使用时必须符合一定的约束。例如，当一个类可以是多个类的子类时，它不能同时是另外一个类的实例。

OWL Full 支持那些需要尽管没有可计算性保证，但有最强的表达能力和完全自由的 RDF 语法的用户。例如，在 OWL Full 中，一个类可以被同时看作许多个体的一个集合以及本身作为一个个体。它允许在一个本体增加预定义的（RDF、OWL）词汇的含义。这样，不太可能有推理软件能支持对 OWL FULL 的所有成分的完全推理。

OWL2 是 OWL 语言的第二版，由 W3C 于 2012 年提出，是在 OWL1 的基础上对 OWL 本体语言的扩展。OWL2 本体提供了类、属性、个体及数据值，以 OWL 文档的形式存储。OWL2 与 OWL1 的整体结构非常类似，它们都是建立在 RDF 和 RDF 模式之上，并且可以使用所有合法的 RDF 语法来表达。OWL2 在 OWL1 提供的类、属性、个体以及数据值的基础上又添加了一些新的功能，并继承了它的语言特性，提供了更丰富的表达能力，以更好地适应网络本体建模的需求。

OWL 建立在 RDF(s) 基础上，利用了 RDF/XML 语法，因此 OWL 本体是一个 RDF 文档，其以一系列的关于本体的声明作为开始，包含注释、版本控制、导入其他本体等内容，称为本体本部。

类（Class）是具有相同特点的个体的集合，类通过元素 owl:Class 声明，类名的首字母大写，且没有空格，可使用下划线。每一个创建的新类都是 owl:Thing（描述所有个体集合）的子类，可以用一个或多个关于"一个类是另一类的子类"的声明来创建一个类层次结构，通过元素 rdfs:subClassOf 定义。个体（Individual）为描述类的成员，个体是类的实例，用 rdf:type 为个体声明多个其所属的类。属性用于描述两个个体之间的关系，当前主要属性类型有对象属性和数据类型属性。对象属性描述两个个体之间的关系，数据类型属性描述个体与 XML Schema 数据类型值（Datatype value）或者平面文字（an RDF literal）之间的关系。第三种属性如标注属性或者注释属性（用 rdfs:label 表示），表示类、个体、对象 / 数据类型属性的元数据信息，可以用来对一个或多个陈述声明"某属性是另外一个或多个属性的子属性"，建立属性层次。

为了有效地实现本体复用与共享，建立本体间的映射非常重要。OWL 提供了一些简单的本体映射功能，包括声明类和属性的等价、个体的相同与不同。OWL Lite 中定义有 owl:equivalentClass、owl:equivalentProperty、owl:sameAs、owl:differentFrom、owl:AllDifferent。owl:equivalentClass 可以用来创建同义类，表示两个类可以被声明为等价，即它们拥有相同的实例。owl:equivalentProperty 可以被用来创建同义属性，表示两个属性可以被声明为等价，相互等价的属性将一个个体关联到同一组其他个体。owl:sameAs 被用来创建一系列指向同一个个体的名字，表示两个个体可以被声明为相同。owl:differentFrom 表示一个个体可以声明为和其他个体不同。owl:AllDifferent 指出一定数量的个体两两不同。

美国国家癌症研究所发布了 OWL 版本的 NCI 叙词表 [①]。如图 2-11

---

① Leland Stanford Junior University. National Cancer Institute Thesaurus [EB/OL]. [2016-11-05]. http：//bioportal. bioontology. org/ontologies/NCIT?p=classes&conceptid=root.

所示，其采用 OWL 语言进行描述，围绕叙词"AIDS-Related Malignant Anal Neoplasm"，其叙词、非叙词、定义等描述如图 2-11 所示：

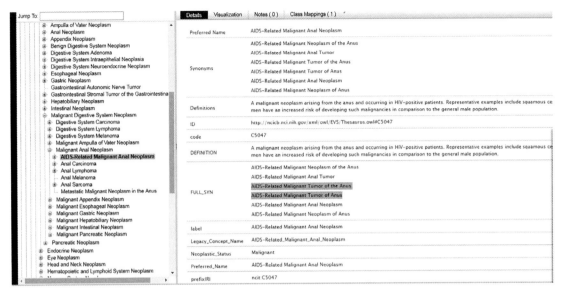

图 2-11　OWL 版本的 NCI 叙词表

<!-- http://ncicb.nci.nih.gov/xml/owl/EVS/Thesaurus.owl#AIDS-Related_Malignant_
Anal_Neoplasm -->

　　　　<owl:Class rdf:about="#C5047">

　　　　　　<rdfs:label rdf:datatype="http://www.w3.org/2001/XMLSchema#string"

　　　　　　>AIDS-Related Malignant Anal Neoplasm</rdfs:label>

　　　　<owl:equivalentClass>

　　　　　　<owl:Class>

　　　　　　　　<owl:intersectionOf rdf:parseType="Collection">

　　　　　　　　　　<rdf:Description rdf:about="#C4046"/>

　　　　　　　　　　<rdf:Description rdf:about="#C7379"/>

　　　　　　　　　　<owl:Restriction>

```
                    <owl:onProperty rdf:resource="#R101"/>

                    <owl:someValuesFrom rdf:resource="#C43362"/>

                </owl:Restriction>

            </owl:intersectionOf>

        </owl:Class>

    </owl:equivalentClass>

    <P97 rdf:parseType="Literal"
```

><ncicp:ComplexDefinition><ncicp:def-definition>A malignant neoplasm arising from the anus and occurring in HIV-positive patients. Representative examples include squamous cell carcinoma and non-Hodgkin lymphoma. Homosexual HIV-positive men have an increased risk of developing such malignancies in comparison to the general male population.</ncicp:def-definition><ncicp:def-source>NCI</ncicp:def-source></ncicp:ComplexDefinition></P97>

```
    <P90 rdf:parseType="Literal"
```

><ncicp:ComplexTerm><ncicp:term-name>AIDS-Related Malignant Anal Neoplasm</ncicp:term-name><ncicp:term-group>PT</ncicp:term-group><ncicp:term-source>NCI</ncicp:term-source></ncicp:ComplexTerm></P90>

```
    <P90 rdf:parseType="Literal"
```

><ncicp:ComplexTerm><ncicp:term-name>AIDS-Related Malignant Anal Tumor</ncicp:term-name><ncicp:term-group>SY</ncicp:term-group><ncicp:term-source>NCI</ncicp:term-source></ncicp:ComplexTerm></P90>

```
    <P90 rdf:parseType="Literal"
```

><ncicp:ComplexTerm><ncicp:term-name>AIDS-Related Malignant Neoplasm of Anus</ncicp:term-name><ncicp:term-group>SY</ncicp:term-group><ncicp:term-source>NCI</ncicp:term-source></ncicp:ComplexTerm></P90>

```
    <P90 rdf:parseType="Literal"
```

```
      ><ncicp:ComplexTerm><ncicp:term-name>AIDS-Related Malignant
Neoplasm of the Anus</ncicp:term-name><ncicp:term-group>SY</ncicp:term-group>
<ncicp:term-source>NCI</ncicp:term-source></ncicp:ComplexTerm></P90>
        <P90 rdf:parseType="Literal"

          ><ncicp:ComplexTerm><ncicp:term-name>AIDS-Related Malignant
Tumor of Anus</ncicp:term-name><ncicp:term-group>SY</ncicp:term-group><ncicp:
term-source>NCI</ncicp:term-source></ncicp:ComplexTerm></P90>
        <P90 rdf:parseType="Literal"

          ><ncicp:ComplexTerm><ncicp:term-name>AIDS-Related Malignant
Tumor of the Anus</ncicp:term-name><ncicp:term-group>SY</ncicp:term-group>
<ncicp:term-source>NCI</ncicp:term-source></ncicp:ComplexTerm></P90>
        <P108 rdf:datatype="http://www.w3.org/2001/XMLSchema#string"
          >AIDS-Related Malignant Anal Neoplasm</P108>
        <P366 rdf:datatype="http://www.w3.org/2001/XMLSchema#string"
          >AIDS-Related_Malignant_Anal_Neoplasm</P366>
        <P207 rdf:datatype="http://www.w3.org/2001/XMLSchema#string">
C1332049</P207>
        <code rdf:datatype="http://www.w3.org/2001/XMLSchema#string">
C5047</code>
        <P363 rdf:datatype="http://www.w3.org/2001/XMLSchema#string">
Malignant</P363>
        <P106 rdf:datatype="http://www.w3.org/2001/XMLSchema#string"
          >Neoplastic Process</P106>
    </owl:Class>
```

3 名称规范档的构建流程

书目记录的确立为名称规范档的构建奠定了基础。名称作为检索点，需借助各种数据源获得多样化名称形式，并依据一定的描述规则明确名称的形式以及名称之间的关系，采用 MARC 格式对其进行描述。尤其是随着 XML/RDF 形式化表述的应用，引用共同的描述词表成为构建名称规范档时的重要参考工具。

3.1 名称规范档的工作原理

名称规范档是在书目数据库构建基础上形成的独立文档。在构建名称规范档的过程中，首先要对多种名称形式按照一定的描述规则进行描述，再建立各个名称形式款目之间的关系，并指向对应的书目记录。这样便于用户在进行责任者、题名等形式检索时，通过名称规范档将与该名称相关联的其他名称形式纳入检索提问中，达到准确检索的目的。

3.1.1 名称形式变化

书目记录较为完整地记录了书目资源的内外部特征，题名及责任者描述项是其主要的项目之一。在对书目记录进行检索时我们经常会发现：相同的题名或者责任者项所指代的图书不同，如以"作者＝刘国强"检索，可查阅到多条书目记录，而实际上这些书目记录涉及多个作者；不同的题名或者责任者项指代的图书可能相同，如以沈从文及其笔名"休云云"分别查询的书目记录应具有一致性。如果不对这些名称变化形式做进一步处理，就会导致这些类型的书目记录被分散处理或者不被检索到，进而用户不能依据题名及责任者检索项，准确完整地找到自己所需的资源。

因此，名称规范档应运而生。名称规范档旨在将指代同一实体的不同名称形式进行罗列，确立名称的规范形式，与其他名称形式建立参照对应，或者对这些名称形式增加一些附加信息，如出生年月、学科领域等信息，以便做进一步区分。名称规范档与书目记录建立链接，可以保证用户较为准确全面地检索到所需资源。名称规范记录包含人名、家族名、会议或机构名、统一题名。书目记录或参考源中出现的不同名称或名称的不同形式变化主要表现为四种类型。

3.1.1.1 一个实体对应多个名称

一个实体可能有多个名称，人名有别名、笔名、艺名、全称、简称、缩写、译名、不同语种的称谓。尤其是古代中国人，不仅有姓名，还会有字、号、堂号、别名、谥号等。机构名、题名也是如此，机构名有全称、简称、缩写、不同语言等形式，一部作品可以有多个名称。

3.1.1.2 名称的演化

随着时间变化实体名称会发生变化，主要体现在机构实体、地理区域的合并、取消或扩充而导致的名称变化。例如"邮电部"于1998年更名为信息产业部，2008年再次更名为"工业和信息化部"；又如女性结婚后加上丈夫的姓导致的人名名称变化。

3.1.1.3 一个名称对应多个实体

许多实体存在着同名问题，人名实体同名现象尤其严重，尤其是中国人姓名简短，人名用字趋同率高，导致重复的人名集中程度也相当高。国家图书馆名称规范档中，现代个人名称标目有 421 841 条，其中同名标目高达 102 317 个，占总数的 24.3%。外国人名也有同姓以及名的简写形式相同的情形，如法国作家大仲马与小仲马。

3.1.1.4 中文人名的罗马方案差异

由于使用不同的罗马字母拼写方式，同一中文人名采用不同的表达方式，中国采用汉语拼音方式，西方国家采用威氏拼音方式，如沈从文，汉语拼音为"shen congwen"，威氏拼音则为"chen congwen"。

3.1.2 名称规范档的构建流程

名称规范档独立于书目记录库，主要存放名称规范记录，以支持面向书目库的信息检索。其构建的流程如图 3-1 所示：

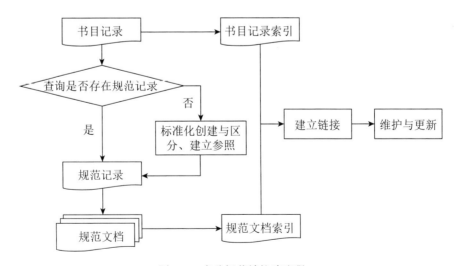

图 3-1 名称规范档构建流程

3.1.2.1 建立规范记录

完成书目记录描述后，对作为检索点的名称，着手建立规范记录。首先查询规范档是否有该条记录，如果没有，则考虑建立新记录。建设过程中注意规范记录的标准化处理，采用与书目记录相一致的描述规则及描述格式，以保证两者数据的可交换性。依据不同的规则，选择的名称规范形式会有所差异，名称规范形式的选择对于编目人员是最大的挑战。利用多种信息源，全面收集该名称的各种变异形式，如全称与简称、不同语种及拼写、其他称谓等，区分规范名称和变异名称，尽可能保证每一个名称具有唯一的规范名称形式。如果规范名称相同，则通过增加附加信息，如生卒年、朝代、国籍、职业、学科等做进一步区分。规范记录内容包括统一标目（规范名称）、变异名称、名称附加信息。同时对各种不同的名称形式建立参照，包括单纯参照、相关参照、说明参照，旨在帮助系统及用户从不同角度检索到名称，并最后保存生成规范记录。

3.1.2.2 组成规范文档

多条规范记录集中汇总形成规范文档。

3.1.2.3 建立规范文档与书目记录之间的链接

规范文档通过检索点与书目记录建立链接，分别构建规范记录、非规范记录的索引，并通过标目形式与书目记录将两者建立链接，一旦规范文档发生了变化，字段更新完成后，书目记录的标目通过电子指针自动更新，或者书目记录不做修改，建立新规范词与旧词之间的链接。

3.1.2.4 规范文档的维护

规范文档的建立不是一蹴而就的，新书目记录的不断出现及其更多信息来源可以帮助判定原有标目的选取是否准确、书目数据挂接是否正确、是否有其他名称形式、是否需要提供新的检索点等。此时，需要进一步核查原有的规范记录是否准确、完整。比如 AACR2 规定，如果个人著者改变姓名、笔名或者采用不同形式的姓名，那么需要使用新姓名或新形式。对于需要进一步调整的名称规范记录，进行编辑处理，增加名称附加信息，建立规范记录之间的参照关系，以保证规范档实时反映名称的变化状况，确保用户准确检索到所需信息。

3.1.3 名称规范档的工作实现

名称规范档的建立，则将方便用于用户信息检索过程。具体实现流程如下：用户在检索入口选择责任者、题名作为检索条件时，输入的检索词不直接与书目库信息进行匹配，需首先访问名称规范档，查看该文档中是否有用户输入形式的检索词，如果没有则直接进入书目库进行检索，如果有则调用该检索词对应的名称规范形式，将此规范名称形式作为检索词，与书目库进行匹配，匹配成功输出书目记录。例如，鲁迅的名称形式见表 3-1，当用户输入检索式"作者＝树人"，则查找名称规范档中对应的记录，找到"树人"是规范名称"鲁迅"的变异名称，重新生成检索式"作者＝鲁迅"，与书目库记录进行匹配，输出鲁迅相关的作品集，具体实现流程如图 3-2。

表 3-1 "鲁迅"名称规范形式

中文个人规范名称	鲁迅（1881—1936）
西文个人规范名称	lu xun
变异标目名称	周树人（1881—1936）
变异标目名称	zhou shu ren
变异标目名称	隋洛文（1881—1936）
变异标目名称	sui luo wen
变异标目名称	戛剑生（1881—1936）

变异标目名称	jia jian sheng
变异标目名称	树人（1881—1936）
变异标目名称	shu ren

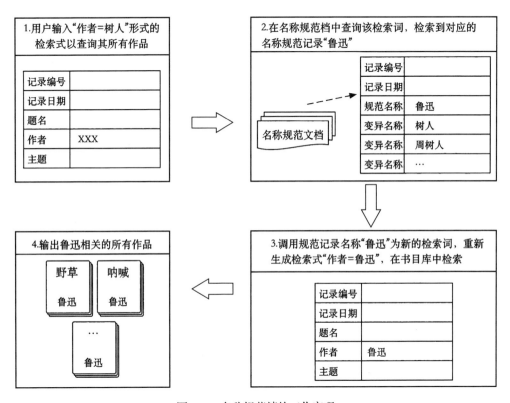

图 3-2　名称规范档的工作实现

3.2　描述规则

描述规则，又称为编目规则，旨在通过规定描述项目、符号、格式及层次实现对书目的标准化管理，推动书目资源共享与合作。早在

1876 年，卡特出版了《字典式目录规则》。随后，美国国会图书馆依此
制定了编目规则。1961 年 IFLA 编目委员会颁布了《巴黎原则》（Paris
Principles），旨在确定国际范围内的统一编目规则，从而推动了《英美
编目条例》的出现。该原则进一步讨论了规范档的主要款目、附加款
目、参照的形式及选取，其中 7 到 12 条款对个人名称统一标目及款目
词的选择进行了定义。1977 年在巴黎召开的国际编目会议，强调国家
编目机构应负责维护名称规范档系统，保证国家的人名、机构名名称及
其统一题名遵循国际准则。1978 年建立的 IFLA 国际规范系统工作组，
旨在讨论并形成国际规范系统的规范说明，发展用于交换的 UNIMARC
格式，推动规范数据的有效交换。1984 年 IFLA 颁布了适应印刷及
缩微型形式的《规范及参考款目准则》（Guidelines for Authority and
Reference Entries，GARE），定义了三种类型的规范档：个人名称的标
目、团体名称的标目、统一题名。1997 年 GARE 针对网上目录及新媒
体，定义了记录的必要元素，对标目及参照的关系进行详细说明，增加
了出版者新的款目类型。2001 年 IFLA 颁布了《规范记录及参考准则》
（Guidelines for Authority Records and References，GARR），更加强调计
算机可读形式，对平行标目（parallel heading）进行重新定义。GARR
将按照不同规则或者语言形成的同一实体的规范标目的另外一个规范形
式作为平行标目，增加了注释类型以记录实体识别的相关信息。2009 年
IFLA 发布了新的国际编目原则声明，以提高书目及规范数据的国际共
享，指导编目规则制定者努力推动国际编目代码。该声明明确指出规范
记录用以控制名称的规范及其变异形式，识别出检索点。还定义了检索
点的选取、规范检索点形式及选取、名称规范检索点的形式①。

这些描述规则的制定及其发展推动了书目记录及规范记录描述的准

---

① TILLETT B B，LEE J，CRISTÁN A L. Statement of international cataloguing
principles：steps towards an international cataloguing code[M]. München：K. G. Saur, 2004.

确性、一致性的提升，为其他范围的合作与共享提供了可能。《英美编目条例》《国际标准书目著录》等是以书目记录为对象的规则，其中涉及标目的选择及定义问题，对规范文档的形成具有一定借鉴意义。《规范及参考款目准则》《规范记录及参考准则》等以规范记录为对象，直接对规范记录的描述元素及关系进行了明确定义，成为制定规范档的重要标准。这两方面规则具有一致性与关联性，共同推动了书目数据的共享及有效利用。下面将分别从这两方面的描述规则入手进行讨论。

3.2.1　面向书目记录的描述规则

20 世纪 60 年代，随着计算机应用到图书馆编目领域，编目的标准化成为重要发展趋势。率先出现的地区性编目标准，旨在实现本地、本国范围内的著录标准化，随之出现的《英美编目条例》《国际标准书目著录》进一步推动了编目标准的国际化统一，从而使各国书目文献克服语言障碍，有效地实现了资源的互换交流，从原有单个国家的集中编目向多个国家的合作编目发展，提高了编目效率。

3.2.1.1　国内外重要的编目规则

（1）《英美编目条例》

《英美编目条例》（AACR）于 1967 年基于美国国会图书馆的描述编目发布了第 1 版。AACR 的第 2 版由美国图书馆协会、英国图书馆协会、加拿大图书馆编目委员会、英国国家图书馆、美国国会图书馆联合提出，由戈尔曼与温克勒负责编辑，于 1978 年在芝加哥、伦敦与渥太华同时出版。1988 年又修订版本 AACR2 出版。2002 年新的修订版本 AACR2-2002 推出。目前 AACR2 已成为国际上通行的编目条例，有丹麦、芬兰、意大利、挪威、葡萄牙、西班牙、瑞典、土耳其等国语言，以及日文、中文、阿拉伯文等多种文字的版本，被许多国家接受、使用或借鉴。AACR提供了题名及责任者、版本、资料特殊细节、出版发行、载体形态、丛编、标准号等选取规则，对标目形式的确定、附加款目的选择等进行了明确。

（2）《国际标准书目著录》

1971年国际图联编目委员会为促进书目资源国际化共享，推出了《单行出版物国际标准书目著录》[ISBD（M）]，1974年出版了修订文本，即第一版，1977年出版了适合图书馆各种资料的《国际标准书目著录总则》[ISBD（G）]，随后又出版了用于地图、非书资料、连续出版物、乐谱等的国际标准书目著录规则。20世纪80年代又先后对ISBD系统进行修订，2011年为了更方便著录多种格式特征的资料，出版了ISBD统一版，以促进书目数据在语义网环境下可移植性以及ISBD标准与其他内容标准的互操作性[①]。ISBD对题名和责任说明、版本说明、资源特殊细节、出版发行、载体形态、丛编和多部分单行资源、附注、资源标识号和获得方式著录项、著录单元、必备项、可重复性进行定义，但不包含检索点及其参照的规定。

（3）《文献著录总则》和《中国文献编目规则》

《文献著录总则》由全国文献工作标准化技术委员会提出，全国文献工作标准化技术委员会第六分委员会起草，国家标准局1983年7月2日发布，1984年4月1日起实施。之后，全国文献工作标准化技术委员会又陆续编制了《普通图书著录规则》《连续出版物著录规则》《非书资料著录规则》《舆图资料著录规则》等系列标准，2005年后又开始着手修订各标准。这一系列标准根据ISBD（G），并结合中国文献而制定，著录项基本与ISBD相同，包含题名和责任说明、版本、文献特殊细节、

---

① IFLA Cataloguing Section , ISBD Review Group. ISBD International standard-bibliographic description（2011）[EB/OL]. [2017-05-16]. https：//repository. ifla. org/hadle/123456789/786.

出版发行、载体形态、丛编、附注、标准编号与获得方式项八大项目，规定了文献著录项目及其排列顺序、著录用标识符、著录用文字、著录信息源和著录项目细则。

《中国文献编目规则》由中国文献编目规则编撰小组编辑、广东人民出版社 1996 年出版，并由全国情报文献工作标准化技术委员会、中国图书馆学会推荐使用。《中文文献编目规则》的制定进一步推动了中文文献著录标准化及其书目数据规范化。2005 年，又由国家图书馆《中国文献编目规则》修订组编辑，北京图书馆出版社出版了《中国文献编目规则》（第 2 版）。这一版本的《中国文献编目规则》主要依据 ISBD、中国文献著录规则国家标准的原则和框架，并参考了 AACR2 及台湾地区图书馆学会编辑的《中国编目规则（修订版）》，分为著录法与标目法两部分。其中，标目法包括款目的构成及其表示、标目的选择及其范围、标目名称规范、标目参照。

（4）《西文文献著录条例》

《西文文献著录条例》由中国图书馆学会《西文文献著录条例》编辑组编辑，1985 年 8 月中国图书馆学会出版。该书的修订版《西文文献著录条例》（修订扩大版）由中国图书馆学会《西文文献著录条例》修订组编，科学技术出版社 2003 年出版。该条例本着积极采用 ISBD，"基本采用、个别修改"AACR2 的原则，结合我国西文文献编目的实际需要编制，旨在为国内图书馆开展西文文献编目工作提供规范统一的依据和参考。

（5）《资源描述与检索》

《资源描述与检索》（RDA）是取代 AACR2 的新一代著录规则标准，为所有内容及媒介类型的资源描述与检索提供完整的参考和建议[①]。它建

---

① IFLA. RDA:resource description and access — foundations, changes, and implementation [EB/OL]. [2017-09-18]. https：//www.ifla.org/events/rda-resource-description-and-access-foundations-changes-and-implementation.

立在国际图联提出的书目记录的功能需求（FRBR）和规范数据的功能需求（FRAD）概念模型以及《国际编目原则声明》（ICP）的基础上，适应于数字环境及其国际编目环境而产生。随着通信技术和数字化技术的发展，文献资源呈现多载体、多媒体、多格式的特点，当前的编目规则已不适用于资源的描述和检索，AACR2虽经多次修订，增加了有关电子资源著录内容，但主要还是针对物理载体的文献，并将内容与载体混杂在一起，缺乏层次性描述，一定程度上会影响用户的有效检索。20世纪90年代末期，英美编目规则修订联合指导委员会考虑到数字化环境和概念模型发展所带来的新机遇，决定修订AACR以积极应对变化。1997年，在加拿大多伦多召开了"AACR原则和未来发展国际会议"，邀请了来自世界各国的专家共同制订AACR未来的行动计划。2002年，有关AACR2修订稿（当时称为AACR3）的工作开始启动。2005年4月，这一计划有所改变。世界各国的规则制定者、各国家图书馆以及其他组织，包括德国RAK（字顺编目规则）专家组和德国国家图书馆，都对AACR3的初稿做出了回应，这些评论意见导致新计划的产生。AACR原则委员会结束了对AACR的最后一次修订，决定开发一个新标准，聘请加拿大专家德尔塞（Tom Delsey）作为其编写者。新标准将涵盖各种数字资源和模拟资源的著录和检索，并适用于各种数字环境（如Internet、Web OPACs等），其灵活的描述框架能适应当前和未来出现的数据库结构。为此，该标准去掉了AACR2名称中"英美"的地域特征，更名为"资源描述与检索"（RDA）。2005年12月，RDA第一部分草案完成并提交审议。RDA发展联合指导委员会同利益相关者——各国（如中国、法国、德国、意大利、日本和俄罗斯等）编目规则的编辑人员，其他元数据机构、档案及博物馆、出版商等建立了联系，征求来自这些方面的建议，然后根据其意见反馈，对RDA做进一步的修订。2010年6月22日RDA以Toolkit的形式在互联网上发布，供RDA的各类用户共享和切磋。2014 年 1 月，RDA 注册元素集得到 RDA 发展联合指导委员会批准发布，标志着 RDA 正式成为一种元数据标准。

RDA 共分为十个部分：第 1 部分记录载体表现和单件的属性；第 2 部分记录作品和内容表达的属性；第 3 部分记录个人、家族和团体的属性；第 4 部分记录概念、物体、事件和地点的属性；第 5 部分记录主要关系；第 6 部分记录与某一资源相关的个人、家族和团体之间的关系；第 7 部分记录主题间关系；第 8 部分记录作品、内容表达、载体表现和单件之间的关系；第 9 部分记录个人、家族和团体之间的关系；第 10 部分记录概念、物体、事件和地点之间的关系。RDA 对作品和内容表达、个人、家庭和团体、地点的规范检索点进行了定义。

（6）《资源描述》

随着国际书目著录标准的发展变化，2012 年全国信息与文献标准化技术委员会组织召开 ISBD 统一版专家研讨会，决定启动我国文献著录规则统一版的研制，并将此标准定名为《资源描述》，其主要遵循 ISBD 统一版，并参考 RDA 物理表现层的规则，同时兼顾我国原文献著录规则各分册的著录规定。标准总共分 14 个部分，包括目的和范围、规范性引用文件、术语定义、总则、内容形式和媒介类型项、题名和责任说明项、版本项、资源类型特殊项、出版生产和发行项、载体形态项、丛编和多部分单行资源项、附注项、资源标识号和获得方式项、附录。

3.2.1.2 编目规则内容及特点

编目规则以书目记录的著录为核心，根据文献本身特点规定描述元素，以记录文献内容及其外部特征，同时也涉及如何有效地组织目录问题，即标目。加在著录上的每一个标目构成一个目录款目，其分为主要款目和附加款目。主要款目明确书目记录的主要检索点，代表所描述作品的主要责任者及内容信息，提供了目录最完整的信息，可以是个人名称款目、团体名称款目、题名款目，以个人作为主要款目居多。附加款目是由其他检索点构成的目录。通过参照将标目与不作为标目的名称或名称形式链接起来，以提供检索点。规范控制主要对标目的规范形式做出规定，因此编目规则在标目中定义了类型、标目的选择及其范围、参照形式，对于规范档的建立具有一定的参考意义。随着计算机的发展，适应卡片目录时代的"标目"作用弱化，名称规范档更大的意义在于将不同名称形式的实体进行类聚并区分，而这些编目规则过分细致地规定了各种类型标目形式的选择，却缺乏对不同名称形式之间关系的明确界定，在现有环境下实际操作价值并不大，一方面增加分类标引人员负担，一方面导致语义内容不完整。因此 RDA 适时地提出，基于用户需求分析划分出作品、责任者、主题三组实体，突破了原有以书目记录为整体的描述方式，更易于对各个名称实体进行描述，其专门描述了个人、家族和团体属性以及它们之间的关系，为规范档适应未来网络的发展奠定了基础[①]。

（1）标目形式

标目确定了检索点的规范形式。各编目规则的主要标目形式有：个人名称、团体名称（包括会议名称）、地理名称、统一题名。

个人名称：负责创建作品内容的人，包含作者、编辑者、作曲家、艺术家、摄影家等。个人名称标目由主要成分和附加成分组成。主要成分包括规范姓名、字、号、别名、笔名、艺名等形式；附加成分包括生卒年、朝代、国别、民族、性别、学科、职业、称号、籍贯、所属单位及其他。

团体名称：负责创建作品内容的组织，包含协会、机构、企业、非营利组织、政府、项目组、宗教团体、地方教会、会议等。团体名称标

---

① RDA 发展联合指导委员会. 资源描述与检索（RDA）[M]. 北京：国家图书馆出版社，2014.

目由主要成分和附加成分组成，附加成分包括朝代、国别、地理名称、时间限定及其他说明词。

地理名称：用来区分团体名称或者作为团体名称的附加。对于地名相同的地理名称标目，需加上一级行政区的地名。

统一题名：为了统一某种作品的不同题名而按照一定的规则形成的题名形式。其附加成分包含简明短语或年份。

（2）参照

建立参照的意义在于将没有作为标目的名称或名称形式作为检索点，呈现标目之间的关系或者对其做进一步详细说明。参照分为单纯参照、相关参照、说明参照。单纯参照（see explanatory references）指引目录使用者从未作标目的名称指向标目名称。相关参照（see also explanatory references）将具有关联的标目之间建立链接。说明参照（explanatory references）为目录使用者提供详细的附加说明。

（3）RDA 的实体定义方式

RDA 规则中，依据 FRBR 模型，将个人、团体作为一组实体，定义了识别这些实体的核心元素。题名作为载体表现实体进行定义，地点作为另一组实体进行定义；同时还定义了个人、家族和团体之间的关系，地点和其他实体之间的关系。

"个人"指一个个人或是由个人建立的识别身份。对应的核心元素有个人首选名称、个人头衔、出生日期、死亡日期、个人活跃期、与个人相关的其他标识、职业或工作、个人标识符。可选择的元素有个人变异名称、性别、出生地、死亡地、居住地、与个人相关的国家、个人地址、隶属机构、个人活动领域、传记信息。

"家族"指通过出生、婚姻、收养、民事结合或类似的法律身份发生关系的，或以一个家族方式呈现的两个或两个以上的人。对应的核心元素有家族首选名称、家族类型、与家族相关的日期、与家族相关的地点、家族的著名成员、家族标识符。可选择的元素有家族变异名称、世袭头衔、家族史。

"团体"指由特定名称识别，并作为一个单位进行或可能进行活动的一个组织或一群人和组织。对应的核心元素有团体首选名称，与团体相关的地点，与团体相关的日期，相关机构、会议等的届次，与团体相关的其他标识，团体标识符。可选择的元素有团体变异名称、团体语言、团体地址、团体活动领域、团体历史。

"题名"指资源中所包含的作品命名的一个词、字符或一组词、字符。对应的核心元素是正题名。可选择的元素有并列正题名、其他题名、变异题名、较早正题名、较晚正题名、缩略题名。

"地点"指某地理位置对应的为人所知的一个词、字符或一组词、字符。对应的核心元素是首选地名，可选择的元素是变异地名。

关系类型包括个人、家族或团体与相关个人之间关系，个人、家族或团体与相关家族之间关系，个人、家族或团体与相关团体之间关系。

3.2.2 面向规范记录的描述规则

书目记录描述规则的发展，推动了面向规范记录的描述规则相应产生。1961 年，IFLA 编目委员会颁布了《巴黎原则》，旨在确定国际范围内的统一编目规则。1974 年，联合国教科文组织政府间会议就统一书目控制项目，提出国家书目机构需负责建立本国的作者规范形式。1977 年，在巴黎召开的国际编目会议，强调国家书目机构应负责维护名称规范档系统，以保证国家的人名、机构名名称及其统一题名遵循国际准则。1978 年，IFLA 建立国际规范系统工作组，旨在讨论并形成国际规范系统的规范说明，发展用于交换的 UNIMARC 格式，推动规范数据的有效交换。1984 年，IFLA 颁布了 GARE，定义了三种类型的规范档：个人名称的标目、团体名称的标目、统一题名。1997 年，GARE

针对网上目录及新媒体，定义了记录的必要元素，对标目及参照的关系进行详细说明，增加了出版者新的款目类型。2001 年，IFLA 又颁布了 GARR，更加强调计算机可读形式，并对平行标目（parallel heading）进行重新定义。

这些描述规则定义了各种标目形式、标目的选择及其参照，为规范档的标准化奠定了基础。编目规则通常以本国为中心而制定，历史、文化、语言等的差异性导致全世界范围内很难有完全统一名称形式。正如 IFLA 指出，全球书目控制目标要求每个人对标目使用全球相同形式是不现实的 [①]。规范标目的选择对于编目人员而言挑战性较大，编目成本较高。且随着计算机检索技术的发展，规范标目与非规范标目的区分意义并不大，规范档建立的实质是目录汇聚及消歧，规范控制的方式需做出进一步优化，合作编目项目（Program for Cooperative Cataloging，PCC）[②]在"2015—2017愿景、使命与战略方向"中指出未来规范控制应从基于字符串创建向实体及身份管理转换。

3.2.2.1 《规范记录及参照准则》

IFLA 的 GARE 修订版工作组于 2001 年颁布了《规范记录及参照准则》（GARR），适应于纸质、缩微、计算机可读形式的规范档显示，定义了包含个人、机构、作品 / 表现形式的标目及参照，规定了规范记录由规范标目区（Authorised heading area）、信息注释区（Information note area）、单纯参照根查区（See reference tracing area）、相关参照根查区（See also reference tracing area）、编目者注释区

---

① TILLETT B B. Mandatory data elements for internationally shared resource authority records: report of the IFLA UBCIM working group on minimal level authority records and ISADN[M]. International federation of library associations and institutions, 1998.

② Vision, mission, and strategic directions(January 2015-December 2017)[EB/OL]. [2016-11-12]. https://www. loc. gov/aba/pcc/about/PCC-Strategic-Plan-2015-2017. pdf.

（Cataloguer's note area）、来源区（Source area）、国际标准规范数据号
区（International Standard Authority Data Number area）构成。单纯参照
根查区将变异名称标目，如全称、倒置、直接或间接形式、其他语言形
式与规范标目建立参照。相关参照根查区将两个规范标目建立参照，另
一个规范标目可以是机构名称的早期或后期形式、官方形式、假名等。
国际标准规范数据号区是为了国际规范款目交换及控制给定的识别号[①]。

3.2.2.2　规范数据的功能需求

规范数据的功能需求（FRAD），是规范记录的概念化实体关系模
型。FRAD 由国际图书馆协会和机构联合会（IFLA）研究组于 2008 年
提出及推动发展。其实质是 FRBR 模型的延伸与扩展，旨在提供一个
将规范记录创建者制作的数据与用户需求相关联的明确定义的结构化框
架，有助于评估图书馆内外规范数据国际共享和应用[②]。

规范记录通常包含由编目机构建立的实体规范检索点、名称变异形
式的检索点和相关实体的规范检索点，还包括确定受控检索点建立所依
据的规则、参考源、负责建立受控检索点的编目机构等。因此概念模型
涵盖了个人、家族、团体，或作品名称的信息集成体的规范数据。书目
记录中定义的实体都有名称和标识符，这些名称和标识符在编目过程
中成为构建受控检索点的基础，规范记录所关注的书目实体有个人、团
体、作品、家族、内容表达、载体表现、单件、概念、实物、事件和地
点，名称、标识符与这些实体通过"是…名称""分配给"等关系相关
联，同时实体的名称、标识符与格式化或结构化实体受控检索点之间，

---

① IFLA Working Group on GARE Revision. Guidelines for authority records and references[M]. München: K. G. Saur, 2001.

② IFLA Working Group on Functional Requirements and Numbering of Authority Records(FRANAR). Functional requirements for authority data a conceptual mode[EB/OL]. [2016-03-15]. http://www. ifla. org/files/assets/cataloguing/frad/frad_2013. pdf.

以及实体与实体规则和机构间都建立了相关联系。一个具体的名称或标识符是受控检索点的基础（"是…的基础"关系），受控检索点可能受规则控制（"受…控制 / 控制…"关系），而规则又被一个或多个机构实施（"被…实施 / 实施"关系）。类似地，受控检索点可能被一个或多个机构创建或修改（"被…创建 / 创建…"和"被…修改 / 修改…"关系）。FRAD 中实体的定义源于《书目记录的功能需求》（FRBR）和《规范记录和参照指南》（GARR）。

个人实体及属性，与 RDA 定义的个人实体类型相比，范畴更加明确具体。如表 3-2、表 3-3 既包括真实的人，也包括文学作品中的人物及其表演者等。个人实体属性与 RDA 规定的元素基本一致。

表 3-2　个人名称实体的类型

实体名	定义	范围
个人实体	一个个人或人格，或是某个体或团体建立或采用的身份。	包括真实的个人。
		在某个体使用不止一个名称时，例如其真实名称和（或）一个或多个别名，包括其建立或采用的人格或身份。
		包括团体建立或采用的人格或身份。
		包括文学人物、传奇人物、神和有名称的动物，如文学形象、演员、表演者。
		包括两个以上个体共同建立或采用的人格或身份。

表 3-3　个人实体的属性

实体名	属性名	含义
个人实体	相关联的日期	包括个人出生、死亡等的年份或者年 / 月 / 日；包括个人活动的年份、时期或者世纪。
	个人头衔	与个人相关联的身份、官职、贵族身份、荣誉等。
	性别	用来确定个人的性别。
	出生地	个人出生的城镇、城市、省份、州和（或）国家。

续表

实体名	属性名	含义
个人实体	死亡地	个人死亡的城镇、城市、省份、州和（或）国家。
	国别	个人身份得到认定的国家。
	居住地	个人居住的城市、州 / 省份、城市等。
	机构	个人通过雇佣、会员、文化身份与之发生联系或发生过联系的团体。
	地址	个人现在或以前居住、办公或者雇工的地点。
	语言	个人出版和发行内容表达时使用的语言。
	活动领域	个人目前或曾经所投身的事业和专业领域等。
	专业 / 职业	个人从事或者曾经从事过的专业或职业。
	传记 / 历史	与个人生活或者历史相关的信息。
	与个人相关联的其他信息	除了头衔以外其他众所周知或者能确定个人的信息单元。

家族实体由两个及以上的个人组成，由于血缘、婚姻、收养、民事结合或类似合法的缘由组合在一起，或出于某些原因视自身为一个家族。家族实体所具有的属性有类型、日期、地点、活动领域、历史等，如表3-4。

表 3-4　家族实体属性

实体名	属性名	含义
家族实体	家族类型	家族类型的分类或者一般描述。
	家族日期	与家族有关的日期。
	与家族相关联地点	与家族居住或曾经居住或者与居住地有关的地点信息。
	活动领域	家族目前或曾经所投身的事业和专业领域等。
	家族历史	与家族历史相关的信息。

团体实体类型及属性。团体实体包含的类型如表3-5，包含正式、临时、实体、虚拟等类型，如系统服务等。团体实体的属性有时间、地点、语言、活动领域、历史、关联等，如表3-6。

表3-5　团体实体类型

实体名	定义	范围
团体实体	由一组人和（或）组织组成，冠以特定的名称，视为一个整体进行活动。	临时组织的团体和会议、大会、代表大会、考察、展览、节日、博览会。
		共同出品作品的音乐表演组合、视觉艺术团队和舞蹈团。
		包括区域性行政当局，在某行政区划内履行监管职责，例如联邦、州、地区、自治区等。
		包括仍然履行职责和已经解散或不存在的团体和组织。
		包括虚拟的组织或团体。

表3-6　团体实体的属性

实体名	属性名	含义
团体实体	相关联的地点	与团体在任何程度上相关的地区，包括国家、州、省份、郡、城市、城镇、自治区等；举办集会、会议、展览、博览会等的地点，包括机构、企业总部地点。
	相关联的日期	集会、会议、展览、博览会等举办的日期或日期范围，或者以其他方式与团体相关联的日期；机构、企业等建立的日期；机构、政府等存在的日期。
	团体的语言	团体在交流沟通时使用的语言。
	地点	团体办公室现在或者以前的地点，包括团体总部或者其他办公室地点，街道地址、邮寄地址、电话号码、电子邮件等，由团体运营、关于团体或与团体有关的网站地址。

续表

实体名	属性名	含义
团体实体	活动领域	团体从事的业务领域，其能力、责任、职能范围等。
	历史	包括与团体、机构等有关的历史信息。
	其他与团体相关联的信息	有关团体注册、团体法律状态或用来区别其他团体、个人等的信息，包括公司类型等（例如：股份有限公司），团体类型或者辖区类型（如兄弟会、县、音乐团体），其他区分团体的显著特征（如当地教堂教派的名字）。

个人、家族、团体三者之间交叉存在语义关系，具体语义关系见表3-7，包括同一类实体和不同类实体的关系。其中个人—个人别名关系、团体—团体的继承关系实则为规范控制，借助于名称之间的链接实现规范数据管理。

表 3-7　实体之间的关系

实体	关系类型	关系名称
个人	个人—个人	别名关系
		世俗关系
		宗教关系
		职务关系
		所属关系
		合作关系
		兄弟姐妹关系
		父辈 / 子辈关系
	个人—家族	成员关系
	个人—团体	成员关系
家族	家族—家族	成员关系
	家族—团体	成员关系
团体	团体—团体	等级关系
		继承关系

3.3 描述格式

描述格式是基于编目规则定义数据记录的计算机可读形式，以方便记录的交流和共享。机读目录格式（Machine-Readable Cataloging，MARC）是根据文献特点和文献机构信息交换的需求而建立的计算机可读格式。1966 年，美国国会图书馆设计出第一个机读目录格式，英国随之开发本国的机读目录格式。1973 年，国际标准化组织参考英美两国的格式，颁布 ISO 2709 标准，定义了 MARC 格式的结构。自此各个国家分别制定自己的 MARC 格式，约有 20 多种 MARC 格式出现。20 世纪 80 到 90 年代，北美地区分别采用两种 MARC 格式——USMARC、CAN/MARC，IFLA 为促进不同国家机构计算机可读格式的数据交换，于 1977 年发布了 UNIMARC 格式，1987 年再次发布 UNIMARC 手册，以统一各种类型的文档。为便于各类型文献之间的数据交换，美国图书馆协会机读书目信息委员会（Machine-Readable Bibliographic Committee）接受了格式一体化建议，对 USMARC 格式进行一体化。其后，经过美国图书馆协会 MARBI 和加拿大机读目录委员会（Canadian Committee on MARC，CCM）1998 年 6 月至 2000 年 7 月的多次会议，一体化后的 USMARC 与 CANMARC 协调成功，并正式更名为 MARC21。

中国机读目录研制于 20 世纪 70 年代。1979 年我国成立了全国信息与文献标准化技术委员会，并组建了北京地区机读目录研制小组；1982 年，中国标准总局公布了参照 ISO 2709 制定的国家标准《文献目录信息交换用磁带格式》（GB/T 2901-82），为中文 MARC 格式的标准化奠定了基础；1986 年 UNIMARC 中译本面世。在此基础上，根据我国实际情况，全国信息与文献标准化技术委员会编制《中国机读目录通讯格式》讨论稿，1992 年 2 月正式出版《中国机读目录通讯格式》（CNMARC）。CNMARC 格式为我国机读目录实现标准化以及与国际书目数据交换提供了保障。

MARC 记录由三种元素构成：记录结构、内容指示符、数据内容。记录结构实施国际书目数据交换格式，采用字段形式存储以便于显示。内容指示符明确建立了识别记录内部数据元素的代码体系，以实现对数据的操作，包括字段标识符、字段指示符、子字段代码。数据内容实际为存储在字段中的数据。一条书目记录主要由三部分构成：头标区、目次区、可变字段区。头标区提供了对记录的处理信息，如记录长度、状态、类型、目次区结构等，由 24 个固定长度字符组成。目次区定义了包含每个可变字段的标识符、长度、起始位置的系列款目项。每个款目项有 12 个字符长度。MARC 书目记录的数据按照可变字段组织，每个字段标识符由三位数字构成，字段与字段之间、记录与记录之间有分隔符。规范记录遵循书目记录的 MARC 格式，在此基础上各国编目机构又颁布了针对规范档的描述格式，并提供来源信息块与书目记录建立关系。

3.3.1 UNIMARC 规范格式

1991 年 IFLA 颁布了规范格式 UNIMARC/Authorities: Universal Format for Authorities，以实现对机器可读格式的规范记录交换。基于统一书目控制的共享环境及其共建规范档的需求，2001 年出版修订版，旨在实现世界范围内书目信息共享，2013 年出版中文版 [①]，规范记录的字段按照功能块划分，以下数字代表各个功能块：

0-- 识别块：给定规范记录的数字代码予以识别。

---

① 维勒 . UNIMARC 手册：规范格式 [M]. 3 版 . 北京：国家图书馆出版社，2013.

1-- 编码信息块：描述记录的各个方面信息，定长子段。

2-- 标目块：定义创建记录的规范、参照及说明参照标目。

3-- 附注块：包含用于显示的注释，说明标目之间的关系，以识别描述的实体。

4-- 参照根查块：通过参照指向规范标目所对应的变异标目。

5-- 相关参照根查块：通过参照指向规范标目对应的相关统一标目。

6-- 分类号块：包含与标目相关的分类号。

7-- 连接标目块：其他语言或文字形式的标目，连接到 2-- 标目形式的记录。

8-- 来源信息块：包含记录的来源及其编目者对于非公开显示数据的注释。

9-- 国家使用块：记录创建者的本地数据，UNIMARC 规范文档的系统间交换不定义该字段标识符。

其中标目块包含以下名称：个人名称、机构或会议名称、地理名称、商标名称、家族名称、题名名称、主题名称等。统一题名旨在将不同名称的作品集中。每一标目块对应的字段如表 3-8 所示。

表 3-8　UNIMARC 标目字段

字段标识	字段英文名称	字段中文名称
200	Personal name	个人名称
210	Corporate or meeting name	团体或会议名称
215	Territorial or geographic name	地理或地理区域名称
216	Trademark	商标名称
220	Family name	家族名称
230	Uniform Title	统一题名

续表

字段标识	字段英文名称	字段中文名称
235	Collective Uniform Title	作品集统一题名
240	Name/ title	名称 / 题名
245	Name/collective title	名称 / 作品题名
250	Topical subject	普通主题
260	Place access	地名
280	Form，genre or physical characteri-stics	形式、种类或者物理特性

个人名称数据元素如表 3-9，个人名称的规范形式入 200 字段，包含 $a（姓）、$b（名称）、$c（附加成分，如题名、头衔）、$f（日期）等多个子字段，描述规范名称及附加成分，非规范形式的个人名称及人名附加信息置于 400 字段。与 200 字段相关的其他个人名称标目入 500 字段。700 字段指向其他语言形式的并列名称标目。

表 3-9　UNIMARC 个人名称使用的字段

字段标识	字段名称
X00	个人名称——一般信息
200	标目—个人名称
400	单纯参照根查—个人名称
500	相关参照根查—个人名称
700	已确立标目连接款目—个人名称

示例 1：

200 #1$aRolfe，$bFr.

400 #1$aCorvo，$cBaron

400 #1$aRolfe，$bFrederick William

示例 2：

200 #0$aPseudo-Brutus

500 #1$aBrutus，$bMarcus Junius，$f85?-42 B.C.

示例 3：

200 #0$aVictoria，$cQueen of Great Britain

700 #0$3f79-034678$8frefre$aVictoria，$creine de Grande-Bretagne

团体名称数据元素如表 3-10，单纯参照根查指代同样是具有检索意义的团体名称的非规范形式标目，包括团体名称的各种变异形式，如不同语言、不同拼写、缩写、全称、不同级次等。相关参照根查指向与 210 字段相关的团体名称标目，连接款目用于连接其他形式的团体名称标目。

表 3-10　UNIMARC 团体名称使用的字段

字段标识	字段名称
X10	团体名称——一般信息
110	标目—团体名称
410	单纯参照根查—团体名称
510	相关参照根查—团体名称
710	已确立标目连接款目—团体名称

示例 1：

210 02$aDelaware Racing Commission

410 01$aDelaware.$bRacing Commission

示例 2：

210 01$aGreat Britain.$bBoard of Trade

510 01$5b$aGreat Britain.$bDepartment of Trade and Industry

510 01$5b$aGreat Britain.$bDepartment of Trade

示例 3：

210 02$aNational Library of Canada

710 02$380-239876$8frefre$aBibliothèque nationale du Canada　// 法语标目

3.3.2　MARC21 规范数据格式

MARC21 共有 5 种执行格式，MARC21 规范数据格式就是其中的一种①。其定义了编码及规则，设计了检索点所使用的名称、主题和主题复分的规范形式及参照。通过单纯参照使非规范标目指向规范标目，通过相关参照连接相关的规范标目。

MARC21 规范数据格式包含以下字段块，标识其数据功能。

0XX 标准号、分类号和代码块，包含与规范记录相关的控制号、标准号、分类号及其他数据元素。

1XX 标目块，包含依据编目规则而构建的名称、统一题名标目。

2XX 复合单纯参照，主题标目与非规范标目之间的关系需要使用多个复合参照短语。

3XX 复合相关参照，主题标目之间的复杂关系需要使用多个复合参照短语。

4XX 单纯参照根查，具有检索意义的名称非规范形式标目。

5XX 相关参照根查，具有检索意义的名称的另一规范形式标目。

6XX 复合参照、附注，包括丛编分析处理信息。

7XX 连接款目。

8XX 电子资源定位与访问、交替图形文字表示法。

9XX 本地使用块。

---

① Library of Congress. MARC 21 format for authority data [EB/OL]. [2017−07−08]. https：//www. loc. gov/marc/authority/.

与 UNIMARC 格式相比，MARC21 标目类型多，包括名称标目、名称/题名复合标目、统一题名标目、论题性标目、年代术语标目、标目、复分标目等。各名称所使用的字段块如表 3-11。

表 3-11　MARC21 名称字段

字段标识	字段名称
X00	个人名称
X10	团体名称
X11	会议名称
X30	统一题名
X48	年代术语
X51	行政管理区名称
X55	形式/体裁术语

个人名称数据元素如表，个人名称标目 100 字段下设子字段，与 UNIMARC 子字段定义有差异，$a（姓名）、$b（世次）、$c（称谓）、$d（日期）用以表示标目及附加信息。个人名称单纯参照根查是具有检索意义的个人名称的非规范形式标目，包括个人名称的笔名、真名、先前名称、后续名称、全拼形式、缩写形式、不同语种形式等。相关参照根查是具有检索意义的个人名称的另一规范形式标目。连接款目用于连接同一标目体系或源于不同叙词表或规范文档的个人名称标目。

表 3-12　个人名称字段

字段标识	字段名称
X00	个人名称——一般信息
100	标目—个人名称
400	单纯参照根查—个人名称

续表

字段标识	字段名称
500	相关参照根查—个人名称
700	已确立标目连接款目—个人名称

示例：

100 1#$aSilva，Hugo da，$d1875-1955

400 1#$aDa Silva，Hugo，$d1875-1955

团体名称数据元素如表 3-13，团体名称单纯参照根查同样是具有检索意义的团体名称的非规范形式标目，包括团体名称的各种变异形式，如不同语言、不同拼写、缩写、全称、不同级次等。连接款目用于链接同一标目体系或源于不同叙词表或规范文档的团体名称标目。

表 3-13　MARC21 机构名称使用的字段

字段标识	字段名称
X10	团体名称——一般信息
110	标目—团体名称
410	单纯参照根查—团体名称
510	相关参照根查—团体名称
710	已确立标目连接款目—团体名称

示例：

110 2#$aBoeing Air Transport

510 2#$aBoeing Airplane- Transport Corp.

510 2#$aUnited Air Lines

3.3.3　中国机读规范格式

1989 年，在文化部资助下，北京图书馆着手规范数据标准化方面的研究，先后制定出《规范数据款目著录规则》（草案）和《中国机读规范格式》（试用本）两项规范标准草案。1995 年，北京图书馆又对《中国机读规范格式》（试用本）进行了修订，明确指出该格式供中国国家书目机构以计算机可读形式同其他国家书目机构之间进行规范数据交换使用。2002 年，国家图书馆参与起草的《中国机读规范格式》（China MARC Format/Authorities，CNMARC/A）标准发布，采用 1991 年发布的 UNIMARC 标准，依据中国图书编目和中文规范处理的实际需求而制定[①]。规范记录的类型包括：个人名称、家族名称、团体和会议名称、地理名称、统一题名、丛编题名和主题词等。

CNMARC/A 按照使用的功能块共分为 10 大块，与 UNIMARC 基本等同，分别为：

0-- 标识块：标识规范记录的号码和代码。

1-- 编码信息块：描述记录的各个方面特征的固定长数据元素。

2-- 标目块：包含记录的规范标目、参照标目及说明标目。

3-- 附注块：包含用于显示的注释，说明标目之间的关系，以识别描述的实体。

4-- 参照根查块：通过参照指向规范标目所对应的变异标目。

5-- 相关参照根查块：通过参照指向范标目对应的相关统一标目。

6-- 分类号块：包含与标目相关的分类号。

7-- 连接标目块：其他语言或文字形式的标目，连接到 2-- 标目形式的记录。

8-- 来源信息块：包含记录的来源及其编目者对于非公开显示数据的注释。

9-- 国家使用块：记录创建者自己需要处理的局部数据。

---

① 中华人民共和国文化部. 中国机读规范格式 [M]. 中华人民共和国文化部,2002.

CNMARC 标目类型有：个人名称、团体 / 会议名称、地理名称、家族名称、题名、名称 / 题名、名称 / 作品集题名形式。由于中文书目记录不存在复合标目，则中文规范记录不存在复合标目和复合参照根查。所使用的标目类型字段如表 3-14 所示。

表 3-14　CNMARC 中标目使用的字段表

字段标识	字段名称
200	个人名称
210	团体或会议名称
215	地名或地理区域名称
220	家族名称
230	题名名称
240	名称和题名
245	名称和作品集统一题名
250	普通主题
260	出版地

同 UNIMARC 相同，每个标目块与参照根查、相关参照根查、连接标目共同构建规范标目与非规范标目、其他形式标目之间的关系。200字段中子字段 $a 为指定中义标目名称，$b 表示名称的其余部分，$c 表示名称的附加成分，$f 表示生卒年。

示例 1：

200 #0$a 冰心 $f(1900~1999)

400 #0$5f$a 谢婉莹

示例 2：

210 02$a 共青团中央

410 02$a 中国共青团中央委员会

510 02$5a$a 青年团中央

国际合作的环境下，一条中文名称规范记录应同时包含中西文标目，为了与国际文档建立链接，中文名称规范文档不仅要符合中文文档的特点，也要考虑国际标准。国内不同机构使用不同的描述规则及格式，对不同语种文字使用的标目方式处理方式不同。国家图书馆采用 CNMARC 格式；CALIS 主要使用 CNMARC 格式，将中文简体、中文繁体、西文、日文等作为并列规范标目；香港中文名称规范数据库［HongKong Chinese Authority（Name）Database，HKCAN］使用 MARC21 格式，以英文名称作为规范标目，将对应的中文名称作为连接款目；台湾汉学研究中心使用 CNMARC/MARC21 格式，以英文名称作为规范标目，对应的中文名称作为参照标目。对于鲁迅的标目，不同机构显示如下：

示例 1（国家图书馆）：

200 #0$a 鲁迅 $f(1881~1936)

200 #0$7ba$alu xun

300 0#$a 文学家、思想家。原姓周，幼名樟寿，字豫山，后改为豫才，青年以后改名树人。生于浙江绍兴。著有小说集《呐喊》、《彷徨》、杂文集《华盖集》、《三闲集》等。解放前后都出版过《鲁迅全集》。鲁迅笔名有 140 多个。本记录列举了两个字以上的笔名。

400 #0$5f$6a01$a 周树人 $f(1881~1936)

400 #0$6a01$7ba$azhou shu ren

400 #0$5e$6a02$a 隋洛文 $f(1881~1936)

示例 2（CALIS）：

200 #0$7jt0yjt0y$a 鲁迅，$f(1881~1936)

200 #0$7ft0yft0y$a 鲁迅，$f(1881~1936)

200 #0$7ec0yec0y$aLu Xun，$f(1881~1936)

200 #0$7ba0yba0y$alu xun，$f(1881~1936)

3000 #$a 文学家、思想家。原姓周，幼名樟寿，字豫山，后改为豫才，青年以后改名树人。

400 #0$a 周树人，$f(1881~1936)

400 #0$azhou shu ren，$f(1881~1936)

示例 3（台湾汉学研究中心）：

200 #1$a 鲁 $b 迅，$f1881-1936

3000 #$a 文学家、思想家。原姓周，幼名樟寿，字豫山，后改为豫才，青年以后改名树人。

400 #1$7ba$8engaLubXun，$f1881-1936

400 #1$a 鲁 $b 迅，$f1881-1936

400 #1$a 周 $b 树人，$f1881-1936

400 #1$aZhou$bShu rcn，$f1881-1936

400 #1$a 隋 $b 洛文，$f1881-1936

3.4 描述词表

MARC 数据推动了图书馆书目记录及规范记录的标准化及共享化，但 MARC 数据格式的复杂性、封闭性同样阻碍了其与网络资源的整合发展。MARC 数据虽然是机器可读，但机器无法正确地理解其语义含义。XML 语言具有明确的语法结构以及重在语义内容的表述方式。RDF 则具体自我描述性、开放性等特点。XML 和 ROF 的这些特点促使图书馆着手将 MARC 格式的数据转换成 XML/RDF 形式，以提高书目数据的表达性及其机器可理解性，实现馆藏资源与网络资源的集成应用。采用 XML/RDF 描述时，则需要使用标准化词表中的元数据对资源内容特征进行描述，以确保实现资源之间语义互操作，促进资源发现及复用。针对书目数据的描述性词表主要有 BIBFRAME、Schema.org，规范数据词表有 GND 等。

3.4.1 BIBFRAME

书目框架（Bibliographic Framework，BIBFRAME）旨在将书目描述标准演化为关联数据模型，促进 FRBR 和 RDA 模型的应用，使搜索引擎能够检索到相关信息，以便书目信息在图书馆外部发挥重要作用。2011 年美国国会图书馆发起书目框架行动，与 Zepheria 公司合作开发一种关联数据模型。2012 年底，书目框架的关联数据模型草案正式发布，正式推出书目框架模型。2013 年初，美国国会图书馆发布了书目框架完整模型。2014 年，美国国会图书馆对 BIBFRAME 词表进行了更为直观的描述，包括提供模型视图、类别视图和清单视图 3 种展示方式，方便用户从不同角度研究与使用，并更新了基于网络资源的规范控制框架。自 2015 年起，美国国会图书馆又陆续对 BIBFRAME 做了较大改动，发布了多个修订建议和修订草案，并于 2016 年发布了 BIBFRAME 2.0。BIBFRAME 将书目信息分为三个核心抽象层：作品层（Work）、实例层（Instance）和单件层（Item）[1]。如图 3-3 所示，作品层表示资源的概念层内容，由代理、主题、事件元素构成，其中代理实为与作品相关联的人、机构，是名称规范的重要构成。实例层表示作品的出版形式，主要由出版者、格式元素构成。单件层表示物理或电子形式的实物，由代理（收藏机构）、条码等构成。BIBFRAME 词表由 RDF 类及属性构成。BIBFRAME 取消了规范类及其相关的属性，不再使用统一的名称形式对实体进行规范，而是使用 URI 形式对名称实体进行区分，其中与名称

---

① Library of Congress. Overview of the BIBFRAME 2.0 model [EB/OL]. [2016-05-27]. https://www. loc. gov/bibframe/docs/bibframe2-model. html.

规范档相关的实体类如表 3-15，包括时间、地点、代理、题名、主题。

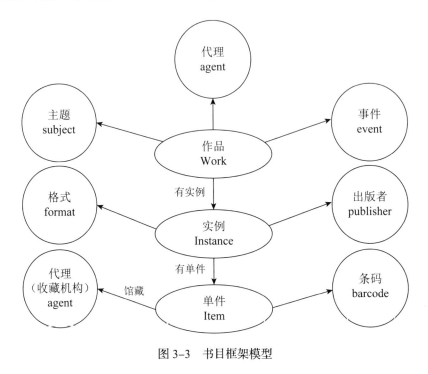

图 3-3　书目框架模型

表 3-15　书目框架中名称类

名称	类型	定义
date	日期	与资源相关的日期，包括题名变化日期、获得学位时间、出版印刷时间等。
place	地点	与资源相关的地点。如出版地、事件发生地等。
agent	代理	与资源相关的代理。包括负责资源内容或出版的名称实体。
title	题名	资源给定的名称。
subject	主题	描述资源的主题。

早在 2009 年美国国会图书馆就着手开展名称规范档关联数据化的描述工作，2011 年美国国会图书馆开始发布 BIBFRAME，旨在代替

MARC 数据，发布关联数据。德国国家图书馆同样也将书目记录发布为关联数据，采用 BIBFRAME 进行描述 [①]，如表 3-16 所示。

表 3-16 德国国家图书馆的一条书目记录

德文字段名称	中文名称	字段值
Link zu diesem Datensatz	数据集链接	http://d-nb.info/1096224852
Titel	题名及责任者	Normdaten im Semantic Web – Konzept für eine Ontologie der Personennamendatei (PND) / Maximilian Richter
Person(en)	责任者	Richter，Maximilian (Verfasser)
Verlag	出版社	Hannover : Hochschule Hannover
Zeitliche Einordnung	时间	Erscheinungsdatum: 2010
Umfang/Format	格式	Online-Ressource
Hochschulschrift	专著	Hannover, Hochschule Hannover, Bachelorarbeit
Persistent Identifier	标识符	URN: urn:nbn:de:bsz:960-opus-2958
URL	统一资源定位符	http://serwiss.bib.hs-hannover.de/frontdoor/index/index/docId/239 (Verlag) (kostenfrei zugänglich)
Sprache(n)	语言	Deutsch (ger)
Anmerkungen	评论	Langzeitarchivierung gewährleistet
Schlagwörter	关键词	Personennamendatei <Werk> ; RDF <Informatik>; OWL <Informatik> ; Semantic Web ; Functional Requirements for Bibliographic Records ; Dublin Core

---

① Katalog Der Deutschen Nationalbibliothek[EB/OL].[2017−10−25]. https://portal. dnb. de/opac. htm?method=simpleSearch&cqlMode=true&query=idn%3D1096224852.

其 BIBFRAME 定义了包含出版、格式信息的实例层，再定义包含作者信息的作品层，并与人名规范档建立链接，具体表示如下：

```xml
<?xml version="1.0" encoding="UTF-8"?>

<rdf:RDF

xmlns:bf=http://bibframe.org/vocab/

xmlns:rdf="http://www.w3.org/1999/02/22-rdf-syntax-ns#"

xmlns:skos="http://www.w3.org/2004/02/skos/core#"

xmlns:dcterms="http://purl.org/dc/terms/"

xmlns:rdfs="http://www.w3.org/2000/01/rdf-schema#"

xmlns:bfp=http://bibframe.org/bfp/

xmlns:dc="http://purl.org/dc/elements/1.1/">

        <bf:Instance rdf:about="http://d-nb.info/1096224852">

            <bf:modeOfIssuance> Einbändiges Werk </bf:modeOfIssuance>

            <bf:instanceOf rdf:resource="http://d-nb.info/bf_temp/work_1096224852" />

                <bf:urn rdf:resource="http://nbn-resolving.de/urn:nbn:de:bsz:960-opus-2958" />

            <bf:nbn>16，O05</bf:nbn>

            <bf:responsibilityStatement>Maximilian Richter</bf:responsibilityStatement>

            <bf:extent>Online-Ressource</bf:extent>

            <bf:title>Normdaten im Semantic Web - Konzept für eine Ontologie der Personennamendatei（PND）</bf:title>

            <bf:providerEntity>

                <bf:providerName>Hochschule Hannover</bf:providerName>

                <bf:providerPlace>Hannover</bf:providerPlace>

                <bf:providerDate>2010</bf:providerDate>
```

```
        </bf:providerEntity>
        <bf:frequency rdf:resource="http://marc21rdf.info/terms/continuingfre
%23/u" />
    </bf:Instance>
    <bf:Work rdf:about="http://d-nb.info/bf_temp/work_1096224852">
        <bf:hasInstance rdf:resource="http://d-nb.info/1096224852" />
        <bf:title>Normdaten im Semantic Web - Konzept für eine Ontologie der
Personennamendatei (PND)</bf:title>
        <bf:dissertation>
            <bf:dissertationNote>Hannover, Hochschule Hannover, Bachelorarbeit
</bf:dissertationNote>
        </bf:dissertation>
        <bf:associatedAgent>
            <bf:Person>
                <bf:hasGNDLink rdf:resource="http://d-nb.info/gnd/1093869755" />
                <bf:label>Maximilian，Richter</bf:label>
                <bf:resourceRole rdf:resource="http://id.loc.gov/vocabulary/
relators/aut" />
            </bf:Person>
        </bf:associatedAgent>
    </bf:Work>
    </rdf:RDF>
```

3.4.2 Schema.org

微数据（microdata）是一种用于在网页上的现有内容中嵌套元数据

的 WHATWG HTML5 规范，可以看作为 HTML5 协议增加结构化后的标准协议。搜索引擎、网络抓取工具和浏览器都可以从网页源代码中直接提取用微数据嵌套的结构化数据并对其进行处理。使用微数据就意味着要使用词汇表，而微数据目前的词汇表是 Schema.org。Schema 是一组事物"类型"的集合，每一类都关联着很多属性。Schema.org 按照事情层次的结构根据降序方式定义所有的类型。其替代了原先的词汇表 data-vocabulary.org，并于 2012 年整合了 Good Relations 中的词汇。作为适用于 HTML5 的结构化数据协作组织的通用标记词汇表，Schema.org 收集了各种 schemas 标记，使得网页作者们可以使用这些标签按照其认可的方式来标注他们的网页，进而改善搜索引擎的有效性。

自 2011 年起，OCLC 研究者使用 Schema.org 词表描述图书馆数据，以确保图书馆数据可以被搜索引擎检索及理解。2012 年，来自 WorldCat 的 3 亿条书目记录发布成关联数据[①]。OCLC 将 Schema.org 描述性标记数据附加到了 WorldCat.org 的页面上，这是 OCLC 向为 World Cat 添加链接数据所迈出的第一步。为谋求将"图书馆扩展"融入 Schema.org，同年 OCLC 牵头成立 W3C 的 Schema 书目扩展小组 Schema Bib Exend，目标是提交建议给 Web Schemas 小组，扩展 Schema.org 词表，强化其描述书目资源的能力。OCLC 在 2014 年上半年注册了 Biblio Graph.net 网站（命名空间简称 BGN），基于 Schema.org 词表，增加在"图书馆和相关领域中书目和文化遗产资源与收藏的概念、实体和关系"。2014 年下半年起，虚拟国际规范文档（VIAF）和 World Cat 已开始陆续采用新的 BGN 命名空间[②]。Schema.org 定义了作品（CreativeWork）、事件

① GODBY C J, DENENBERG R. Common ground：fxploring compatibilities between the linked data models of the library of congress and OCLC[J]. OCLC Online Computer Library Center Inc，2015：12.

② 胡小菁. 国外书目 RDF 词表的进展与趋势 [J]. 图书馆杂志，2015（5）：4-11.

（Event）、人（Person）、机构（Organization）、地点（Place）等类型及其属性[①]。其中人及机构对应的属性如表3-17和表3-18所示，可以明确看出，其中有较多针对商业机构或人员的信息描述，详细且丰富。这一做法可以为名称规范档语义描述提供充分地参考。

表 3-17　Schema.org 中个人（Person）类定义的属性

属性	所属类	描述
schema:additionalName	schema:Text	人名的中间名
schema:address	schema:PostalAddress	物理地址
schema:affiliation	schema:Organization	隶属机构
schema:alumniOf	schema:EducationalOrganization	毕业学校
schema:award	schema:Text	获奖
schema:birthDate	schema:Date	出生日期
schema:birthPlace	schema:Place	出生地点
schema:brand	schema:Brand or schema:Organization	相关的品牌
schema:email	schema:Text	Email 地址
schema:familyName	schema:Text	家族名
schema:faxNumber	schema:Text	传真号
schema:relatedTo	schema:Person	家族关系
schema:gender	schema:Text	性别
schema:givenName	schema:Text	名
schema:height	schema:Distance or schema:QuantitativeValue	身高
schema:homeLocation	schema:Place or schema:ContactPoint	居住地

---

① Schema. org［EB/OL］．［2017-10-19］. https：//schema. org/.

续表

属性	所属类	描述
schema:jobTitle	schema:Text	职务
schema:nationality	schema:Country	民族
schema:sibling	schema:Person	兄弟姐妹
schema:spouse	schema:Person	配偶
schema:taxID	schema:Text	税号
schema:telephone	schema:Text	电话号码
schema:weight	schema:QuantitativeValue	体重
schema:workLocation	schema:Place or schema:ContactPoint	工作地点
schema:worksFor	schema:Organization	工作机构

表 3-18　Schema.org 中机构（Organization）类定义的属性

属性	所属类	描述
schema:address	schema:PostalAddress	物理地址
schema:aggregateRating	schema:AggregateRating	评价
schema:brand	schema:Brand or schema:Organization	相关品牌
schema:contactPoint	schema:ContactPoint	联系地址
schema:department	schema:Organization	部门
schema:dissolutionDate	schema:Date	解散日期
schema:email	schema:Text	Email 地址
schema:employee	schema:Person	雇员
schema:event	schema:Event	事件
schema:faxNumber	schema:Text	传真号
schema:founder	schema:Person	创始人

续表

属性	所属类	描述
schema:foundingDate	schema:Date	创建日期
schema:foundingLocation	schema:Place	创建地点
schema:legalName	schema:Text	法定名称
schema:location	schema:Place or schema:PostalAddress	地点
schema:logo	schema:URL or schema:ImageObject	相关商标
schema:member	schema:Person or schema:Organization	成员
schema:owns	schema:Product or schema:OwnershipInfo	产品
schema:review	schema:Review	评论
schema:subOrganization	schema:Organization	下级机构
schema:taxID	schema:Text	税号
schema:telephone	schema:Text	电话号码
schema:vatID	schema:Text	增值税号

下文中，应用 WorldCat 对"物理学家霍金"采用 Schema.org 词表进行 RDF 描述[①]，将其不同名称形式进行表述，较好地保证了搜索引擎 Google、Bing 获取书目数据和名称规范数据。描述代码如下：

```
<rdf:RDF

    xmlns:dct="http://purl.org/dc/terms/"

    xmlns:rdf="http://www.w3.org/1999/02/22-rdf-syntax-ns#"

    xmlns:madsrdf="http://www.loc.gov/mads/rdf/v1#"
```

① 　OCLC. World Cat[EB/OL]. [2016-06-08]. http://experiment. worldcat. org/entity/person/data/2632761471.

```
xmlns:dc="http://purl.org/dc/elements/1.1/"

xmlns:library="http://purl.org/library/"

xmlns:discovery="http://worldcat.org/vocab/discovery/"

xmlns:bgn="http://bibliograph.net/"

xmlns:schema="http://Schema.org/"

xmlns:pto="http://www.productontology.org/id/"

xmlns:void="http://rdfs.org/ns/void#" >
```

```
<rdf:Description rdf:about="http://experiment.worldcat.org/entity/person/data/
2632761471.rdf">
```

```
<void:inDataset rdf:resource="http://purl.oclc.org/dataset/WorldCat/Person"/>

<schema:about rdf:resource="http://worldcat.org/entity/person/id/2632761471"/>
```

```
</rdf:Description>
```

```
<rdf:Description rdf:about="http://worldcat.org/entity/person/id/2632761471">

<schema:alternateName>С Хокинг</schema:alternateName>

<schema:additionalName>William (1942-....)</schema:additionalName>

<schema:name>STEPHEN W. HAWKING</schema:name>

<schema:alternateName>Hawking,Stephen W. (Stephen W.)</schema:
alternateName>

<schema:givenName>Стивен</schema:givenName>

<schema:sameAs rdf:resource="http://isni.org/isni/0000000121034996"/>

<schema:alternateName>Huo jin (Hawking,Stephen,1942- )</schema:alternate
Name>

<schema:givenName>スティーブン・W</schema:givenName>

<schema:name>Stephen W. 霍金</schema:name>

<schema:name>スティーヴン・W.ホーキング</schema:name>
```

```
......
```

```
        </rdf:Description>

      </rdf:RDF>
```

3.4.3　GND

　　集成规范文档（GND），是由德国国家图书馆发布的，其可通过提供描述规范档的元素，以解决名称二义性问题。当前名称规范档数据采用 MARC21 规范格式表述，仅限制于特定领域，不能有效地应用于图书馆及出版界，GND 旨在缩小这一差距，通过提供语义网所使用的特定格式来扩展其应用领域。在信息处于快速增长阶段，名称识别及其与人名、地名与规范名称的链接显得更为重要，GND 本体旨在通过提供描述会议、事件、公司、地点或地理名称、不同的人名、未区分的人名、主题名称、作品等词汇，使面向图书馆向面向网络社区转变。GND 定义的类如表3-19[①]，其将名称的不同形式都作为类对待，表3-20 定义法人机构所拥有的属性，既包括机构的特有属性，如国家、地点、活动领域等，也包括机构之间、机构与人之间的关系，从而为名称规范档的语义化描述进一步提供了可选用的词汇集合。

表 3-19　GND 定义的类

类		
Company （公司）	Fuller form of the name of the person （全称）	Real name of the person （真名）
Conference or Event （会议或事件）	Group of persons （群体）	Religious corporate body （宗教法人团体）

---

　　① HAFFNER A. GND ontology[EB/OL]. [2016-06-08]. https://d-nb. info/standards/elementset/gnd.

续表

类		
Corporate Body （法人团体）	Later name of the person （曾用名）	Variant name of the person （变异名称）
Country （国家）	Name of the person （人名）	Project or program （项目或程序）
Differentiated person （区分的个体）	Person （人）	Product name or brand name （产品或品牌名）
Earlier name of the person （曾用名）	Place or geographic name （地点）	Undifferentiated person （不可区分的个体）
Ethnographic name	Preferred name of the person （常用名）	Work （作品）
Family （家族）	Pseudonym name of the person （笔名）	Software product （软件产品）

表 3-20　GND 定义的法人机构属性

Corporate Body 法人团体属性		
Addressee （地址）	Country （国家）	Place of business （经营地）
Affiliation （隶属机构）	Project or program （项目或程序）	Place of conference or event （会议或事件地点）
Place （地点）	Series of conference or event （系列会议或事件）	Spatial area of activity （活动空间区域）
Related Corporate Body （相关法人团体）	Broader term （上位类）	Date of establishment and termination （创建及终止日期）
Preceding corporate body （前法人团体）	Celebrated corporate body （知名法人团体）	Homepage （主页）

续表

Corporate Body 法人团体属性		
Hierarchical superior of the corporate body （上级团体）	Field of activity （活动领域）	Variant name for the corporate body （法人团体变异名称）
Function or role （功能）	Geographic Area Code （地理区域代码）	Language code （语种代码）
Founder （创建者）	GND subject category （GND 主题类）	Member （成员）

表 3-21 针对人名 "Wittgenstein，Ludwig"，应用 GND 定义了类对其属性及属性值进行描述，具体如下：

表 3-21　GND 人名规范数据的描述

Link zu diesem Datensatz （数据集链接）	http://d-nb.info/gnd/118634313
Person（人）	Wittgenstein, Ludwig
Geschlecht（性别）	männlich
Andere Namen（变异名称）	Wittgenstein, Ludwig Josef Johann (B 1966)
	Wittgenstein, Ludvig
	Wittgenstein, Ludovicus
Quelle（源）	M; LoC-NA
Zeit（时间）	Lebensdaten: 1889-1951
Land（国家）	Österreich (XA-AT); Großbritannien (XA-GB)
Geografischer Bezug （地理位置）	Geburtsort: Wien
	Sterbeort: Cambridge
Beruf（e）（职业）	Philosoph

续表

Link zu diesem Datensatz （数据集链接）	http://d-nb.info/gnd/118634313	
Weitere Angaben （描述）	Österr. Philosoph, lebte ab 1929 (mit Unterbrechungen) in England; Pädagoge	
	Abschlussdiplom als Ingenieur 1908; Österr. Philosoph	
	Philosoph, Architekt	
Beziehungen zu Personen （社会关系）	Stonborough-Wittgenstein, Margarethe (Schwester)	
	Wittgenstein, Paul (Bruder)	
	Respinger, Marguerite (Bekannte)	
	Anscombe, G. E. M. (Schülerin)	
Systematik（系统）	4.7p Personen zu Philosophie; 31.3p Personen zu Architektur, Bautechnik	
Typ（类型）	Person (piz)	
Autor von（作者）	348 Publikationen	
Beteiligt an（参与）	70 Publikationen	
Thema in（主题）	1000 Publikationen	
Maschinell verknüpft mit （出版物）	19 Publikationen	

其对应的 RDF 代码描述如下：

```
<?xml version="1.0" encoding="UTF-8"?>
<rdf:RDF
    xmlns:ns1="http://d-nb.info/standards/elementset/gnd/"
    xmlns:ns2="http://xmlns.com/foaf/0.1/"
    xmlns:ns3="owl:"
    xmlns:ns4="http://d-nb.info/standards/elementset/dnb/"
    xmlns:ns5="rdf:"
```

```
    xmlns:ns6="http://d-nb.info/standards/elementset/agrelon/"

    xmlns:rdf="http://www.w3.org/1999/02/22-rdf-syntax-ns#"

>

    <rdf:Description rdf:about="http://d-nb.info/gnd/118634313">

    <ns1:Person rdf:resource="Wittgenstein,Ludwig"/>

    <ns1:Geschlecht rdf:resource="männlich"/>

    <ns1:Andere Namen rdf:resource="Wittgenstein,Ludwig Josef Johann (B 1966)"/>

    <ns1:Andere Namen rdf:resource="Wittgenstein,Ludvig"/>

    <ns1:Andere Namen rdf:resource="Wittgenstein,Ludovicus"/>

    <ns1:Quelle rdf:resource="M; LoC-NA"/>

    <ns1:Zeit rdf:resource="Lebensdaten: 1889-1951"/>

    <ns1:Land rdf:resource="Österreich (XA-AT); Großbritannien (XA-GB)"/>

    <ns1:Geografischer Bezug rdf:resource="Geburtsort: Wien"/>

    <ns1:Geografischer Bezug rdf:resource="Sterbeort: Cambridge"/>

    <ns1:Beruf(e) rdf:resource="Philosoph"/>

    <ns1:Weitere Angaben rdf:resource="Österr. Philosoph,lebte ab 1929 (mit
Unterbrechungen) in England; Pädagoge Abschlussdiplom als Ingenieur 1908; Österr.
Philosoph Philosoph,Architekt"/>

        <ns1:Beziehungen zu Personen rdf:resource="Stonborough-Wittgenstein,
Margarethe (Schwester) Wittgenstein,Paul (Bruder) Respinger,Marguerite (Bekannte)
Anscombe,G. E. M. (Schülerin)"/>

        <ns1:Systematik rdf:resource="4.7p Personen zu Philosophie ; 31.3p Personen
zu Architektur,Bautechnik"/>

        <ns1:Typ rdf:resource="Person (piz)"/> <ns1:Autor von rdf:resource="348
Publikationen"/>

    <ns1:Beteiligt an rdf:resource="70 Publikationen"/>
```

```
<ns1:Thema in rdf:resource="1000 Publikationen"/>

<ns1:Maschinell verknüpft mit rdf:resource="19 Publikationen"/>

</rdf:Description>

</rdf:RDF>
```

3.4.4 其他可用词汇表

SKOS、FOAF、Dublin Core、RDA 等都曾被用来描述规范数据。SKOS（简单知识组织系统）是知识组织系统（例如叙词表、通用分类表、标题表和专业分类表等）的一个通用数据模型，其提供了受控词表向 RDF 语义转换的重要途径。规范数据中，每一个名称实体都可作为 skos:Concept 对待。对于规范名称及其对应的变异名称，通过skos:prefLabel、skos:altLabel 表示。

FOAF 定义了机器可读的人与人之间关系、活动的词表，其foaf:Person、foaf:name、foaf:knows 可明确定义的人名实体及其属性及关系。Dublin Core 是当前最常用的元数据标准，其定义的元素如creator、date、relations、subject 都可用来定义名称实体的属性。RDA作为替代 AACR2 的新的编目条例，其改变了原有以文献为中心的描述，转变为以实体及关系描述为核心。当前 RDA 定义的元素已注册在开放数据平台上，进一步扩大了其共享范围，目前 VIAF 同时采用 SKOS、FOAF、RDA 分别定义一个名称概念，具体可参见 VIAF 网址 [①]。

这一做法既实现了多种描述方式的同时展现，又为进一步与其他资源的集成奠定了基础。

---

① http://viaf.org/VIAF/99366184/#skos:Concept；http://viaf.org/VIAF/99366184/#foaf:Person；http://viaf.org/VIAF/77390479/#rdaEnt:Person。

4 名称规范档的建设与共享

名称规范档的建设主要由各个国家图书馆负责，在经历了近 100 年的发展历程，各相关机构已经积累了丰富的名称规范档资源。随着计算机网络技术的发展及其联合编目实践活动的推动，名称规范档建设不再局限于一个机构的力量，联合多家机构共同致力于名称规范档的共建共享成为发展趋势。著名的 NACO 项目、LEAF 项目、中文名称联合数据库、VIAF 项目都是典型的名称规范档共享项目。

4.1 国家名称规范档的建设

名称规范档由于建设成本高、需要高质量的标引人员等原因，目前主要由各国国家图书馆承担。美国国会图书馆最早开展名称规范档的建设工作，为名称规范档的规则制定及其合作建设发挥了重要的示范及推动作用。德国国家图书馆是最早在网络环境下探讨名称规范档语义化发展途径的图书馆，为名称规范档的未来应用开辟了新的发展空间。我国名称规范档的建设最早由国家图书馆负责实施，之后 CALIS 带动全国高校图书馆加入中文名称规范档的建设中，扩大提升了中文名称规范数据规模及质量水平。

4.1.1 美国国会图书馆名称规范档

美国的名称规范档建设工作取得了不少的成果，特别是近 20 年来，随着计算机及其网络的发展，规范工作步入了自动化、网络化、合作化的发展历程。美国国会图书馆自 1901 年开始规范工作。1940 年，该馆通过合作编目计划来实施规范控制，要求参加合作编目计划的各馆都利用和补充国会图书馆的名称规范款目。1977 年以来，美国国会图书馆主持实施一项"名称规范合作计划"（Name Authority Cooperative Program），即 NACO 计划，参加该计划的图书馆按照要求向机读目录规范档补充规范数据，形成了建立和维护共享规范数据库的合作模式。20 世纪 80 年代初，美国国会图书馆的规范控制系统实现了联机编目，之后又推出了以光盘为载体的名称规范档和主题规范档。2005 年，美国国会图书馆为将 MARC 转换为 XML 格式，推出针对名称规范数据的 MADS（Metadata Athority Description Schema）标准[①]，定义了一系列的元素以定义名称规范档，之后又颁布了 MADS/RDF（Metadata Authority Description Schema in RDF，RDF 元数据规范描述框架）[②]，提供了 MARC 数据向 RDF 语言转换的数据模型，以适应语义网应用。2009 年，受关联数据运动影响，美国国会图书馆建立了 id.loc.gov 网站，提供关联数据服务，扩展了国会图书馆规范数据的可获取范围，该网站可以提供 MARC/XML、MADS/XML、MADS/RDF、RDF、SKOS 等多种格式的数据。2000 年以前，美国国会图书馆对于非罗马语言的标

---

① Library of Congress. MADS[EB/OL]. [2016-12-03]. http://www. loc. gov/standards/mads/.

② Metadata authority description schema in RDF[EB/OL]. [2016-12-03]. https://www. loc. gov/standards/mads/rdf/v1. html.

目采用罗马化形式，2000 年其宣布对于中文名称的罗马化形式采用拼音系统[①]。2015 年 8 月，美国国会图书馆已有名称规范档 530 万条记录、主题规范档 35 万条记录、名称 / 题名规范档 4 万条记录。美国国会图书馆名称规范档（Name Authority File，NAF）主要提供人名、机构名、事件、地点及题名规范数据。使用规范词表可实现对书目资源的统一存取，使用参照形式将非规范形式的名称与规范形式建立链接。书目描述中的主题名称也采用规范形式，定义取值来自 LCSH 受控词表。目前，美国国会图书馆的名称规范档[②]包括 800 万条描述记录，其名称规范档也被称为 NACO 规范档，是多家机构遵守统一标准及准则的合作项目。美国国会图书馆的规范控制数据具有相当的权威性，已广泛发行到世界各地，成为许多编目机构的规范记录数据源。比如，OCLC 与美国国会图书馆密切合作，将其规范数据纳入自己的数据库并建立起与书目记录的链接。

4.1.2 德国国家图书馆名称规范档

1973 年，三家德国图书馆合作共同建设机构名称规范档，从而形成了统一机构规范档（Gemeinsame Körperschaftsdatei，GKD）。主题标目（Schlagwortnormdatei，SWD）始建于 1988 年，主要由巴伐利亚图书馆网络（Bavarian Library Network）提供。1989 年德国国家图书馆创建个人名称规范档（Personennamendatei，PND），截至 2004 年，已有的 210 万条个人名称记录。2010 年，德国国家图书馆着手以关联数据形式发布规范数据。德国国家图书馆、美国国会图书馆及 OCLC 共同验

---

① CHAN K, HU L, LO P. A collaborative project on chinese name authority control：the HKCAN model[J/OL]. Journal of East Asian Libraries，2000（120）[2020-08-26]. https：// scholarsarchive. byu. edu/jeal/vol2000/iss120/3.

② Library of Congress. Library of Congress Names [EB/OL]. [2016-11-21]. http://id. loc. gov/authorities/names. html.

证使用 OAI 协议形成集中联盟规范档项目方案，2002 年基于个人名称规范档将美国国会图书馆 500 条记录与德国国家图书馆 100 万条记录建立链接。2003 年国际图联世界图书馆和信息大会上，德国国家图书馆与美国国会图书馆和 OCLC 决定着手建设虚拟国际规范文档（VIAF）。

4.1.3 中国国家图书馆名称规范档

随着中文书目记录的增加，人名和题名的重复、存在多种名称形式等问题降低了用户的信息查找效率。1995 年，北京图书馆中文编目部成立了中文名称规范组，正式开始名称规范档的建设。参考和依据国际图联《UNIMARC/ 规范格式》和《规范款目和参照款目指南》构建名称规范档数据库，早期依据各种类型权威工具书制作规范数据，后期依赖于书目数据 314 字段的责任者附注，但名称规范档与书目库之间独立建设，并不能很好地发挥名称规范控制的书目聚合作用。2003 年，中文名称规范组撤销，其业务与人员并入中文图书书目数据组，国家图书馆的集成系统更新为 Aleph500 系统，书目数据库与名称规范数据库、主题规范数据库实现了有机连接，数据更新实现了同步。

截至 2009 年底，国家图书馆制作的名称规范数据共计 836 613 条，其中个人名称规范数据总计 765 117 条，团体名称规范数据总计 51 967 条，已与书目数据责任者链接的规范数据有 587 515 条。2010 年 8 月，主题规范数据库进行了更新，与《中国分类主题词表》Web 版主题词数据完全相同并同步更新，主题词增至 118 500 多条，比《中国分类主题词表》第二版（电子版）新增 7600 多条，包括新增名称主题词 7303 条[①]。目前，已进行名称规范控制的书目数据 100 多万条，受主题规范控制的书目数据 200 多万条。

---

① 卜书庆,郝嘉树.国家图书馆中文书目规范控制现状及研究[J].图书馆论坛,2010（6）:209-213.

4.1.4　CALIS 名称规范档

中国高等教育文献保障系统（China Academic Library & Information System，CALIS），于 2003 年 9 月启动联机规范控制系统项目，2004 年 8 月建立包含书目数据库和规范数据库在内的实验数据库和实验检索系统，由 19 个机构的编目部门参与标目整理。CALIS 规范系统建立联机规范客户端和网络公共查询两种平台。联机规范客户端主要提供联合目录成员馆的编目员联机创建、维护规范记录和下载规范记录使用，采用 ISO 23950 标准，可提供的功能有查重与链接功能、创建规范记录与联机上传功能、下载规范记录功能、规范记录的维护功能。网络公共查询平台主要提供联机检索规范记录，用户可根据需要下载相关的规范记录，适用于有广大读者用户群并需要下载共享规范记录的编目机构[①]。该规范系统主要分两个阶段实现：第一阶段建立初始化规范记录，在全面整理原先书目数据库中 7XX 字段名称标目的基础上，通过系统软件处理和人工判断相结合的办法批处理生成实验规范数据文档；第二阶段是在联机建立书目记录的同时实现联机规范控制。CALIS 的中文名称规范数据包括个人名称、团体名称（包括会议）、统一题名（包括丛编题名）三大部分。截至 2011 年年底，CALIS 规范数据库中含有规范记录 85 万余条。根据中外文文献沿用分立式目录的特点，统一标目分别采用符合书目特点的简体中文、繁体中文和外文形式，同时提供可方便海外和中国香港地区使用的汉语拼音形式。

---

① 谢琴芳,喻爽爽,刘素清.检索控制的全方位实现——CALIS联机规范控制系统[J].大学图书馆学报,2004(4):48-52.

4.2 名称规范档的共享模式

名称规范档的建设成本高，需要建设机构投入较大的人力、物力。随着合作编目理论方法及技术发展，名称规范档的共建成为大势所趋。多个机构参与、共享建设、共同利用名称规范数据是提高名称规范档制作效率，促进名称规范数据快速增长的重要途径。由于不同机构采用的规则、描述格式存在着差异，机构之间名称规范数据的链接成为名称规范档共享中的关键问题。名称规范档的共建模式与编目活动发展息息相关。编目经历了从单个机构编目、集中编目向联合编目的发展过程。依托于一定的共享联盟，名称规范档的建设也从集中向联合式共建发展。名称规范档的共享模式可分为以下几种类型：

（1）集中式共享。由一个机构统一构建，共享联盟中其他成员可以检索使用名称规范档。这种形式主要存在于名称规范档的早期建设阶段，在这一时期多由实力强的国家图书馆担任创建任务，如美国国会图书馆。中国在1997年成立的全国图书馆联合编目中心在早期也是以北京图书馆（中国国家图书馆前身）的数据为主。

（2）联合式共享。由多个机构参与构建，这些机构既贡献名称规范数据，又可以检索使用名称规范档，该模式成为当前最主要的共享形式，如美国名称规范合作项目（NACO）、欧洲的连接和探索规范档项目（LEAF）、虚拟国际规范文档（VIAF）、中国的中文名称联合数据库等。

名称规范档共建共享中，涉及各个不同机构之间名称规范数据的互访问题，按照名称规范档之间不同的链接及数据获取方式，可以分为四种模型：分布式、关联式、中心式、中心链接式①。

4.2.1　分布式模型

分布式模型是名称规范档分布在各成员机构，成员机构需要使用标准协议，向特定机构服务器发出查询请求，产生的结果记录集中呈现给搜索者的共享模式模型，如图 4-1。常用的标准协议为 Z39.50，称为"信息检索：应用服务定义与协议规范"[Information Retrieval (Z39.50): Application Service Definition and Protocol Specification]。其规定了客户机查询服务器上的数据库（或者是服务器可访问到的非服务器上的数据库）以及提取查询到的结果记录等过程中所涉及的数据结构和数据交换规则②，Z39.50 已成为国际标准 ISO 23950。该模型较为简单，各个成员机构只负责自己名称规范档建设，允许其他成员对规范档进行搜索使用。

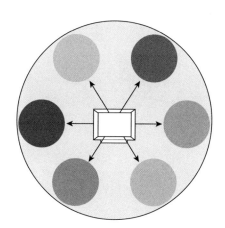

图 4-1　分布式模型

---

①　TILLETT B B. A virtual international authority file [EB/OL]. [2014-02-20]. http://www. nl. go. kr/icc/down/060813_3. pdf.

②　杨晓江. Z39. 50 在图书馆自动化系统中的应用研究 [D]. 南京：南京大学,1998.

4.2.2 链接式模型

链接式模型形式上与分布式模型相同，借助信息检索协议（如Z39.50），搜索者向中心服务器发出查询请求。为提高查准率，该模型将各个规范文档之间建立链接，这样系统不再局限于所请求的服务器，在所有可能相链接的规范文档中进行搜索。如图4-2，如果在某一规范文档中有匹配的结果，会发现该文档与其他规范文档中的其他匹配项也是相互链接的，因此另一个规范文档中的匹配结果也会被检索到，最终系统会将所有匹配结果呈现给搜索者。链接式模型在各个独立相同实体间建立链接，不再是单纯的人名字符串匹配，通过参照其他方式获取到结果，会明显提高查准率。

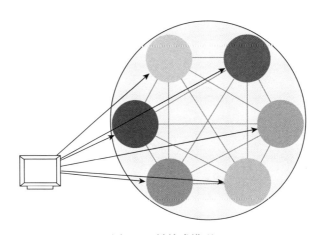

图 4-2　链接式模型

4.2.3 中心式模型

中心式模型旨在对所有成员用户提供统一的检索和浏览界面，通过一个服务器收割来自各个名称规范档机构的元数据，经过处理，合并后集中存储在一个中心规范档数据库中，各成员馆可对保存在中心数据库中的元数据执行搜索，如图 4-3，通常采用 OAI 协议（Open Archives initiative Protocol for Metadata Harvesting，OAI-PMH）。该模型的目标旨在通过元数据收割的模式，实现 Web 上发布信息的不同组织之间的互操作，形成一个与应用无关的互操作框架。OAI 框架中，参与者分为两个级别，即服务提供者、数据提供者。发布元数据由数据提供者进行。OAI 技术框架可让服务提供者加工、收割所需元数据。该模型适用记录维护，采用 OAI 协议使用服务器收割来自各个名称规范档的数据，并进行及时维护管理，当名称规范档的数据发生了变化时，服务器信息会及时更新。如果数据间不建立链接，那么检索的准确率会受到影响。NACO、LEAF 系统、中文名称联合数据库属于此模型。

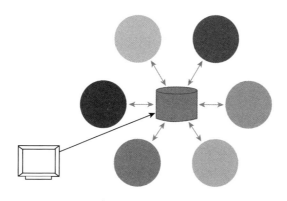

图 4-3　中心式模型

4.2.4　中心链接式模型

中心链接式模型在中心式模型的基础上进行了完善。该模型中，中心规范档库与其他规范文档进行链接，不再需要各个名称规范档之间彼此互联。数据搜索者可以通过统一界面检索到所有参与机构的名称规范数据，如果在中心文档中没有找到匹配项，系统会根据 Z39.50 协议对其他相链接的文档进行逐个检索，一定程度上提高了检索的准确率及返回率。如图 4-4，VIAF 属于此模型。

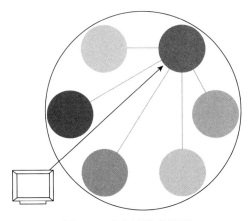

图 4-4　中心链接式模型

以上四种模型中，分布式模型最简单，但由于各个名称档之间没有联系，搜索者需要多次访问各个名称规范档，花费较多的查询时间，查准率低。链接式模型有效地提高了查准率，但在不同文档相同实体之间建立链接是比较烦琐的工作，特别是当一个文档中的实体发生了变化，就需要修改所有与其相关的链接。中心式模型和改进后的中心链接式模型则是从不同的规范文档中抽取元数据，经过去重、消除歧义等处理进行集中存储，成员机构一次性获得多个机构的名称规范数据，检索效率明显提高。

4.3　NACO 项目

合作编目项目（Program for Cooperative Cataloging，PCC）旨在通过图书馆、服务提供商、系统开发商等合作努力，以提供有用、及时、成本效益好的书目数据，促进元数据的共享、交换与复用，满足全世界范围内的标准。名称规范合作计划（NACO）是 PCC 其中的一项，起始于 1995 年，由合作编目委员会（the Cooperative Cataloging Council，CCC）负责。该项目要求参与机构向美国国会图书馆名称规范档添加名称规范记录，参与机构可以是私人馆或团体馆，其通过联系人借助书目系统由网络提交规范档，项目要求参与者遵守统一的标准与规则，以确保共享文档的一致性。NACO 项目的发展，使国家名称规范档不再局限于美国国会图书馆的内部，一定程度上提高了名称规范档的质量，提升名称规范档规模，降低建设成本。

4.3.1　项目成员管理

NACO 采用会员制来发展成员，主要分为独立会员和 Funnel 计划[①]会员。图书馆和信息机构不论规模大小都可以申请参加成为独立会员，但 NACO 不接受个人的申请。机构或图书馆申请成为 NACO 成员时，必须按照 AACR2 和 MARC21 所规定的标准编制标目和参照，并提供其他记录所需的资料。设立 Funnel 计划会员的目的是使小型图书馆可以有机会参与 NACO 项目，让各机构编目人员可以共同交流以提升专业知识和技能。Funnel 计划会员组合有多种形式，例如基于共同兴趣、相同主题或语言、地理的临近关系或是作为同一个联盟的成员而携手合作，以共同贡献名称规范记录。

NACO 成员机构必须遵守以下规定：遵守建立标目及参照的标准——AACR2 和 MARC21，按照一定的要求提供数据；需参与联机合作编目系统，如 OCLC 或研究图书馆组织（Research Libraries Group，RLG），以便能够提交联机规范记录；将规范工作纳入编目工作。小型图书馆，如公共、大学及专业图书馆，每年至少提交 100 条新的或更新的名称规范记录，大型图书馆，如研究图书馆协会（Association of

---

① Funnel 计划是指将不同国家的规范档联合在一起形成统一数据库。

Research Libraries，ARL）的成员馆和各国家图书馆，每年至少提交200 条规范记录。

NACO 成员馆可以享受以下权利：参与到全球最大的名称规范合作计划中，推动编目实践的未来发展；参与国家和国际标准设计的推动及评价，以便研发出更实用、更节省成本的规范控制；参加名称规范工作的目标、政策和标准的制定；增加规范记录的数量，并不断更新规范记录，减少编目费用；参加 NACO 组织的人员培训，参加该计划的合作者组织的各种会议，通过大量的会议和网上讨论与国家图书馆及其他机构的同行进行业务交流[①]。

NACO 的成员分布在许多国家，包括亚洲、非洲、南美洲以及欧洲。截至 2009 年 9 月底，NACO 共有 547 个成员，其中约 125 个是机构成员，其余的 422 个会员则是通过 34 个 Funnel 计划参与工作。NACO 的成功主要归功于该计划对会员规定了一定的权利与要求，并提供必要的培训与交流，由于参与会员的共识性强，故能维持名称规范档的质量。NACO 利用会员制度的运作，充分达到分担编目成本、共建共享国家级记录、提升编目专业水平的目的。

4.3.2 项目实现过程

美国国会图书馆与 NACO 的各成员馆之间通过文件传输协议 FTP 完成数据传输。该机制有助于促进 NACO 成员馆参与到合作编目项目中。分发者作为中介，负责规范档的存储及分发。

分发者也被称之为"NAF 拷贝保存者""完整节点""NACO 记录交换合作者""LC 分发过程的参与者"，负责保存 800 万条名称规范记录，每日导入来自美国国会图书馆目录分发服务（Cataloging Distribution

① BYRUM J D. NACO：a cooperative model for building and maintaining a shared name authority database[J]. Cataloging & classification quarterly，2004(3/4)：237-249.

Service，CDS）的数据，进行定期更新，同时也需要检索及处理一些错误记录。他们同时贡献新记录给国会图书馆的主文档。目前主要有 3 个分布式接受者：OCLC、SkyRiver 和英国国家图书馆，每一个都有自己的前缀（no = OCLC；ns = SkyRiver；nb = BL），以生成自己的 LCCN号，如图 4-5。一旦分发的文件记录导入到美国国会图书馆的数据库，成为 LC NAF 的主拷贝构成，意味着所有 NACO 分发记录与美国国会图书馆的生成记录将发送到各个分发者。美国国会图书馆定时创建分发文档供分发者检索。

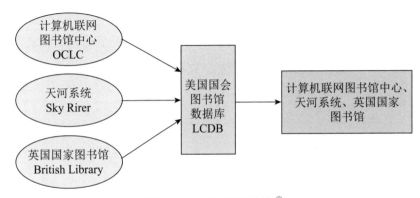

图 4-5　NACO 数据传输[①]

NACO 参与者负责贡献新数据，需有能力借助完整节点贡献其数据，将其创建的记录放入队列中。其不必保存 NAF 文档，但可以通过分发者查询获取 NAF 和最新拷贝。

记录传输。分发者可以直接通过 FTP 检索国会图书馆单个文档。该文档包含所有创建、更新、删除记录。同时，美国国会图书馆定时从每个分发者处获取单个贡献文档，这些文档被分成 2 个独立小文档：一个是新建名称规范档，另一个是变化的名称规范档。这些记录被批量导入美国国会图书馆的数据库，采用重复检测手段以确保控制号（字段 010）

① Library of Congress. NACO［EB/OL］. ［2017-09-12］. http://www.loc.gov/aba/pcc/naco/images/distribution.jpg.

不重复。变化的记录处理后被导入，通过将导入记录的 005 字段（交易最新日期和时间）与数据库中的 005 字段完成匹配，与已有的记录完成合并。为确保导入主文档的记录为最新，实行版本控制，程序需检查005 字段以确保进入数据库的变化记录是最新版本，以防止信息丢失。

4.3.3　项目进展

2017 年 NACO 共新建 193 412 条个人名称规范记录，修改 113 075条记录，累计总记录数达 4 869 851 条。2011 年到 2017 年间，由美国国会图书馆及其各个贡献成员馆编制的名称规范档记录数分布如图 4-6，可以看出，2017 年名称规范记录数为 273 983 条，贡献成员馆提交的记录远远超过美国国会图书馆自建的数据，充分体现了多馆合作共享的优势。

新纪录数（单位：条）

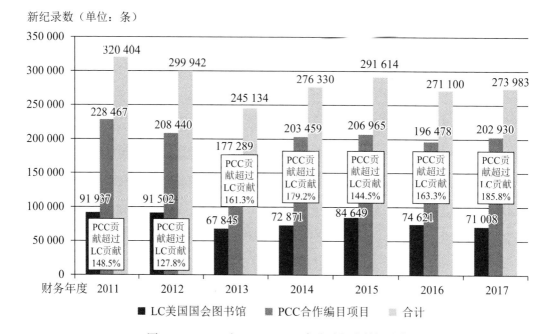

图 4-6　NACO 中 2011—2017 年名称规范数据分布

资料来源：Library of Congress. PCC statistics [EB/OL]. [2017-09-12]. http：//www. loc. gov/aba/pcc/naco.

4.4 LEAF

LEAF（Linking and Exploring Authority Files，连接和探索规范档项目）项目起源于 2001 年欧洲委员会（European Commission）有关咨询社会技术研究与发展的研究计划的一次讨论，当时的情况是图书馆、档案馆与博物馆均有人名规范记录建设与使用的需求，然而却没有可供使用的、标准化的欧洲人名规范记录，因此，在欧洲委员会经费支持下，该（LEAF）得以开展。该项目于 2001 年 3 月开始，参与机构包括 15 家欧洲的图书馆、档案馆、文献中心等机构，遍及欧洲 10 个国家，其中柏林国家图书馆（Staatsbib-liothek zu Berlin，SBB）担任该项目的协调员。LEAF 旨在为来自不同数据源的规范档建立链接，为规范数据在国际合作方面提供框架。

提供给 LEAF 的数据在内容、大小、格式等方面都因成员馆的不同而有所不同。例如葡萄牙国家图书馆向 LEAF 提供了 550 000 条 UNIMARC 格式记录，柏林国家图书馆提供了 250 000 条 MAB2 格式记录，德国文学档案馆提供了 120 000 条 MAB2 格式记录，瑞士国家图书馆提供了国家档案系统 170 000 条 EAC XML 格式记录。由于在格式、类型及内容数量等方面存在较大差异，导致在这些记录之间建立链接的难度很大。

4.4.1 系统模块

LEAF 开发了分布搜索系统模型结构，收割现存名称规范数据，建立基于用户需求的统一名称规范档，旨在发展一个能将分散在各地人名规范记录，以系统自动对齐的方式建立一个整合型的资料库，并能与原馆进行链接，同时提供资料下载与统计分析的功能。该系统被整合到欧洲 MALVINE 系 统（Manuscripts and Letters Via Integrated Networks in Europe）服务中，用户不仅能获得高质量的书目信息，而且可以获得参与机构特定人或机构的所有文档。

LEAF 系统主要由三大模块组成：离线组件、在线组件、维护套件。详见图 4-7 所示 [①]：

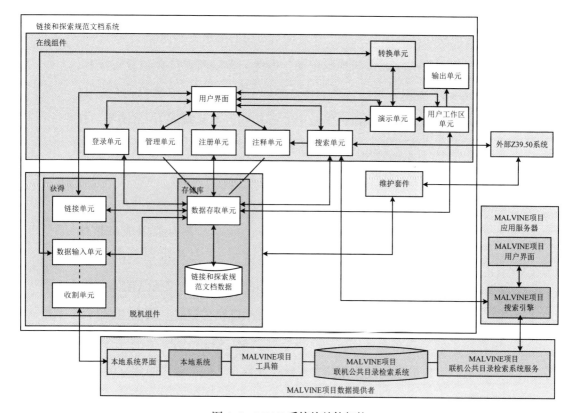

图 4-7　LEAF 系统的整体架构

离线组件负责规范记录的获取与存储，通过获取本地权限文件，将

---

① KAISER M，LIEDER H J，MAJCEN K，et al. New ways of sharing and using authority information：the LEAF project[J]. D-lib magazine，2003（11）.

本地数据格式转换为 EAC XML 表示，并将数据导入中央存储库并自动链接同一个人的记录。在线组件由一系列用户界面组成，用户可以浏览、搜索和标记记录或链接描述。维护套件允许数据提供商的管理员为 LEAF 系统的本地服务添加、配置和删除链接的详细信息。该套件还负责监控 LEAF 数据提供商服务器系统的状态，以确保链接和查询的服务器列表保持最新。当需要改变时，维护套件将通知 LEAF 系统。此外，这些组件之间还存在内外部数据接口。LEAF 系统既可实现对本地数据库的管理，又可通过 Z39.50 与外部其他系统进行数据交换。

4.4.2　系统实现流程

4.4.2.1　收割名称规范数据

　　LEAF 中央系统定期更新或修改本地记录。成员系统删除的记录也会从中央系统中删除，每个更新过程都会导致中央系统中自动链接过程的迭代，创建记录之间的新链接，并删除不再有效的链接。中央系统和各成员系统之间的通信采用了三种不同的协议：FTP、OAI-PMH 和 Z39.50。

　　FTP 主要实现数据的上传和下载。数据提供者从本地数据库中导出创建或修改的记录时，将形成一个 XML 版本文件，其中包含有关导出日期和处理指令的信息，数据提供者将导出文件和版本文件上传到 LEAF FTP 服务器上的指定目录，由 LEAF 中央系统定期进行检查和处理。数据提供者选择 FTP 下载进行数据更新，导出文件和版本文件存储在提供者的 FTP 服务器的专用目录中。

　　OAI-PMH 应用于数据收割。数据提供者必须提供与协议版本兼容的 OAI 服务器。数据将由 LEAF 中央系统的 OAI 客户模块定期收割，插入和更新将在同一收割操作中完成。LEAF 中央系统对收割来的数据进行存储并处理，记录当前的日期和时间。

LEAF 中央系统不支持数据提供者通过 OAI-PMH 采集或 FTP 方式获取数据，LEAF 中央系统通过 Z39.50 标准获得选择性整合记录。在 LEAF 系统中，每次搜索请求都被提交给 LEAF 数据提供者的采用 Z39.50 标准的服务器，检索到的规范记录被添加到搜索结果中，在 LEAF 系统下一次更新中集成到 LEAF 系统中。借助 Z39.50 整合到 LEAF 中的记录将通过进一步搜索保持最新。

4.4.2.2 数据转换

为了比较单个记录并进行下一步操作，LEAF 需定义一种通用交换格式，以独立于原始格式。LEAF 为此采用了新的标准——档案脉络编码（Encoded Archival Context，EAC），同时为 LEAF 数据提供者使用的每种格式都编写了单独的转换脚本。EAC 是编码档案描述（Encoded Archival Description，EAD）的补充，是一种新的 XML DTD（Document Type Definition，文件类型定义）。EAD 包含人员、家庭和法人团体名称的元素，EAC 旨在通过对创建档案记录的上下文进行单独描述以丰富 EAD。

LEAF 中央系统的转换模块由每个本地数据结构的数据转换例程组成，这些例程将收割的本地记录转换为 EAC，并将不同的字符集转换为 Unicode（UTF-8）。转换的数据在 LEAF 系统中被进一步处理。记录分别以 LEAC 数据提供商提供的本地格式和 EAC 保存。为了通过 LEAF 用户界面呈现记录，调用 XSLT 脚本将 XML 数据转换为 HTML 表示，用户可以查看 LEAF、MARC21、UNIMARC、MAB2 等格式。用户还能够以原始本地格式或 EAC XML 格式下载记录，然后在本地进一步处理。

4.4.2.3 链接机制

数据转换后，LEAF 规范记录进入自动链接过程。当多个记录都有可能指向同一个人时，则在记录之间建立链接。建立链接的记录被合并到共享 LEAF 规范记录（Shared LEAF Authority Record，SLAR）中，每个 SLAR 指向与之相关的规范记录，最终进入中央名称规范记录（Central Name Authority Record，CNAR）供用户检索访问。

不同规范档之间的链接信息有 ID、名称和生卒日期。当单个记录包括相同（国家）规范档 ID（例如：相同的 PND ID 或 LCNAF ID）时，链接将通过这些 ID 建立。其他情况下，各种组合的名称形式和生卒日期是适合建立链接的参数。参照信息（即其他名称形式）对于链接过程至关重要，根据不同的编目和音译规则，不同国家机构以不同名称形式描述人物，规范记录之间的参照信息将成为辨别同一个人的重要参考。

4.4.2.4 服务实现

LEAF 提供与外部系统的接口，允许从外部系统（如 MALVINE 系统、欧洲图书馆 TEL 项目）查询 LEAF 系统的数据，提取搜索所需的名称信息。除了将 LEAF 集成到外部搜索服务外，LEAF 系统本身还可以主动将搜索扩展到外部系统，通过 Z39.50 检索结果。如果外部系统支持通过 URI 搜索且书目记录包含规范档 ID，则可以链接到外部系统的书目记录。相关的 URI 搜索字符串详细信息存储在 LEAF 维护套件的数据提供者配置中，用户可以将搜索从 LEAF 扩展到数据提供者的书目数据库，并检索链接到特定规范记录的所有书目记录。

4.5 中文名称联合数据库

我国的名称规范档整合工作始于 2002 年，随着我国规范工作的进行和深入，规范数据的资源共享被提上了日程。在此背景下，为了推进中文名称规范领域内的交流与合作以及共享规范数据成果，2003 年

10月国家图书馆、中国高等教育文献保障系统、香港高校图书馆咨询委员会和台湾汉学研究中心四家联合成立中文名称规范联合协调委员会（CCCNA），合作开展中文名称规范数据库建设，旨在利用网络环境，建设资源集中存储平台，彼此共享规范数据成果，同时在规范业务中频繁沟通、密切合作，在编目理念和规则上注重相互理解和协调一致的发展格局①。2016年澳门地区三家图书馆也加入委员会。CCCNA每年召开一次，以不断完善加深各部门之间的合作，推动中文名称规范档的国际化应用范围。

4.5.1　平台构成

CCCNA推出了中文名称规范联合数据库检索系统（China Name Authority Joint Database Search System，CNAJDSS），由CALIS提供技术支持，该系统集成了全国图书馆的名称规范数据，并设立一站式的集成检索平台。平台由数据管理端、数据处理端以及数据检索端三大模块构成②，见图4-8。其中，数据管理端可以对平台使用情况进行统计，包括平台检索情况、在线下载统计以及数据总量情况。成员馆可以登录数据管理端进行数据上传和数据下载，在任务列表可查看任务的执行情况，同时四个发起会员可以添加子成员，并对用户进行管理。数据处理端主要是将用户上传的数据存放到数据库，自动生成增量数据，并对其行为进行记录。数据检索端开放给会员和普通用户，两者都可以通过Web端进行检索，以及点击查看相关记录，会员可以进行选择MARC格式和文本格式的记录进行显示和下载，普通用户仅可以查看普通文本格式的数据，无权限查看和下载MARC格式的数据。

---

① 曹宁.网络环境下区域合作化的中文名称规范控制——CCCNA第一次中文名称规范业务研讨会议综述[J].国家图书馆学刊，2006(1):39-43.

② 薛秋红.中文名称规范档与维基百科的资源整合研究[D].太原:山西大学,2017.

图 4-8 CNAJDSS 平台的功能模块图

从平台的数据管理端和数据处理端可以看出平台的数据上传功能，管理员仅仅是利用数字技术将离散分布的数字资源存储在一起，然后进行发布，属于中心式模式，但缺乏对数据的再处理，没有进行记录的重复性检查以及相同标目的聚合。这样必然会导致用户检索名称实体时，系统仅分别罗列各个机构命中的数据，用户需要对各个名称数据进行再识别处理后才能获取。

4.5.2 中文名称联合数据库建设现状

中文名称联合数据库建设有效地推动了中文名称规范数据的发展。各参与机构积极地交流信息、共享资源、协调规则、求同存异，不断探讨规范数据的全面共享及服务方案，进一步探索实现了中文虚拟规范文档建设。截至 2017 年，国家图书馆和 CALIS 的数据总量均超过 130 万，台湾汉学研究中心约 70 万，香港超过 20 万[①]。各参与机构的数据库特色不一，CALIS 构建了与百度百科的数据链接，台湾汉学研究中心建立了

---

① 王彦侨，王广平. 中文名称规范数据的维护与整合 [J]. 图书馆杂志，2017(2)：56-59.

与 VIAF 的数据链接，这些工作为中文名称规范档与外部资源建立链接提供了基础。

不同机构采用的标准及描述格式差异为机构之间数据的整合增加了困难。国家图书馆和 CALIS 的中文名称标目采用《中国文献编目规则》，国家图书馆的西文名称标目依据我国编制的《西文文献著录条例》，CALIS 的西文编目同时参照《西文文献著录条例》和 AACR2。香港中文名称规范数据库（HKCAN）创建规范记录时参考国外规范记录库，使用 AACR2。台湾汉学研究中心的编目规则采用台湾出版的《中文编目规则》，该规则以 AACR2 和国际标准为参考[①]。CALIS 主要使用 CNMARC 格式，将中文简体、中文繁体、西文、日文等作为并列规范标目（200 字段）；HKCAN 使用 MARC21 格式，以英文名称作为规范标目（100 字段），将对应的中文名称作为连接标目（700 字段）；台湾汉学研究中心使用 CMARC/MARC21 格式，以英文名称作为规范标目（200/100 字段），对应的中文名称作为参照标目（400 字段）。CMARC 与 CNMARC 格式所采用的标准都是以 UNIMARC 为依据编制，记录结构基本一致，主要字段所揭示的文献内容信息也无太大差别。CNMARC 与 MARC21 的记录结构相似，但在某些字段描述上存在一定差异[②]。

每个机构负责各自的名称规范档建设，导致所上传的名称数据重复率较高，一定程度上造成联合数据库数据冗余量高，给数据查询带来了困难，同时各个机构在建设规范档时，没有统一协调，加工的数据常有重复，极大地浪费了人力物力。如查询"鲁迅"，命中记录 9 条，都指向其人，涉及三个机构。

如何加强各个机构之间紧密联系，既建立成员各个机构之间的数据

① 戴祖谋. 台湾图书编目规则管窥 [J]. 图书馆, 1988(4):20-24.

② 贾君枝, 石燕青. 中文名称规范文档与 VIAF 的关联 [J]. 国家图书馆学刊, 2014(6): 85-90.

链接，实现数据的 RDA 或者 RDF 表示，又可基于共同的规则与描述方式统一创建中文名称规范档，实现真正意义上的名称规范档共建共享将是未来努力的方向。

4.6　VIAF 项目

2003 年，国际图联世界图书馆和信息大会在柏林召开，OCLC、美国国会图书馆、德国国家图书馆在会议上达成共识：开发个人名称的虚拟国际规范文档（Virtual International Authority File，VIAF）。2007 年法国国家图书馆加入，OCLC 负责 VIAF 的运行并提供软件，其他参与机构则提供规范和书目数据内容。2012 年初，VIAF 转型为 OCLC 的一项服务，参与机构被称为"VIAF 贡献者"。VIAF 通过创建主规范档，赋予每个记录唯一的标识符，并链接到成员机构所维护的规范档。VIAF 初期以个人名称开始实验，但目前除了概念不包括在内之外，规范文档的范围已经扩大至地名、团体名称、题名、家族、事件等。此外也开始考虑除了国家层级以外的其他来源记录。

VIAF 项目的目标旨在将各个国家图书馆名称规范档建立匹配链接，实现名称规范档全球范围内应用；降低名称规范档编目成本，促进各个机构之间的数据共享；提高用户获取的便利性，使用户能够从本地图书馆用自己熟悉的语言访问不同语种、不同脚本和不同格式的规范数据。

4.6.1　虚拟规范档的数据处理流程①

VIAF 将成员机构贡献的数据收集起来，通过匹配将描述相同实

---

① 贾君枝，石燕青.中文名称规范文档与虚拟国际规范文档的共享问题研究[J].中国图书馆学报，2014(6)：83-92.

体的记录建立链接，将这些记录集合起来，为每一个实体赋予唯一的 VIAF ID，用户检索某一实体时，便能通过 VIAF 平台获得来自不同机构的相关信息。VIAF 允许不同语种、不同文字和不同脚本描述的规范记录同时存在，满足了不同地区用户的检索需求，用户可以在本地用任意语言进行检索，并能获得各种类型的信息资源，真正实现名称规范信息在全球范围内的共享①。

当前 VIAF 数据处理流程分为以下五步：①增强型规范记录生成，增强型规范记录是由原始名称规范记录和书目记录转换而成的衍生规范记录组成的；②将贡献者的增强型规范记录运用匹配算法互相比对，最后生成一个 VIAF 规范记录档；③建立一个 OAI 服务器以提供 VIAF 记录的检索；④所有贡献者必须持续提供补充或修改的规范名称记录，以保持 VIAF 资料库的新颖度与时效性，系统更新和维护的程序则是依靠双方所制定的 OAI 协议，要求网站提供咨询与更新；⑤在 Web 上提供一个使用者的界面，以便检索 VIAF 记录。数据库及接口支持统一字符编码、多语言、多脚本存取。

4.6.1.1　增强型规范记录生成

VIAF 基于 OAI-PMH 或者 FTP 从各机构收割规范档记录、书目记录，并进行数据清洗，将其转换成 VIAF 所使用的内部 MARC 格式，添加到 Hbase 库中。VIAF 支持 MARC-21、UNIMARC、MADS 及其特定 XML 格式数据的收割，所获得的数据为名称规范数据创建增强型规范记录，作为 VIAF 的数据库最终用来进行名称匹配的规范记录，如图 4-9 所示。由于增强型规范记录包含与书目记录中的名称相关联的附加

---

① 石燕青．中文个人名称规范文档共享研究及语义化探索［D］. 太原：山西大学，2016.

信息，它可以支持比规范记录本身更严格的匹配过程[①]。

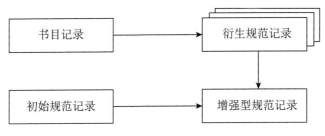

图 4-9　增强型规范记录创建流程

　　VIAF 处理数据的流程分两个步骤：一是基于书目记录生成衍生规范记录，通过名称字符串实现书目记录与责任者之间的链接，即为 100 字段和 700 字段中涉及的每一个责任者名称创建衍生规范记录。衍生规范记录包含的书目记录信息有如记录控制号、ISBN 号、题名等明确的识别信息，还包括资源类型、语种、出版日期、分类号等其他信息，另外还涉及合作作者信息，这些信息用 9XX 字段来描述，通常按照一定的规则进行规范化处理，旨在为未来的名称规范记录链接提供充分的区分信息。二是合并衍生规范记录与初始规范记录生成增强规范记录，以作为成员机构文档与 VIAF 中的文档进行匹配。匹配过程也是一个不断修正规范档的动态过程，最终可将各个机构的规范档进行连接，供用户检索使用。

　　VIAF 项目早期主要用于美国国会图书馆规范文档（LCNAF）和德国国家图书馆规范文档（PND）的匹配[②]。2005 年底，美国国会图书馆所提供的规范规范记录 420 万条中，90% 的记录可以生成增强型规范记

　　① TILLETT B B. A virtual international authority file [EB/OL]. [2014-02-20]. http://www. nl. go. kr/icc/down/060813_3. pdf.
　　② BENNETT R, HENGEL-DITTRICH C, BIBLIOTHEK D D, et al. VIAF(virtual international authority file）: linking die deutsche bibliothek and library of congress name authority files[J]. International cataloguing and bibliographic control, 2007(1):12-19.

录，其中 60% 依赖于书目记录的信息，30% 则依赖于题名信息；德国国家图书馆所提供的规范记录 260 万条中，92% 可以生成增强型规范记录，其中 80% 依赖书目记录的信息，16% 则依赖于题名信息。

4.6.1.2 VIAF 的自动匹配过程

VIAF 采用开源软件 Hadoop 和分布式编程工具 MapReduce 批量处理数据。MapReduce 是云计算中常用的一种技术，通过 Map 过程和 Reduce 过程完成数据的处理。在批处理中，首先应用 Map 过程把大量数据切分成小的数据块，再将切分好的数据块在 Reduce 过程中完成分布式处理，这样将大大简化对大数据的处理过程。使用 MapReduce 进行数据匹配时，首先在 Map 过程中将各机构提供的数据切片处理，根据（key，value）方式将 key 值相同的待匹配字段的数据归并，再发送给 Reduce 过程。Reduce 接收到数据后，采用 OCLC 自开发的算法进行数据匹配，其原理如图 4-10 所示[1]。

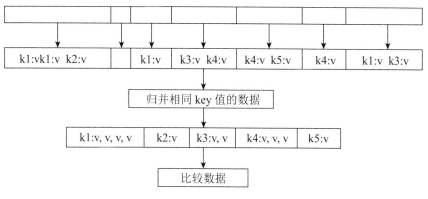

图 4-10　MapReduce 工作原理

由于增强型规范记录包含书目记录的附加信息，可以进行比原始规

①　贾君枝，石燕青.中文名称规范文档与 VIAF 的关联[J].国家图书馆学刊，2014(6):85-90.

范记录更加准确的匹配。除名称外，文档中的其他信息（如生卒日期和书目信息）也常作为附加信息来区分名称相似的人。每一个匹配元素都被称为匹配点，匹配点被分为三种类型：强匹配点、中匹配点和弱匹配点。强匹配点有题名、ISBN 或 LCCN、生卒日期、合著者，其足以确认是否是同一个人；中匹配点有出生日期、出版社、主题和个人角色（如插图者或作曲者），多个中匹配点的匹配就足以确认一个匹配。弱匹配点有语言、主题和出版国等，其不足以判断是否是同一个人，只可以用来区分模糊匹配。为了组合匹配点，每一个匹配点被赋予分值。数字的匹配，取值分为 1（匹配）和 0（不匹配）。文字的匹配，根据相似度取值范围在 [0，1]。单个匹配点赋予强、中、弱不同的权重，最后各个匹配点累加值超过阈值则实现匹配。

匹配过程实际是成员馆之间增强型规范记录的聚类过程。其聚类采用"逐步精进"的多阶段处理方法，先采用相当宽松的匹配法把所有可能的候选记录收集到一起，接着利用收集到的丰富信息，逐步细分为若干个簇。

首先完成不同规范档记录的成对匹配，主要通过姓氏将个人姓名记录集中在一起进行匹配，评估一个集合中的名称是否兼容（例如生卒年等不冲突）。所有的处理都使用规范化的 Unicode，采用规范档中的参照用将不同版本和名称形式集中在一起进行匹配，匹配成功后建立链接。记录之间的链接目前有 20 多种类型，按照可靠程度进行分级，后续阶段中对多个链接进行对比使用此分级。范围从"强制链接"（明确提及另一个规范记录）、最可靠的、"确切名称"到最小可信度。一般来说，在创建名称之间的链接之前，VIAF 需要综合多个信息才能达成一致。除了强制链接之外，最可靠的链接基于名称／标题相似性建立，对于人物实体而言，基于出生和死亡日期建立最可靠链接。我们允许由单个日期匹配产生的链接，如只是出生日期相同的两条记录建立的链接。

　　将成对匹配链接的记录组合在一起，该阶段可以看作图聚类问题，单个记录称为"节点"，记录之间的链接表示为节点之间的连线，作为图的"边"。将所有节点集中到链接组中，即将所有节点划分为不相交的组，最大的组内可能含有数百个节点，用启发式算法消减各链接组内过多的结点个数。对结点过多的链接组，将组进一步划分成一致的簇，寻找易于引起歧义的链接，截断去歧，直到被分解为无歧义的簇。查找 3 个或更多节点的最大完整子图，基于一定的原则（链接的强度、匹配的数量等）进行合并；持续进行直到没有合并的子图，结果子图用来构造簇。通过计算最佳匹配配对子图，合并密切相关的结果组，为各个簇分配 VIAF 标识符，根据需要在簇之间创建链接，目前主要建立笔名和作者之间，以及作品和表达实体之间的链接，持续完成对簇的更新维护。VIAF 通过对这些成员机构数据进行聚类，共得到 4300 万簇，如图 4-11 所示。

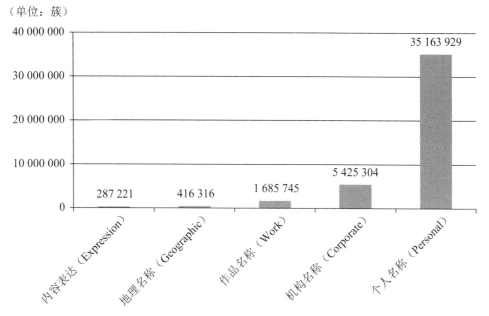

图 4-11　VIAF 簇分布

资料来源：OCLC. 2014 annual report to VIAF council[EB/OL].[2017-07-10]. https：//www. oclc. org/content/dam/oclc/viaf/OCLC-2014-VIAF-Annual-Report-to-VIAF-Council. pdf.

4.6.2 VIAF 与维基的关联

维基百科的开放性、协作性为维基百科与 VIAF 合作提供了可能。2012 年，双方启动 VIAFbot 项目，VIAF 文档开始和维基百科建立链接。由 VIAF 工程师团队负责算法设计，VIAF 匹配算法专门用以对名称规范档实体进行聚类，考虑的属性有姓名、生卒日期和出版物等。维基百科的数据多为基于模板的半结构化数据。匹配过程中，VIAF 聚族的效率随着贡献文件的数量增加而提高。比如，存在 A 匹配 B 且 B 匹配 C，但 C 不匹配 A 的情况，此类情况下 VIAF 接受数据传递性，认定 A、B 和 C 属于一类。

VIAFbot 首先在英文维基百科上运行，随后在其他语种的维基百科上运行。通过匹配，有 269 494 个 VIAF 簇与维基百科链接。链接中的每一个页面加载被扫描，进行"完整性检查"，以判断是否是关于个体的，如果网页上的模板是关于该个体的文章，则链接接受。匹配结果中有 9034 个是已存在的人名规范控制模板。Wikidata 的出现为多语种的处理提供了可能，其作为与各种语言版本的百科链接的中心语义库，拓展了 VIAF 与其他语种百科的链接。截至 2013 年，Wikidata 与 VIAF 建立链接的条目数达 388 763 个。据统计，两者的链接较大程度上提高了 VIAF 访问量。从 2012 年 9 月到 2013 年 6 月，VIAF 来自谷歌搜索者的访问量为 577 000，直接访问量为 303 000，来自维基百科的访问量达 207 000[①]。

---

① KLEIN M, KYRIOS A. VIAFbot and the integration of library data on wikipedia[J]. Code4lib journal，2013，22.

4.6.3 VIAF 管理与发展

VIAF 委员会负责提供 VIAF 政策、实践及业务活动指导，为 VIAF 服务特色及支持数据格式提供建议，以推动 VIAF 的发展。VIAF 成员包括两种类型：贡献者、其他数据提供者。贡献者是 VIAF 的正式成员，提供描述性元数据及规范数据，有权委派代表加入 VIAF 委员会。其他数据提供者包括一些被选择的数据来源商，如维基，不是正式的贡献者，不能作为有表决权的 VIAF 成员。成为贡献者的基本条件是属于国家机构（如国家图书馆、国家档案馆、国家博物馆等）或者大型合作机构，且拥有高价值的规范数据。不符合条件的机构也有机会为 VIAF 贡献数据，一是成为其他数据提供者，二是加入规范档合作组织中。

VIAF 成员所提供的数据必须符合以下要求：数据类型主要为个人名称、机构名称、作品名称及地理名称，且对 VIAF 数据进行有意义的补充；数据具有一定的规模且保证质量，需遵循一定的格式，并定期更新，同时，成员需提供技术文档和样本数据以供评估；贡献者授权 OCLC 复用其所提供的规范数据并将其集成到 VIAF，其他数据提供商基于适当的复用原则提供数据，尽可能与 VIAF 授权相一致。

VIAF 并不创建数据，仅处理由成员机构提供的数据。经过十几年的发展，截至 2014 年，VIAF 的成员已从 22 个国家的 19 家机构增加到 29 个国家的 35 家机构，其中 24 个机构是国家图书馆，其他 11 个国家图书馆通过联盟形式提供数据，从来源机构提供的规范数据类型可以看出，个人名称所占比例最高，其次为机构名称、作品名称、地理名称。截至 2015 年，VIAF 已经从 53 000 000 个规范记录和 111 000 000 个书目记录中抽取出 28 000 000 个名称实体数据。

　　目前 VIAF 的数据量已颇具规模，并实现关联化，与维基百科、ISNI、SNAC 等项目建立了合作，在关联数据环境中扮演了重要角色。VIAF 将名称规范数据与 Wikidata 中的人物条目进行匹配，作为其属性，使相关记录链接呈现在不同语言的维基百科中，通过维基百科巨大的用户群体，提高 VIAF 的用户访问量。

5　中文名称规范档的发展途径

当前，网络资源面临深度开发与利用，中文名称规范档作为中文名称数据的重要构成部分，如何发挥其在网络环境中的作用成为图书馆、科研机构、数据库提供商等网络资源提供方考虑的重要问题。结合当前发展形势，中文名称规范档的发展途径应为：一是要适应网络资源描述由面向用户向机器可理解的方向发展，以加快与其他资源集成应用速度；二是要利用当前技术实现资源的共建共享，以降低成本，减少重复建设。

5.1　中文名称特点

中文名称包括人名、机构名、作品名、地名、主题名等类型，其中人名、机构名称数据在名称数据规范中占有较大比重。当前中文名称规范档的建设基本以人名、机构名称数据为主，以下着重对中文人名名称、机构名称特点进行分析。

5.1.1　中文个人名称数据特点

5.1.1.1　人名重名重姓现象严重

中文姓名的构成通常为"姓"加"人名"的完整表达式。根据中国人表达姓名的惯用法，可将姓名分为四种形式：单姓加单名、单姓加复名、复姓加单名、复姓加复名，基本上姓名由 2—4 个汉字构成。我国目前使用的汉字姓氏约为 3000 到 3500 个，以 2010 年人口普查 1 332 810 869 人推算，全国平均每个姓约有 38 万人；日本现有姓氏在 10 万以上，平均每个姓约有 1200 人；据 1974 年的调查结果，美国共有姓氏 128 万以上，平均每个姓有 200 人。据 1982 年全国人口统计的分层随机抽样，李、王、张、刘、陈五大姓氏占全国汉族人口的1/3，常见的 120 个姓氏集中了全国人口的 90%，每个常见姓氏都会拥有几百万、几千万甚至上亿的人口，汉字姓氏在人口中的分布严重失衡①。可见我国的汉字姓氏相对于总人口而言，存在着姓氏资源少、姓氏分布集中等问题。同样人名用字也存在此问题。1988 年国家语言文字工作委员会语言文字应用研究所汉字室与中国人民解放军第二炮兵第二研究所合作，在 14 省市的人口普查资料中抽样选取了 57 万条姓名进行统计分析。统计结果表明，57 万条姓名的人名用字仅为 4141 字，而其中的 1505 字就覆盖了 57 万条姓名的 99%，剩下的 2600 多字仅为 1% 的人所使用。可以看出，有限的姓名资源，再加上中国人取名趋同从众的习惯，从而导致重名重姓的人数众多。中国社会科学院语言文字应用所与山西大学计算机科学系合作②，于 1986 年对七个省市 174 900 人名进行统计分析，

---

① 曹宁，仲岩.论中国个人名称标目的区分问题[J].中国图书馆学报，2006(6)：89-92.

② 中国社会科学院语言文字应用研究所汉字整理研究室.姓氏人名用字分析统计[M].北京：语文出版社，1991.

重名数有 46 682 人，占 27%。朱兰芳对河海大学硕博论文库作者进行统计，汉语姓名数据 16 176 个中，共有 478 个姓，6.07% 的姓出现的次数占比 60.24%，姓名重名占 18.30%[①]。人名重名现象的普遍存在，为人名识别与区分带来了一定的困难，从而导致围绕人名的检索及统计效率低下，无法准确地定位到用户所关注人物的相关信息，无法对人物相关成果及行为进行准确评价。

5.1.1.2　中文人名自动识别困难

人名频繁出现在各种类型的电子文档中，如何有效地识别人名成为中文信息处理中的重点及难点。中文分词是中文信息处理首先面对的问题，需将连续的字序列按照一定的规范重新组合成词序列，其中未登录词识别错误，尤其是专有名词识别错误成为导致自动分词错误的主要原因之一。当对所有切分错误进行统计时会发现，其中姓名错误占了将近 90%[②]。中文姓名识别的难点在于其构成的方式复杂，汉字作为一种表意文字，一个汉字常具有多种含义，并具有很强的成词能力，且很多汉字可独立成词。目前存在着姓名内部成词、姓名与上下文成词等问题，无论基于规则还是语料库统计分析算法，中文人名自动识别很大程度上依赖于名称信息的丰裕度。而目前所构建的名称规范档仅局限于图书馆内部，在网络环境下并未得到充分地共享应用，并未在名称识别中发挥真正作用。这不仅限制了其应用范围及影响力，而且不能有效推动人名自动消歧和辨识能力的提高。

---

① 朱兰芳.学位论文数据库中重名和用字的统计分析——以河海大学为例[J].电子商务，2013(10):53-55，77.

② 张锋，樊孝忠，许云.基于统计的中文姓名识别方法研究[J].计算机工程与应用，2004(10):53-54，77.

5.1.1.3 人名名称数据库的多样化

人作为社会主体，参与社会发展进程，并影响社会发展。人物百科全书、网络百科人物等记载着各种类型的人物，论文数据库的重要元数据之一就是作者，名称规范库则专为处理书目数据作者信息而生成，而当前社交网络站点如微信、QQ、脸书（Facebook）更是记录了人际关系网络，这些人名数据为人名的规范化管理提供了丰富的来源，也为人名数据的应用提供了可能。针对人名的大型结构化数据库有维基数据、国际虚拟规范文档、国际标准名称识别符（International Standard Name Identifier，ISNI）库、开放研究及贡献者标识符（Open Research and Contributor ID，ORCID）、社会网络及档案语境（Social Network and Archival Context，SNAC）等。维基数据中人名实例数据有 3 653 957 条[①]，占总数据量的 11.1%，其中中文人名有 141 734 条，并使用性别、生卒年、姓名、国籍、职业等 36 个属性对其描述，形成了丰富的数据集。国际标准名称识别符（ISNI）[②]是国际标准组织认可的用以识别创造性作品贡献者的全球标准号，被全世界许多图书馆、出版商、数据库使用，其在开放的网络中被广泛传播，成为关联数据和语义网应用的重要构成。ISNI 库中包含了 915 万个人名，其中有 286 万位研究人员，每个人都被赋予唯一识别符。ORCID 为每一位学术产出作者提供 16 位的身份识别码，目前该系统有 982 482 位作者注册。SNAC 是由美国国家档案和记录管理局（NARA）[③]负责，通过从历史档案材料中分离出人名、

---

① Wikimedia Foundation. Wikidata：statistics[EB/OL].［2017-09-18］. https：//www. wikidata. org/wiki/Wikidata：Statistics/Wikipedia.

② International Standard Name Identifier（ISO 27729）[EB/OL].［2016-08-15］. http：// www. isni. org/.

③ University of Virginia Library. Social networks and archival context[EB/OL].［2017-10-08］. http：//snaccooperative. org/static/about/about. html.

家族名、机构名，为研究者提供便利。截至 2015 年，SNAC 中共包括 370 万条描述记录。充分利用这些有价值的人名数据库，并建立数据库 之间的互联，可形成广泛的人名数据网络，从而为人名的识别及检索、评价提供充分的数据支撑。同时，中文人名数据库资源相对少，不同数 据库中同一人物具有多个不同的标识符，为数据之间的整合带来了一定 的困难。有效地采用 URI 形式定位个人名称资源，将是未来处理名称资 源考虑的重要手段。

5.1.2 中文机构名称数据特点 ①

5.1.2.1 机构名称数据数量大、价值高

机构是企业、事业单位、机关、社会团体及其他依法成立的单位通 称。新机构的不断涌现，传统机构的淘汰、更名、重组与合并，累积了 大量的机构数据。这些数据既存在于专门的机构库中，如各类型的机 构规范档、虚拟国际规范文档（VIAF）、国际标准名称识别符（ISNI） 库等，又出现于涉及机构数据的成果库、业务库、网络百科全书等。 VIAF 所收集的来源数据中，机构名称有 542 万条。国际标准组织认可 的用以识别创造性作品贡献者的全球标准号 ISNI 库中，目前包含机构 数据 565 282 个，每个机构都有一个唯一识别符。Wikidata 数据中涉及 机构名称 846 626 个（统计其 Organization 子类下所有实例数所得）。 这些丰富的结构化数据为机构识别及评价起到了重要作用。建立这些机 构库之间的关联，充分利用现有成果，构建一个机构数据网，将有效地 提高数据应用价值。

---

① 曾建勋,贾君枝.机构名称规范数据的语义模型构建[J].大学图书馆学报,2019 (1):42-47.

5.1.2.2 机构名称形式多样化

机构名称是对现实存在的实体的符号化表示。尽管存在的实体具有唯一性，但语言的丰富性及时空的变迁，导致有多种多样形式的机构名称与单个实体相对应。既有正式名称，又存在多个变异名称形式，如曾用名、全称与简称、译名等多种变异形式。而如果不为这些不同的名称形式建立同一关系，则输入不同的名称形式进行查询时，得到的结果不一样，不能全面完整地获得一个机构实体的所有信息，从而影响到机构名称数据的应用，如实现机构名称聚类检索及准确地开展科研评价。科研评价包括知识点评价和科研产出评价。在评价中，由于机构重名、不同语种之间机构名称缺乏对应或机构变迁等问题的存在，加上缺乏各类型机构名称之间的语义关系定义，围绕机构层面的评价如研究群体、科研布局及影响力、科研合作等内容开展的研究，仅仅依赖于名称形式上匹配，会出现漏统计、错误统计等问题，从而影响到科研评价的质量。

5.1.2.3 机构名称标识符的不统一

机构名称数据出现在期刊、论文、专利等科研成果数据库或机构名录数据库，由于数据库结构及其语种差异，随着数据库集成应用与发展，出现了跨库、跨语言、跨领域的操作，指代同一机构的不同数据库的数据之间存在着数据整合的需求，这很大程度上需要通过构建唯一的机构名称标识符建立数据间的关联。但当前各大数据库使用的名称标识符并不统一，有表示 MARC 数据的规范记录号、国际标准名称识别符（INSI）、Ringgold 号、全国组织机构代码管理中心给定的机构代码等，而且各标识符之间并未建立有效的关联，从而为数据整合造成了困难。如果明确给定每一个机构名称实体的 URI 地址，运用命名空间方式定义，同时将机构名称实体的 URI 与其他名称标识符之间建立外部等同关系，那么能为数据之间的引用及其整合复用提供便利。如汤森路透（Thomson Reuters）已与 Ringgold 实现超过 40 万条机构记录的无缝链接，可实现机构名称的快速消歧以及对于机构层级关系的准确关联，以便于维护并提高其数据质量。

5.1.2.4　中文机构英译名称准确规范性有待提高

中文机构英译名称是中文名称的其他语种表达方式，属于并列名称。目前在中英文数据库对于中文机构英译名都有描述，尤其在外文数据库中是主要的描述方式。科研成果检索中，通常会涉及中英文数据库的跨库集成检索。作者机构英译名称存在表达不规范、拼写错误、翻译不准确等问题，再加上中文机构名称与英文机构名称并未建立对应关系，很容易造成漏检、误检。从 Web of science 数据库中下载高引用量前 1000 条中国作者发表的论文数据，由于有多个合作者及同属一个机构的数据，去重后共涉及 1589 个机构名称，结果发现机构名称全部采用名称缩写形式，如"Peking Univ."（北京大学）；其中 50 个机构名称存在名称拼写形式不一致，如前后次序颠倒、字母丢失、翻译不一致等；144 个机构名称详略度描述不统一，存在指代不明确问题，如"Tsinghua Univ.""Tsinghua Univ., Ctr. High Energy Phys."两个机构名称之间有从属关系，从而为机构名称的识别及消歧增加了困难。

当前中文人名、机构名称的复杂性、多样性等特点决定了其识别的困难，而各类资源的分散建设、中文名称类数据库的短缺及结构化数据的缺失等问题造成了中文名称类的资源价值在当前网络环境下无法发挥其重要的作用，从而影响了中文名称自动识别以及基于名称的数据检索及评价应用的发展。中文名称规范档作为名称数据的重要部分，其不仅担负着中文名称数据建设的重任，而且如何充分利用当前已有的名称数据资源以建立与其他名称数据的广泛链接，以及如何发挥其在网络资源管理中的规范控制作用，才是目前需要认真考虑的工作出发点。

5.2　中文名称规范档建设存在的问题

从当前国内名称数据库建设的情况来看，各个机构多为独立建设，所采用的描述规则不统一，且采用 MARC 格式进行描述，名称规范库之间的共建共享有待进一步提高。目前所提供的中文名称规范联合数据库检索系统，采用的模式属于分布式模型，各个机构单独建设自己的名称规范档，通过网络共享平台实现数据的检索与利用。机构之间数据整合与链接并未实现，用户还需对检索结果做进一步的筛选，数据的导出格式缺乏 RDF 表示。这进一步阻碍了与国际名称规范档及其网络资源的共享。中文名称规范档建设中主要存在以下六个问题：数据规模小、揭示不充分、关系缺乏、共享效率低、缺乏与外部集成、应用面窄。

5.2.1　数据规模小

规范档的建设是一个长期积累、不断更新过程。美国国会图书馆早在 1901 年开始规范工作，而我国建设相对较晚，国家图书馆从 1995 年开始制作中文名称规范数据，成为国内名称规范档建设的主要机构；CALIS 则于 2003 年启动联机规范控制项目。规范数据制作成本较高，尤其是规范档的维护占到书目数据库日常维护的很大一部分，如 1979 年研究图书馆学会（ARL）的规范控制成本已达 500 万美元[①]，因此小型图书馆无力构建规范档。目前大规模的中文名称规范档主要由国家图书馆、CALIS 主导建设，截至 2014 年底，国家图书馆规范数据库已经收

① ZHANG S L. Planning an authority control project at a medium-sized university library[J]. College & research libraries，2001(5)：395-405.

录了140万多条记录^①，与美国国会图书馆的800万条记录相比，中文规范档的建设规模尚待进一步完善。中文资源历史悠长，人名、机构名、题名等名称类资源积累丰富，价值高。CALIS联机联合编目系统提供587万多条书目记录^②。截至2012年6月，依托国家图书馆的全国图书馆联合编目中心已完成联合目录数据达961万余条^③，与庞大的书目记录数量相比，名称规范记录还有待进一步加快建设速度。

5.2.2 数据揭示能力不充分

中文名称规范档建设需遵循特定的名称规范描述规则以完成描述。现有的描述规则源于对传统书目记录的揭示，注重名称的规范性表述，规则中使用大量篇幅规定了标目选取的原则，缺乏对名称信息内容特征的揭示。目前由于对新的描述规则的采用和应用的缺乏，导致规范记录可记载的信息少，描述内容单一，所构建的规范档利用价值不大，应用范围窄。标引人员在描述过程中，从相关书目来源中可获取的信息量少，导致名称的附加信息少，规范档存在着许多无附加信息的标目。为了区分标目，人名所归属的学科通常是各个图书馆选用的附加标识，而学科名称的选取具有一定的随意性，只是编目人员从与规范数据标目相关的作品题名中抽取代表学科名称的术语表示，一定程度上造成归属于不同学科的作品题名的同一作者被区分，归属于相同学科的作品题名的不同作者不能被区分。例如，从CALIS规范库检索"人名＝刘伟"，命中记录40条，有：刘伟（汽车）、刘伟（商业心理学）、刘伟（谈判

---

① 郝嘉树.利用开放语义资源丰富个人名称规范数据——基于FOAF的方案设计[J].现代图书情报技术，2016（2）：75-82.

② 张烨，刘利，袁曦临.WorldCat与CALIS联合目录数据库比较研究[J].新世纪图书馆，2015（8）：26-30.

③ 廖永霞，毛雅君.数字时代中国国家书目的探索与实践[J].国家图书馆学刊，2012（5）：102-107.

学）、刘伟（投资学）、刘伟（文化史）、刘伟（物理）、刘伟（心理学）、刘伟（性社会学）、刘伟（医学），但由于缺乏其他信息，并没有很好地对其做出区分，从而导致名称规范档数据质量不高，数据区分度不够。

5.2.3　数据之间关系缺乏

当前名称规范档数据之间的关系主要体现在记录与记录之间，如在规范名称与非规范名称记录、规范记录与书目记录之间都建立一定的关系。这些关系类型简单，功能单一，仅仅为了提升书目记录检索效率。但由于描述规则所限，描述内容以记录单元为对象，颗粒度较粗，并未充分揭示数据与数据之间的关系，从而影响了数据的进一步使用。而事实上，如果将个人、机构等名称作为实体看待，由于个人与个人、个人与机构、机构与机构之间具有丰富的语义关系，它们能够客观有序地揭示各个实体之间存在的联系，且当前各类人名、机构名称词表又为表述此类语义关系定义了丰富的词汇，由此形成的数据网络将在未来应用中产生巨大的价值。

5.2.4　数据共享效率低下

中文名称规范档的建设周期短，并未进入成熟规模化阶段。各个机构之间缺乏有效的合作机制，导致中文名称规范档建设并未进入快速增长期。我国名称规范的合作建设起于 2003 年，一方面，CALIS 启动联机规范控制项目，借助于其联机合作编目系统，采用多个编目馆合作方式共同建设名称规范档；另一方面国家图书馆、CALIS、香港高校图书馆咨询委员会（JULAC）联合发起成立"中文名称规范联合协调委员会"，后期台湾、澳门地区的图书馆也加入进来，以实现对各个机构中文名称规范档的统一存取。就目前发展看，机构之间共享合作还需进一步提高。高校图书馆之间的合作力度较大，依据不同类型成员馆实现规范数据的共建共享。而由中文名称规范联合协调委员会牵头构建的中文名称联合数据库，仅仅限于数据的共享使用，并未实现多个机构之间的数据关联，各家机构依然处于分散建设状况，从而导致中文规范数据的重复建设、建设成本高，数据量小、更新慢。随着规范档建议工作国际合作步伐加快，我国机构与世界各国名称规范档的共享也提上日程。目前许多机构都已连入 VIAF 中，我国的中文名称规范档以何种方式加入 VIAF 中，将是未来需要考虑的重要问题。

5.2.5 缺乏与外部数据的有机集成

名称规范档采用 MARC 格式描述，由于 MARC 的封闭性特征使得其只适于图书馆内部使用，一定程度上限制了名称规范档与外部数据的交流，影响名称规范档在网络环境下的应用范围。目前 CALIS 名称规范档的部分数据已与百度百科建立了链接，维基数据也建立了与 CALIS、国家图书馆名称数据 ID 链接，一定程度上提高了名称规范档的访问量。但整体上名称规范档与外部资源缺乏广泛的交流共享，如果长久封闭在图书馆范围内部使用，名称规范档的建设成本不仅高，而且影响力会逐渐减弱。因此需加大名称规范档与外部资源的集成，主要可开展以下两方面的工作：一方面是将外部资源作为名称规范档的来源库，以丰富其描述内容，构建实体网络，如将各种网络百科的资源作为名称规范档的内容补充，充分利用开放资源提高名称规范数据的质量建设及更新维护速度；另一方面开放现有名称规范档资源库，需要突破现有的描述格式，通过定义每一个名称实体的 URI，采用 RDF 格式来表示其属性及关系，并运用命名空间方式定义，建立与名称规范档外部资源的充分连接，以符合语义网的发展趋势，并提高其影响力。如 VIAF 资源目前已链接到维基百科中，很大程度上提高了 VIAF 的访问量。

YAGO 本体集成了多种资源，其构建了丰富的知识库，为搜索、语义理解、问答等做出了重要贡献。

5.2.6　数据影响力小，应用范围有限

数据只有得到充分地利用，其价值才会得到体现。名称规范数据最初构建的目的在于实现有效地目录汇聚功能，通过对作者、题名的区分以提高书目记录的检索效率。随着电子文档尤其是网络文档数量快速增长，这些文档中所包括的名称数据占比也随之增多，在以文档为处理单元的信息组织向数据单元的知识组织转换过程中，如何有效地识别这些名称数据，并对其进行准确的描述表示成为处理的关键。这些信息处理需求适时地给名称规范档发展提出了新的要求。而我国中文名称规范档发展依然停留在传统的信息组织阶段，所构建的名称规范档仅仅服务于书目记录库。并且随着现代人名重名现象增多，可描述的信息量少，使其并不能完全发挥人名区分与识别作用，同时也缺乏从功能、作用、应用范围上对名称规范档建设的客观评估，导致其相对成本效益比较低。因此，当前名称规范档建设并未受到图书馆领导的重视，影响其进一步发展。

5.3　中文名称规范档的发展路径

当前网络技术及用户迅速发展，进一步推动了机构内外部数据的开放互联，从而为数据挖掘与数据分析提供了可能。图书馆作为信息服务的主要提供机构之一，其生产的各种类型的数字资源丰富、价值高，其中名称规范数据作为重要构成，在数据描述、发现、获取层面发挥着重要作用。但图书馆内部数据采用 MARC 格式表示，结构复杂，只适用

于图书馆内部使用，既缺乏与出版社、书商等相关机构的合作共建，又没有与开放的 Web 资源集成。这些共享性低、开放度不够的中文名称数据不仅限制了其使用的效率，而且影响了图书馆数据服务功能的提升①。图书馆数据应融入互联网的数据网络中，成为数据网络中最有价值的构成，为网络资源的开发与利用、图书馆服务功能深化等奠定基础。名称规范档是网络知识组织的重要工具，如何寻找一条适应当前网络环境的发展路径，以提高名称规范档的建设效率，有效发挥其在网络环境中的规范控制作用，将成为网络知识组织探讨的关键问题，对于完善知识组织理论与方法体系具有重要价值。

5.3.1 网络知识组织工具

目前，中文网络资源处理与利用已成为资源开发与利用中的重要部分。网络知识组织工具作为有效处理网络资源有序化的工具，需不断适应网络技术环境、资源特点及用户的要求，不断对自身技术及方法进行更新完善。中文名称规范档作为重要的网络知识组织工具，其对名称及其名称之间的关系进行了揭示，可有效地处理名称指代问题，实现对网络资源中的名称规范控制。作为有效的知识组织工具之一，中文名称规范档不仅要为人所用，更要为机器所能理解，以概念为基本描述单元，体现概念与概念之间丰富的语义关系，表现出形式化、可交流性、共享性的特征。名称规范档的发展应该靠近其他知识组织工具如本体、关联数据等，才会在现有条件下拥有无限的生命力，以易于被其他资源所应用。中文名称规范档发展需突破原有的传统模式。传统模式下，中文名称规范建设过多地注重名称标目的选取，而忽略名称之间关系的表达；过多地考虑名称本身的特性，忽略名称所指代人物、机构、作品等实体

---

① 贾君枝. 开放书目数据的实现与发展 [J]. 晋图学刊, 2015(1):1-4.

的特征。中文名称规范档需发展成为以各种实体名称为描述对象，充分揭示实体的属性特征及实体间关系，并运用形式化语言进行表述而成为网络中可公开使用的词表集合，用以实现对网络中文资源的准确标引，供网络各种应用程序进行调用。高质量、可获取性、可利用性、可共享性将成为衡量中文名称规范档发展的重要指标，通过定义丰富的名称概念及关系，用户能够在未来网络环境中快速地获取与其相关的数据资源，能够无障碍地利用其中有价值的数据，实现各种层面的拓展应用，并可以实现跨系统、跨机构地使用，以推动其在广泛领域内发挥其数据价值。

5.3.2　数据模型及描述规则

描述规则定义了名称规范数据的基本结构。传统的描述规则继承了书目记录的描述规则，更多地关注形式特征，而缺乏对数据内容特征的揭示，造成描述颗粒度大、信息揭示不全面、与用户使用需求脱节等问题。随着新型数据模型 FRBR 的提出，针对名称规范档的 FRAD、FRSAD 规范模型也相应提出，以更好地适应了语义网环境的发展。这些模型运用实体分析技术，将名称、主题实体作为概念对待，将实体的属性特点作为类的属性处理，通过对多种属性的揭示，建立实体间的联系，并形成丰富的语境化概念体系网络。其中，FRAD 定义了人名的 17 种属性，这些属性有助于支持用户查找、识别、情境化任务。中文规范档的建设应尽快参照或者引用该规范模型，基于用户对各类数据的广泛需求，清晰定义各种类型的实体，明确实体间的关系。这样既有助于中文名称规范档在图书馆以外的网络世界中发挥实际作用，又可与国际规范数据进行交流共享。并在此基础上，重新制定针对名称规范档的描述及检索层面规则，改变原有以记录为单位的描述方式，实现以元素为核心的描述，从而对资源对象进行更深入细致的内容揭示。真正使名称规范档在当前名称变化信息繁杂、名称称谓不标准、名称来源多样化的环境下，能尽可能将这些信息有机处理，并进行规范化描述，为其他知识库的使用奠定基础。

5.3.3　描述语言

资源描述框架（RDF）已成为语义网环境中描述的主要语言，采用统一资源标识符作为标识机制，以标识网络中文档及数据资源对象，同时包括现实世界中对象和概念。RDF 运用主体、谓词、客体三元组模式定义资源对象的属性及属性值。主体、谓词、客体均由相同或不同数据集中的 URI 构成，形成富含元数据信息的数据关联。RDF 所提供的表达信息的通用框架，能够确保信息无损失地在不同应用程序间交换。因此中文名称规范档需要在现有 MARC 数据的基础上向 XML、RDF 语言转换，对中文名称实体采用 URI 方式定义，运用谓词对实体的属性进行表述，尽可能采用通用标准词汇表来表示属性，属性值来源更多地取自于另一实体类名，以充分地构建实体与实体之间关系。名称规范档同时提供多种格式的下载，通过提供通用的表达格式拓展其未来应用范围。

5.3.4　数据质量水平

规范数据的质量好坏影响其后期的应用，因此把好"质量关"是图书馆不容忽视的问题。规范数据的建设质量取决于描述规则、人员素质、机构协作交流与培训、监督反馈等多种因素，确保名称规范数据的准确性、及时性、完整性是最基本的质量要求。需要各机构人员通过培训学习，熟悉描述规则，严格遵循所制定的标准，保证规范数据的一致性及其完整性。充分利用各种数据来源，不局限于书目资源。随着丰富的网络资源出现，可利用的数据源也在增加，如人名附加信息可通过网络人物百科、个人博客、主页及其开放数据集不断补充。系统建设中，设计自动搜索匹配功能，确定可信度较高的网络资源，不断丰富完善实体的相关属性，以达到尽可能有效区分各类实体的目的。在此基础上，客观如实地记录名称信息，实时追踪其名称变化信息，尤其对于不可区分的名称实体类型，定期采集补充完善，及时更新规范数据。中文规范文档建设中，各参与机构设置质量监管环节，对进入系统中的数据进行定期检查，对问题数据进行总结并反馈给数据制作者，以促使数据质量达到高水平。

5.3.5 合作共享

在当前合作编目的基础上，确立规范档的合作共建模式。现有合作中，中文名称规范联合协调委员会（CCCNA）需要发挥示范作用，一方面积极邀请有实力的新成员馆加入，增加参与团体数量，扩大合作规模，另一方面积极主动推动中文名称规范档的理论研究及实践的发展，不应仅局限于中文名称规范数据的统一获取，还应实现名称规范档共建，制定统一明确的规范档规则，确立不同机构之间的规范档链接模型以及规范数据的语义转换标准，同时对成员馆定期进行培训和指导，深入推动规范档合作建设。各机构成员馆应充分利用共建共享平台，提高编目人员素质，加强编目人员的交流，实现定期定量上传或下载规范记录。这种合作共建模式一定程度上可以减少成本投入，避免重复建设，提升中文名称规范数据的规模，提高建设效率。同时，国内各机构需加强与国际范围内的规范档的合作共享，以提高中文规范数据在国际交流中的重要地位及影响力。尽快加入 VIAF 中，将中文规范数据纳入世界范围内的共享数据集中，供全世界用户访问，同时将其转换为开放数据集，提供数据接口供应用程序或者用户获取，建立与其他数据集，如各种网络百科、人物库、关联数据集等的广泛关联，实现从其他资源库入口检索访问到本资源，通过资源共享方式扩大资源的应用范围。

5.4 中文名称规范档的共建共享实现

中文名称规范档的共建共享是推动中文名称规范档发展的必然路径。其意义在于降低编目成本、提高编目效率、加强合作交流、提升数据质量。当前国内图书馆在书目领域已经积累了共建共享经验，应充分利用书目记录协作共享平台及其已有的名称规范档构建平台，完成中文名称规范档合作建设，推动中文名称规范档理论与实践走向新台阶。

5.4.1 资源共建共享基本要素分析

资源建设中，共建共享是一项长期的工作，为保证其稳定有序地运行，资源共建共享必须由以下基本要素构成：合作联盟、管理机构、共享模式、共享平台。这些要素共同作用、共同联系才能构成一个有机的资源共享共建系统。

5.4.1.1 合作联盟

合作联盟是指两个或两个以上机构，以资源共建共享为目标，按照自愿原则签订一定的合同或协议而结成的合作组织[①]。合作联盟的基本功能是发挥群体力量共同完成名称规范档的建设，增强机构间培训与交流，以资源优势馆带动弱势馆发展，促进中文名称规范档理论与实践发展，加强中文名称规范档的服务能力。通常来说，合作联盟需制定联盟章程，其主要确定联盟的名称、宗旨、会员、权利与义务、组织保障、

---

① 朱晓华. 在合作中生存发展——论图书馆联盟 [J]. 图书情报工作, 2004(7)：6-12.

活动规则、建设原则等方面的内容。如中文名称规范联合协调委员会
（CCCNA）就是一个典型的合作联盟，中文名称规范档的共建共享就以
此联盟为依托进行发展。中文名称规范联合协调委员会（CCCNA）制
定了明确的联盟章程，但缺乏对成员的权利与义务明确具体规定，尤其
对于成员馆的类型、成员馆所应提供的中文名称规范记录数量等缺少明
确的规定，这样将会导致参与机构数量少、成员机构没有足够的积极性
参与合作建设。因此有必要将成员馆的受益及约束条件等内容明确写进
联盟章程中。

5.4.1.2 管理机构

合作联盟应设置专门委员会作为管理机构，负责合作联盟的共建共
享、长（短）期战略制定、共享政策实时更新、联盟中新会员的加入、
成员管理、经费运作、开展培训、组织会议等日常事务。条件允许的情
况下，应在此机构下设置多个常设委员会、工作组或者兴趣小组，以更
好地完成各类分工任务。委员会成员应是来自于合作联盟中核心机构的
代表。在合作联盟的日常管理中，不仅包括基本工作流程管理、文档整
理与更新、发展新会员、网站维护与资源提供服务等工作，还应适时地
组织年度会议、培训等活动以促进成员之间的互动交流。合作联盟的
运行经费主要来源于会员费、基金赞助、政府投入等，同时需加强与
外部机构的合作，增加经费来源渠道，扩大合作联盟的影响力，比如，
OCLC 的一些项目采用收费模式。这些收入保障了 OCLC 的运营和技术
开发等。

5.4.1.3 共享模式

共享模式旨在通过确定数据传送方式及其标准的数据格式，实现成
员机构之间的数据共享。共享模式的确立依赖于各成员馆已有的名称规
范数据库特征、合作联盟的技术成熟条件以及用户方便存取的需求等因

素。中文名称规范档共享应采用联合式共享模式，不能仅依靠某一个权威机构，而是应由成员馆共同完成中文名称规范档的建设。现有存在的分布式、关联式、中心式、中心链接式四种模型中，中心式模型具有明显优势，其优势体现在数据统一管理、定期更新维护、方便存取等方面，现已成为名称规范档建设中所采用的最主要共享模式。中文名称规范档共享可以考虑采用中心式模型，通过服务器收割各个成员机构的名称规范数据，经过匹配、去重、链接等处理，统一存储在中心数据库中，如果成员机构的数据发生变化，服务器中的数据也相应地进行更新。

5.4.1.4 共享平台

共享平台支持成员馆数据的上传、下载、数据处理以及提供基本对内对外服务。共享平台的基本模块有数据获取模块、数据存储模块、数据服务模块。数据获取模块主要提供多种方式的数据上传与下载，将不同机构间同一名称实体建立链接，并完成数据的更新。数据存储模块负责将来自各方的数据统一存储在中心数据库中，允许各个成员从中心库下载数据，并对问题数据进行及时修正更新。数据服务模块允许外部系统访问中心库的数据，为用户提供统一的检索和浏览界面，提供各种输出格式的名称规范数据下载，并能链接到规范记录所指向的书目记录。

5.4.2 中心式模型

中文名称规范档共享模型中，主要的数据提供方有五家机构：中国国家图书馆、中国高等教育文献保障系统管理中心、香港高校图书馆咨询委员会、台湾汉学研究中心、澳门地区图书馆。其他会员需通过这五家机构，才能担负起数据的共建任务。如图 5-1，名称规范数据主要通过这五个数据入口而进行有效的数据传递。定期由五家机构发布新数据，上传到中心库，中心库对各机构数据进行处理后入库，并接受这五家机构的数据下载。各成员机构有权利对中心库的数据进行更新或修改，同时从中心库下载数据到本地库。中心数据库与各成员的数据库建立链接，数据描述有简繁体中文、拼音、英文多种形式。基于这些经过规范化处理的数据，用户通过本地库进行检索时，用任意一种形式都能检索到中心数据库中的结果，从而实现中心数据库中数据的共享。成员库对自己本地库中数据的修改应能及时反映到中心库中，数据维护过程如图 5-2 所示。由于不同成员馆格式不同，进入中心库的数据应转换成统一的 CNMARC 格式，中心库提供格式转换机制，同时还可以将 CNMARC 格式的数据转换成成员馆所需要的格式供其下载。数据转换完成后，可建立成员馆之间指向同一名称实体的不同记录之间的链接。

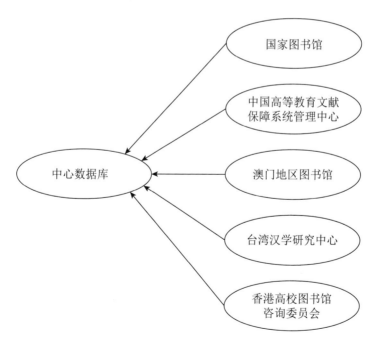

图 5-1　多馆中心式模型

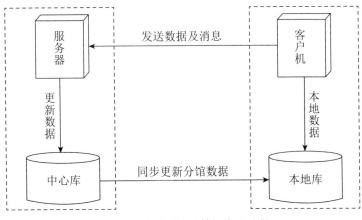

图 5-2 多馆系统的数据维护过程

5.4.2.1 不同格式的数据转换

当前，参与中文名称规范档建设的各成员机构采用的数据格式并不一致，国家图书馆、CALIS 主要使用 CNMARC 格式，将中文简体、中文繁体、西文、日文等作为并列规范标目；香港、澳门地区的成员机构多使用 MARC21 格式，以英文名称作为规范标目，对应的中文名称作为连接标目；台湾汉学研究中心则使用 CMARC/MARC21 格式，以英文名称作为规范标目，对应的中文名称作为参照标目①。CMARC 与 CNMARC 格式都是以 UNIMARC 为依据编制，记录结构基本一致，主要字段所揭示的文献内容信息也无太大差别。CNAMRC 接近 MARC21 的记录结构，但在某些字段描述上存在一定差异。两种格式的记录字段并不能建立完全对应，需要认真分析两者之间的异同，以避免转化时出现数据丢失的情况。目前，CALIS 中文规范记录格式相对丰富多样，有 MARC21 简体、MARC21 繁体、MARC21 拼音、UNIMARC 简体、UNIMARC 繁体和 UNIMARC 拼音多个格式，这为实现多种格式的转换

---

① 李燕，杜薇薇，郭华. MARC21 元数据与 CNMARC 元数据的分析比较 [EB/OL]. [2020-08-26]. http://www.nlc.cn/newgtcb/gtcbywyt/bmgz/dyjwxbmgz/201106/t20110629_45686.htm.

建立了桥梁。中心数据库中的规范数据应采用 CNMARC 格式对名称规范数据进行描述，但可以输出其他格式的名称标目。用户在检索、下载名称时，系统应该显示该记录的标准格式，并能够提供除 CNMARC 格式以外的 UNIMARC、MARC21 格式以及 XML/RDF 格式等，多样化的显示方式可以满足用户的多种需求。表 5-1 中以个人名称标目为例，列出了 MARC21 和 CNMARC 中描述人名规范记录的常用字段，并对两种格式进行简单对应，为这两种格式间的转换提供依据。

表 5-1　MARC21 与 CNMARC 个人名称字段的对应

MARC21		CNMARC	
100 个人名称	$a 个人名称	200 个人名称	$a 个人名称
	$b 世次（与皇室成员、教皇或其他宗教首领的名称连用的罗马数字）		$d 罗马数字
	$c 与名称相关的其他文字		$7 文字
	$d 生卒日期		$f 生卒年
	$q 名字全称		$g 缩写名的全称
	$x 通用复分		$x 主题复分
	$y 年代复分		$z 年代复分
	$z 地理复分		$y 地理复分
400 单纯参照根查个人名称	$a 个人名称	400 单纯参照根查个人名称	$a 标目基本元素
	$b 世次		$d 罗马数字
	$b 称谓和其他与名称相关的词		$b 名称的其他成分
	$d 与名称相关的日期		$f 生卒年
	$q 名称的完全形式		$g 缩写名的全称
	$g 其他信息		$c 名称的附加成分
	$x 通用复分		$x 主题复分
	$y 年代复分		$z 年代复分
	$z 地理复分		$y 地理复分
	$6 连接		$6 字段连接数据

续表

MARC21		CNMARC	
500 相关参照 根查个人 名称	$a 个人名称	500 相关参照 根查个人 名称	$a 标目基本元素
	$b 世次		$d 罗马数字
	$b 称谓和其他与名称相关的词		$b 名称的其他成分
	$d 与名称相关的日期		$f 生卒年
	$q 名称的完全形式		$g 缩写名的全称
	$g 其他信息		$c 名称的附加成分
	$x 通用复分		$x 主题复分
	$y 年代复分		$z 年代复分
	$z 地理复分		$y 地理复分
	$6 连接		$6 字段连接数据
663 复合相关 参照	$a 说明性文字	305 相关参照 附注	$a 附注内容
	$b 涉及的标目		$b 所参照的标目
	$6 连接		$6 字段连接的数据
664 复合单纯 参照	$a 说明性文字	310 单纯参照 附注	$a 附注内容
	$b 涉及的标目		$b 所参照的标目
	$6 连接		$6 字段连接的数据
700 已确立标 目连接款 目个人名 称	$a 个人名称	700 连接标目 个人名称	$a 标目基本元素
	$b 世次		$d 罗马数字
	$b 称谓和其他与名称相关的词		$b 名称的其他成分
	$d 与名称相关的日期		$f 生卒年
	$q 名称的完全形式		$g 缩写名的全称
	$g 其他信息		$c 名称的附加成分
	$x 通用复分		$x 主题复分
	$y 年代复分		$z 年代复分
	$z 地理复分		$y 地理复分
	$6 连接		$6 字段连接数据

考虑到中文名称规范数据的特点，中心库数据统一采用CNMARC格式，因此需要将每家机构的数据转换成中心库的格式，确立与CNMARC的对应关系。数据转换涉及双向转换，数据上传时需将本地数据转换成中心库的格式，而下载数据时需转换成本地格式。

5.4.2.2 数据链接

数据转换后，当各会员机构的多个记录都有可能指向同一个人时，则需在指代同一实体的不同记录之间建立链接，再将建立链接的记录合并到中心库的规范档中，每条记录指向与之相关的规范记录，以供用户检索访问。链接中，各种组合的名称形式和生卒日期是适合建立链接的参数，其他名称形式对于链接过程至关重要，根据不同的编目和音译规则，不同国家机构以不同名称形式描述人物，规范记录之间的参照信息将成为辨别同一个人的重要参考。CALIS将各种形式的规范标目、变异标目和参见标目/曾用标目都记录在同一条规范款目记录中，这种描述方式对将来与其他机构的规范数据进行链接具有重要价值。

5.4.3 国内名称规范档与 VIAF 的共享实现

国内中文名称规范档的共享机制的建立，将会有利于与VIAF建立链接，实现国内外名称档的共享。以国家图书馆为核心，申请VIAF成员，以"贡献者"身份提供中文名称规范档数据。VIAF提供匹配算法，将成员机构贡献的数据收集起来，通过匹配技术将描述相同实体的记录链接起来，为每一个实体赋予唯一的VIAF ID。

在与VIAF链接时，中文名称规范档需要注重数据质量的维护及其数据的定期更新。在目前的中文名称规范档处理过程中，为提高与VIAF链接效率，需特别注意以下几个方面。

5.4.3.1 名称的音译形式标目

提高名称标目中的各种描述形式的规范化程度，以免造成标目的混淆。国内对西文标目普遍采用拼音形式（有英文名的除外）表示，但目前关于拼音标目的表示仍存在一些问题，不能完全遵循规则中的具体规定，导致描述形式的多样性。例如对于"鲁迅"，CALIS 记录中拼音规范标目的名称为"Lu Xun"，变异标目的名称为"Luxun"；而对于"冰心"，CALIS 的记录中拼音标目只有"Bing Xin"，在 VIAF 的记录中不同机构对"冰心"的拼音标目分别有"Bing，Xin"和"Bingxin"等形式。对于中文人名的拼音形式，《中国人名汉语拼音字母拼写法》规定姓和名分开，姓在前名在后，且姓和名的首字母大写。1979 年发布的《联合国秘书处关于采用"汉语拼音"的通知》亦采用我国的汉语拼音拼写法，如曹雪芹（Cao，Xueqin）。对于笔名、艺名、谥号、庙号等拼写方式，《中国文献编目规则》中都有明确规定。因此我国需积极参与国际编目机构的标准制定，倡导中文名称标目的规范化与统一化。各机构对外国人的中文译名的表示也存在差异，例如对于英文姓名"Schwab"，CALIS 的中文译名为"施瓦布"，国家图书馆的中文译名则为"斯威布"。基于以上情况，需细致分析各种标目形式，有针对性地处理此类情况。在未来标目中，各机构应参照权威资料，如《世界人名翻译大辞典》《不列颠百科全书》等，以确保中文译名的准确和统一。

5.4.3.2 名称规范记录与书名记录的链接

VIAF 在实现名称规范记录与书名记录匹配的过程中，不仅仅使用名称规范记录，还需使用书目记录信息，以提高其匹配的准确性。其主要借助增强规范记录完成，而增强型规范记录是由原始名称规范记录和书目记录转换而成的衍生规范记录组成的。因此向 VIAF 提交中文名称规范数据时，需要提供与规范记录相对应的书目记录。只有将名称规范记录与书目记录建立有效地链接，才能保证书目数据提取的便利性，以准确地获得与书目记录相关的作者、资源类型、语种、出版日期、分类号等信息，并将这些信息应用于匹配过程中。

5.4.3.3 附加信息作为匹配点的处理

VIAF 匹配时，将名称附加信息作为匹配点。当前，中文人名附加信息处理缺乏详细的规则，导致信息随意性问题的产生，从而影响匹配效率。由于将名称部分和附加信息都作为匹配点，匹配过程中可能会出现附加信息与名称相匹配的情况。例如检索"马克思"时，会出现"郝静之（马克思理论）"，针对此情况，可以为不同的匹配点设置匹配优先顺序，名称部分优先度要高于附加信息。根据 VIAF 的匹配算法，附加信息有强匹配点和弱匹配点之分，但除将公认的生卒日期作为首要附加信息外，对其他附加信息没有制定优先级别的规定，可以根据附加信息的重要程度为其设置权重，以合理利用附加信息，提高匹配的准确率。如何为附加信息设置权重值仍需进一步研究讨论。

对于以学科名称作为区分同名人物的记录，例如王军（化学工程学）、王军（艺术设计），则需要进一步规范学科名称，以保证描述的一致性和准确性。例如学科限定词选用《中国图书馆分类法》所列类目，在保证数据统一性的同时，也具有可识别性[①]。对于一些添加了附加成分也难以确认身份的记录，将其归为"不可区分的规范记录"，将不能确定的名称不加区分地放在一条记录里，并在注释中说明该规范记录可能对应很多不能确定的个人，以确保不产生无意义的冗余数据，不可区分的规范记录在 MARC21 和 CNMARC 中都有定义，在 VIAF 中也有使用[②]。

---

① 秦静,刘洁萍.同名标目附加成分存在的问题及其应对[J].图书馆建设,2010(10):59-61, 64.

② 顾犇.中国国家图书馆中文名称规范工作的思考[J].国家图书馆学刊,2007(3):39-44.

6 中文名称规范档的关联数据化

数字化时代下，如何有效提升中文名称规范数据的价值成为中文名称规范档未来发展的关键问题。关联数据技术为数据的应用及价值发挥提供了充分可能，URI 标识为数据查找提供了便利，基于关联数据技术所建立的数据与数据语义关系实现了跨数据集的数据发现，又为数据集成应用打开了大门。中文名称规范档的关联数据化旨在充分利用关联数据的优势，发挥中文名称数据在网络资源中的价值，使其成为语义网的重要构成，有助于推动名称识别、语义机器理解、问答系统等应用发展。

6.1 中文名称规范档关联数据化的应用价值

名称规范文档是对名称数据进行有效管理的记录集合，对其进行语义化表示并形成关联数据，可以有机地将各种形式的人名、机构名、地理名、作品名等以及各个名称实体之间的关系进行聚合、揭示。这样利用已构建的名称规范数据，可以保证用户从不同形式的名称入手准确地找到所需的各种类型名称，并清楚全面地获知名称的变迁信息。与此同时，围绕名称其他信息的检索效率也会相应提高，比如以机构为单位的科研成果检索、统计及其计量分析与评价，只有在实现机构规范文档的建立后才能保证其准确性数据的获取。

6.1.1 名称信息的查询及可视化浏览

通过将名称实体的各类元数据信息进行详细描述，用户可以采用关键词查找或者按类浏览到名称的各种形式，包括全称、简称、缩写、曾用名、错误形式等，借助于个人与机构、会议、事件定义的关系可以获取与个人相关的机构、会议、事件、作品等信息，并且链接到 VIAF、ISNI、LC、Wikidata 数据库中，获取到名称实体的其他相关信息。充分利用现有可视化工具提供对名称范畴树的浏览导航，运用时间轴提供名称演化时间表，将查询实体名称以时间序列的方式展示。名称的显示可采用多种格式，如 RDF/XML、Turtle、N-Triples，以供不同的用户选择。

6.1.2 基于名称实体的科研成果检索、统计与计量

以构建的名称规范档作为元数据库，可实现对与名称关联的其他数据库，如人名、机构名、书目、期刊论文、会议、经济信息数据库的检索、统计与计量分析，提高其信息检索及统计分析的质量。许多数据库中都涉及名称信息，名称规范档对名称的统一及标准化处理，可以消除数据库中名称的歧义问题，将指代同一人或机构的不同名称形式都纳入检索或统计中，确保检索的结果具有较好的覆盖性和准确性。基于名称规范档的以名称为核心的科研成果统计及评价、经济数据统计分析具有良好的数据源保障功能。如汤森路透已与 Ringgold 合作完成机构记录的无缝链接，Aries Systems 编辑系统为投稿人提供 Ringgold 机构列表，以帮助其选择机构名，从而有助于实现机构名称的快速消歧和机构层级关系的准确关联。同时，依据所定义的详细机构属性特征分维度统计揭

示科研人员、学科、行业领域的发展特征，保证从更细粒度上揭示知识的关联特征，实现数据的挖掘与分析，获得更高价值的信息，指导学科发展、科研活动、人才发展的具体战略实施。

6.1.3 名称本体的生成

本体作为一种能在语义层描述知识的概念模型，能有效解决知识复用和共享问题。名称规范文档所定义的属性及其属性关系为名称本体的描述奠定了基础，其 RDF 形式化表述方式为语义理解及推理提供了可能。基于名称规范档的元数据构建机构本体，明确概念类及类间关系，可作为知识库表示的基础，满足语义推理及其跨库数据集成的需求。目前可使用的名称本体并不多。W3C 组织于 2014 年 1 月正式宣布 Organization 为机构本体的推荐标准，定义包括机构、正式机构、机构单元、成员、角色、地址、电子卡片、机构合作、变更事件 9 个大类和 35 个属性信息。GND 本体是在德国国家图书馆发布的名称规范档基础上所生成的本体，其提供了描述规范档的元素，旨在解决"名称二义性"问题；提供描述会议、事件、公司体、地点或地理名称、不同的人名、未区分的人名、主题名称、作品等词汇，旨在使机构本体的应用从面向图书馆转变为面向网络社区。因此基于名称规范档生成的中文名称本体，作为中文知识库的重要构成，可以为有效地处理中文资源提供基础。

6.1.4 互操作的实现

名称规范库可以支持科学研究数据系统间的互操作。名称数据是不同科研系统所包含的共同数据，以名称数据作为中介，可实现不同系统间的数据交互。而名称规范档的数据质量将会影响到互操作的效率。如不同语种的科研数据库，通过名称规范档建立链接，可以实现以人名、机构名为单位的中外文论文的统计。如 ORCID 将其作者的 ID 号与 Ringgold 机构号捆绑，充分发挥 ORCID 互操作功能，在研究者、机构名、作品之间建立强关联，为数据库之间的交互提供了方便。

6.2 中文名称规范档的数据模型

如何明确清晰地表达名称规范数据，构建各类名称数据之间关系，是解决名称多样化、来源多样性、数据孤立所带来问题的关键，也是保证名称规范数据在检索与评价等方面应用质量的关键。语义模型的构建旨在明确用户所关注的对象，并从实体分析角度出发定义实体间的关系、实体对象所具有的属性，为之后数据描述做充分准备。

6.2.1 明确实体对象 [①]

2008 年国际图联（IFLA）规范记录的编号与功能需求研究组（FRANAR）于提出并推动发展的规范数据的功能需求（FRAD）。FRAD 基于用户需求任务，明确将人、机构、作品作为实体对象对待。事实上，将客观存在的人、机构、作品作为实体，并用 URI 进行命名，既能确保实体的唯一性、可获取性，又有利于将其关联的各类型数据集中呈现。

在关联数据中，每个资源都被分配了一个唯一的 URI 标识符，便于资源识别和查找。URI 不仅是资源名称，也是资源获取方式，获取名称实体资源可以通过两种方式：Hash URI 和 303 响应机制。Hash URI 通过带哈希符"#"的 URI 来命名资源，例如：对于 http://hostname/

[①] 贾君枝,石燕青.中文个人名称规范文档的关联数据化研究[J].情报学报,2016(7): 696-703.

authority/Person#Luxun，服务器返回时会自动剥离"#"后的内容返回一个相关信息资源的表示方式 http://hostname/authority/Person。303 响应机制是一个重定向机制，当参引名称实体时，服务器会转到一个相关信息资源的 URI 并将其返回，需要注意的是，返回的 URI 并非最初访问的资源的替代，而是将请求的内容按需提供，更关注资源的相关信息。由于 303 重定向机制要对访问进行多次响应，因此会导致访问延迟。Hash URI 虽然缩短了访问路径，访问时间也相对较短，但是 Hash URI 不能定位到具体资源，如上述示例中，服务器返回的是 http://hostname/authority/Person 中的所有资源，而非特定资源 http://hostname/authority/Person#Luxun，因此 Hash URI 更适用于对 URI 集群的访问。相比之下 303 重定向则更灵活，可以根据 URI 定位到资源聚合或者任一特定资源。基于二者之比较，使用 303 URIs 方式命名实体更适合。

为实体建立 URI 时，首先要定义 URI 的命名规则，好的 URI 能够更加直观地识别出该实体并方便与其他实体建立链接。一般 URI 的命名规则是"< 基地址 >/< 实体类型名称 >/< 实体 ID>"。基地址可根据服务器名或机构名来定，如选取国家图书馆的名称规范数据，可确定基地址为 http://nlc.gov，放在 Authority 目录下，实体类型为 Person，因此 URI 为 http://nlc.gov/authority/person/ID。访问该实体时，根据 303 重定向机制，服务器会定位到与之相关的信息资源中，如 http://nlc.gov/doc/ID，返回结果时，服务器根据内容协商机制选择返回格式，如 http://nlc.gov/doc/ID.htmL 或 http://nlc.gov/doc/ID.rdf。

6.2.2　名称实体的属性选取

名称规范数据主要描述了名称实体的属性及关系。个人、团体、地点等名称类数据作为用户关注或者感兴趣的对象，可以运用面向对象和实体分层的思想，将其作为实体对待，以便实现与其他资源的链接。实体既可对应现实世界中的具体事物，也可对应抽象概念，依托于各种类型的资源，抽取资源所涉及的各种名称实体，并将其特征采用属性的方法进行表达，对各个实体之间的关系进行充分构建，从而基于实体层面的链接实现了资源之间的链接，形成广泛的数据资源网络。

6.2.2.1 个人实体属性

个人实体属性揭示了个人的各种特征，属性的获取及选择源于用户的需求。面向个人的查询，需要获取个人的名称、性别、生卒日期、职业、地址等重要的个人信息。统计及评价用户，则更关注个人名称的识别及区分问题，别名信息的完善度会影响到识别效率。目前针对个人实体的属性描述如表6-1，名称规范档可以抽取的个人相关属性有名称规范形式、名称变异形式、母语、国籍、生卒年、性别、籍贯、头衔/学科。维基数据对于个人属性进行了详尽地描述，涉及父母、儿女等人物关系属性，规范数据功能需求的个人属性增加了职业、活动领域、历史等，这些数据为个人实体属性的描述提供了参考。

表 6-1 个人实体的属性列表

名称规范档	维基数据	规范数据功能需求
名称规范形式	姓名	日期
名称变异形式（不同语言、不同拼写、缩写、全称）	性别	头衔
名称附加成分（朝代、国籍）	出生日期	性别
	死亡日期	出生地
	国籍	死亡地
	职业	国别
	配偶	居住地
	父亲	语言
	母亲	职业
	儿女	活动领域
		历史

综合考量各类用户，充分利用现有数据库数据，以确保所表达的属性尽可能满足用户所需。我们选取个人实体的 12 个属性：个人名称标识符、个人规范名称、个人变异名称、语言、性别、头衔、专业、职业、时间、地点、机构、描述。

个人名称标识符需要定义一套字符串体系以唯一标识个人实体，通过定义个人名称的唯一识别符实现个人识别。个人规范名称应是大众所知的、首选或惯用的名称，尽可能选自名称规范档、INSI、VIAF 数据源的规范名称，还可以包括其他语言形式的名称。个人变异名称是指表示同一人名称的不同形式，包含别名、笔名、艺名、其他名称等，其他名称主要指写法（异体字、音译、大小写、标点符号）不同或者词序（倒序、正序）不同的名称。语言是指个人出版或发行内容时所表达的语言。性别表示个人的男女差异。头衔是指与个人相关联的身份、职位、荣誉等。专业是个人所从事的专业领域。职业是指个人曾经或现在从事的职业。时间是在个人实体生命周期中发生重要事件的相关时间，包括生卒年及其个人活动时期。地点表示与个人相关的所有地理位置及其虚拟位置，如籍贯、出生地、死亡地、居住地等。机构表示个人通过雇佣、会员、文化身份等与之发生（过）联系的团体。其他描述信息指与个人相关联的其他有用信息，如婚姻、子女、父母以及相关事件、活动、作品等信息。

6.2.2.2 机构实体属性

机构实体属性揭示了机构的各种特征，属性的获取及其选择源于用户的需求。面向机构的查询者，需要了解机构的名称、地理位置、功能、创建时间及其所属领域等相关信息；对于统计及评价用户而言，机构名称的识别及归一是关注核心。当前各类型的机构数据所定义的属性如表 6-2 所示，其一定程度上为机构实体的属性选取提供了便利。名称规范档对机构名称的各种形式进行了定义，维基数据着重于机构本身属性特征的描述，规范数据功能需求从用户角度定义了规范名称应具有的属性，这些数据都可以作为借鉴参考。

表 6-2　机构实体的属性列表

名称规范档	维基数据	规范数据功能需求
名称规范形式 名称变异形式（不同语言、不同拼写、缩写、全称） 名称附加成分（地理位置）	机构名称标识符 机构类型 地理位置 网站 邮编 日期 管理者	名称类型 名称字符串 相关联的地点 相关联的日期 语言 地点 活动领域 历史

综合考量各类用户，充分利用现有机构数据库数据，尽可能确保所表达的属性满足用户所需。我们选取机构实体的 9 个属性：机构名称标识符、机构规范名称、机构变异名称、时间、地点、类型、活动领域、评论、描述。每种属性下都包含若干子属性。

机构名称标识符需要定义一套字符串体系作为机构实体的唯一标识，通过定义机构名称的唯一识别符实现机构识别。机构规范名称是大众所知的、首选或惯用的名称，尽可能选自名称规范档、INSI、VIAF 数据源、全国组织机构管理中心注册时登记的名称。机构规范名称还包含不同语言形式的正式名称。机构变异名称是指表示同一机构名称的不同形式，包含全称、简称、曾用名称、其他名称等。其他名称主要指写法（异体字、音译、大小写、标点符号）不同或者词序（倒序、正序）不同的名称。时间是与机构实体生命周期中的事件相关的时间，包括机构创建、撤销、机构名称变更时间。地点是指机构实体所处的地理位置及其虚拟位置，使用地名、邮编、网址表示，如果与 GPS 定位系统相连，还可以显示机构实体的经纬度；地点还包括街道地址、邮编、电话号码、电子邮件及与团体有关的网站地址。全国组织机构管理中心的组织机构代码共享平台提供有关机构的地址、电话号码、邮编等详细信息，可以作为构建中文机构时的参考数据源。类型是对机构实体按类组织，根据功能、性质或其他属性对机构进行的不同层次划分，明确各机构名称所属的范围，需构建范畴树，以此作为机构分类的依据；机构类型的选择，应尽可能遵循标准化词表，以确保该数据的共享性及可复用性。活动领域是指组织机构从事的业务领域，包含组织的能力、责任、职能范围等。评论是对组织机构所做出的各层面的评价与评论，以作为用户查看机构信息的依据。描述介绍机构实体的基本信息，包括对机构规模（如职工数量）、发展历史等方面的描述。

6.2.3 实体关系定义

实体关系揭示了同一类型实体、不同类型实体之间的丰富关系，通过实体关系定义，可以从不同维度揭示实体信息，还可以实现以单个实体为中心的数据聚合，形成丰富的语义价值网络。实体关系定义主要包含以个人实体为中心的构建以及以机构为核心的构建。

6.2.3.1 个人实体关系

个人实体关系包含个人与个人的关系、个人与家族、个人与机构、个人与地点、个人与事件等关系。

（1）个人与个人关系

主要包括别名关系、合作关系、兄弟姐妹关系、父辈/子辈关系、配偶关系。

别名关系表示规范名称与变异名称之间的同一关系，指代同一个人实体，在名称规范档中通过参照关系建立。如"周树人"与"鲁迅"为别名关系。

合作关系表示为达到共同目标，彼此配合完成共同事务的个体关系。如共同完成一篇论文的多个作者之间的关系。

兄弟姐妹关系表示具有相同父辈的两个个体之间的关系。

父辈 / 子辈关系表示父辈与子辈之间的关系。如父与子女、母与子女。

配偶关系表示具有婚姻关系的两个个体。

（2）个人与家族关系

个人与家族成员之间的关系。如"钱学森"与"钱氏家族"。

（3）个人与机构关系

个人与机构关系主要表现为成员关系，个人以不同形式在不同时期表现为某一机构内部的成员，有创建者、员工、会员等不同类型。如"蔡元培"与"北京大学"。

（4）个人与地点关系

个人与相关地点之间的关联关系，包括国籍、出生地、死亡地、居住地、工作地及其纪念馆等。如"鲁迅"与"上海鲁迅纪念馆"。

（5）个人与作品关系

个人与所创作作品之间的关系，包括创作关系、生产关系、拥有关系等。创作关系表示对作品内容负责的个人，如作家、作曲家、画家等。生产关系表示对作品的出版、发行、制作或生产负责的人等。拥有关系表示作品的管理者或拥有人。

6.2.3.2 机构实体关系

（1）机构与机构之间关系

机构实体之间存在着同一、隶属、相继、相关等关系。

同一关系是使用不同的指代形式表示同一实体，包括不同名称之间及其名称标识符之间的关系。机构名称可分为规范名称、译名、变异名称等多种名称形式。规范名称是指某一机构各个名称中的首选名称，可选用全国组织机构管理中心注册登记的机构名称。变异名称是与规范名称表示同一机构实体的除规范名称、译名外的其他机构名称形式，包括并列名称、简称、曾用名等。并列名称是指同一机构实体应对不同公开身份所采用的其他名称。曾用名是该机构在变更前所使用的规范名称。如"北京大学"与"Peking University"为同一关系；"北京大学"与"北大"也是同一关系。表示同一机构名称标识符与其他标准标识符如VIAF ID、ISNI、LC Authority ID 等属于同一关系。

等级关系实为机构名称实体之间的从属关系，指主体机构与其下属机构间产生的行政隶属关系，也可指代不同机构类型之间的层级隶属关系。以"北京大学"为例，北京大学与其下属的数学科学学院、图书馆、北京大学附属中学、北京大学深圳研究生院皆为等级关系。机构名称类型之间的等级关系，如学校包含小学、中学、大学等，它们之间属于此类关系。

相继关系是按照顺序或者时间依次产生的两个以上团队之间的关系，比如机构之间的合并或者分解。如1862年洋务运动期间的京师同文馆并入京师大学堂，则两个机构之间是相继关系。具体可分为两种关系，一种是前身关系，一种是后继关系，如"京师大学堂"是"北京大学"的前身关系，"北京大学"是"京师大学堂"的后继关系。

相关关系是指由于机构间的合作，或者共同从事某一活动而产生的关联，如高校之间的项目合作等。例如因北京大学参与了办学，则"北京大学"与"北大培文九华实验中学"为相关关系。

（2）机构与个人关系

主要表现为成员关系，个人以不同形式在不同时期表现为某一机构内部的成员，有创建者、员工、会员等不同类型。如"北京大学"与

"蔡元培"。

（3）机构与事件关系

机构与某一事件的关联关系，包含机构内部发生的事件以及其关联的事件。如"北京大学"与"五四运动"。

（4）机构与会议关系

机构与某一会议的关联关系，包括主办、组织以及其他关系。例如北京大学主办了"连续制造研讨会"，则"北京大学"与"连续制造研讨会"为相关关系。

（5）机构与作品关系

与个人与作品关系类型相同。机构与所创作作品之间的关系，包括创作关系、生产关系、拥有关系等。创作关系表示对作品内容负责的机构等。生产关系表示对作品的出版、发行、制作或生产负责的机构等，如出版机构。拥有关系表示作品的管理者或拥有机构，如图书馆。

6.2.4　词表选择

为了提高复用性及互操作性，实体的属性及属性关系定义应尽可能选用已有的成熟词汇集。与创建一个新的描述词汇表相比，直接采用或扩展现有的成熟词汇集对规范数据信息进行描述是一种更好的方法[①]，有助于实现数据集的复用及其互操作。目前 SKOS、FOAF、Dublin Core、RDA 等都曾被用来描述名称规范数据。由 VIAF 数据模型的演进情况来看，VIAF 将对规范记录的语义描述侧重点从描述概念、名称逐步转到对实体本身的描述。VIAF 起初几乎全部使用 SKOS，之后引入 FOAF 来增加事物描述的逼真性，再后来又加入 RDA 作为 RDF 模型的一部分。在描述人名时不清楚一个规范记录是否同时是 skos:Concept、

---

① HYLAND B, ATEMEZING G, VILLAZÓN-TERRAZAS B. Best practices for publishing linked data [EB/OL]. [2014-09-04]. http://www.w3.org/TR/ld-bp/.

foaf:Person 或 rdaEnt:Person，则同时使用多种不同的标示符[①]。在某一段时期内，VIAF 曾用 FOAF 和 RDA 来表示同一个记录的不同侧重形式（载体表现），这样的分离形式是为了同时支持语义网和图书馆本体，然而这样的方式烦琐且二者之间缺少映射。

2011 年，谷歌（Google）、必应（Bing）和雅虎（Yahoo!）共同发起一个新项目 Schema.org[②]，它是以微数据（microdata）为基础的通用标记词汇集，除了一些原始数据类型如数字、文本外，Schema.org 包含了很多新的标记类型，包括创造性工作（CreativeWork）、事件（Event）、组织（Organization）、人物（Person）、地点（Place）、产品（Product）、评论（Review）等。Schema.org 所包含的事物类型以一定的层次结构组合起来，每一类都有自己的属性，子类继承父类的属性。2014 年，VIAF 参考 Wikidata 的做法，主要使用 Schema.org 作为其核心 RDF 词表，如在描述机构时，以 schema:organization 作为实体的唯一类型。

Schema.org 具有以下的优势：

（1）数据类型丰富

Schema.org 中大数据类型基本能准确地描述名称规范文档中包含的个人、地点、团体等实体，其主要类、属性及层级结构[③]如图 6-1 所示。

（2）通用性高

Schema.org 的每一种属性能应用于一个或多个类，每一个类也可能是多个类的子类，在实际使用时，为避免需要重新定义类来充当某些属性的限定主体和应用范围，其外部扩展 Schema.rdfs.org 更专注关联数据，并提供了一些网络词汇表（如 DBpedia）和 Schema.org 术语的

---

① HICKEY T. VIAF's new linked data[EB/OL]. [2015-08-11]. http://outgoing. typepad. com/outgoing/2010/05/viafs-new-linked-data. html.

② Schema. org[EB/OL]. [2017-11-16]. https://schema. org. cn/.

③ 类型分层结构 [EB/OL]. [2015-08-16]. http://schema. org. cn/docs/full. html.

映射。

```
Thing: additionalType, description, image, name, url
    CreativeWork  about，accountablePerson，author，copywriterHolder，
                  editor，datePublished，inLanguage，publisher，……
        Article: articleBody, articleSection, wordCount
            NewsArticle dateLine, printColumn, ……
                ⋮

        Book: bookEdition ， bookFormat ， isbn ， illustrator ，
        Movie  actor，director，musicBy，producer，duration,……
        Map
        MediaObject  associatedArticle, contentSize, contentUrl,
                     offers, expires, embedUrl,……
            ImageObject: caption        ，        exifData        ，
                ⋮

    Event: attendee(s) ， duration ， endDate ， location ， offers ，
        BusinessEvent
            ⋮

    Organization: address，contactPoint，email，employee(s)，event(s)，
                  aggregateRating  ，founder(s)  ，  member(s)  ，
        Corporation: tickerSymbol
        EducationalOrganization
        LocalBusiness branchOf    ，    currenciesAccepted    ，
            ⋮

    Person: additionalName, address, affiliation, alumniOf, awards,
            birthDate, children, colleagues, contactPoint, deathDate,
            email, familyName, faxNumber, follows, gender, givenName,
            homeLocation,honorificPrefix,interactionCount,jobTitle,
            knows, memberOf, nationality, parent(s), performerIn,
            spouse, relatedTo, sibling(s), telephone, workLocation,
    Place: address, aggregateRating, containeIn, event(s), geo,
           faxNumber, interactionCount, map(s), photo(s), ……
        AdministrativeArea
            City
            Country
            State
        LocalBusiness
            ⋮

    Product: aggregateRating, brand, manufacturer, model, offers, ……
```

图 6-1 Schema.org 类型层次结构

（3）表达性强

Schema.org 建议将 HTML5 的微数据（microdata）机制内嵌在网页内。HTML5 具有语义特性，增加了描述的结构性。Schema.org 提供的词汇表和微数据结合使用，可以使被描述实体成富文本信息，从而改善图书馆信息在搜索引擎中的表达方式。

基于这些优点以及该词表使用的广泛性，因此在构建语义模型时可选用 Schema.org 作为描述名称规范档的核心词汇表。遇到特定难以描述的类、属性或关系时，参考其他已有的成熟词汇表配合使用，以对名称规范实体的属性及属性关系段进行较为准确的语义描述。

6.2.5　描述模型确立

依据上述定义的属性及其关系，每一实体对应为类，明确所引用的类，构建类与类之间的关系，这样以确保名称实体的描述基本遵循此模型。

6.2.5.1　个人实体描述模型

结合所定义的个人实体属性和关系，主要采用 Schema.org 词表表示，如果 Schema.org 词表不足以进行描述时，则利用其他词表进行补充，并与 RDF 词汇表进行映射，如表 6-3 所示。

表 6-3　个人相关的属性、关系及 RDF 映射

	类型	说明	RDF 映射
属性	中文规范名称	规范记录中的主标目	schema:name
	西文规范名称	规范记录中的主标目	schema:name
	变异名称	个人的其他名称	schema:additionalName
	语言	个人的本民族语言	schema:inLanguage
	性别	个人性别（男 / 女 / 未知）	schema:gender

续表

	类型		说明	RDF 映射
属性	头衔		与个人相关联的身份、官职、荣誉等	schema:honorificPrefix
	专业		个人活动的专业领域	schema:studySubject
	职业		个人从事（过）的职业	schema:jobTitle
	时间	生年	个人出生时间	schema:birthDate
		卒年	个人死亡时间	schema:deathDate
		与个人相关的其他日期	包括个人活动的年份、时期或世纪	schema:startDate schema:endDate
	地点	籍贯	个人的父系祖先长久居住地	schema:address
		国籍	个人具有的属于某个国家的身份	schema:nationality
		出生地	个人的出生的城市、省份 / 州	schema:address
		死亡地	个人的出生的城市、省份 / 州	schema:address
		居住地	个人居住的城市、省份 / 州和（或）国家	schema:homeLocation
	机构		个人通过雇佣、会员、文化身份与之发生（过）联系的团体	schema:affiliation schema:memberOf
	其他描述信息		其他能确定个人的信息描述	schema:description
关系	个人与地点	国籍关系		schema:nationality
		出生于		schema:address
		死亡于		schema:address
		居住于		schema:homeLocation
		工作于		schema:workLocation
	个人与个人	别名关系		schema:additionalName
		合作关系		schema:colleague(s)
		兄弟姐妹关系		schema:sibling(s)
		父辈 / 子辈关系		schema:parent(s)
		熟悉关系		schema:know
		配偶关系		schema:spouse

续表

	类型	说明	RDF 映射
关系	个人与机构	成员关系	schema:memberOf
	个人与家族	家族关系	schema:relatedTo
	个人与作品	创作关系	schema:creator
		生产关系	schema:producer
		拥有关系	schema:copyrightHolder

Schema.org 词表中的 Person 类下较全面地包含了个人的各种属性，一些属性的数据类型是文本，一些属性的数据类型是类，这就为实体和实体间建立关系奠定了基础。例如个人可以通过 schema:know、schema:collegue(s)、schema:parent(s) 等属性与其他个人建立关系，通过 schema:worksFor、schema:affiliation 等属性与机构建立关联，通过 schema:nationality、schema:workLocation 等与地点建立关联。将以上所描述的个人属性及属性关系生成对应的属性描述模型和关系描述模型，如图 6-2 和图 6-3 所示。

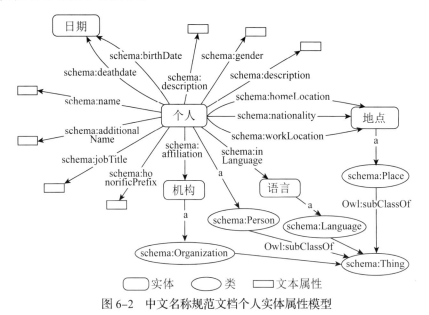

图 6-2　中文名称规范文档个人实体属性模型

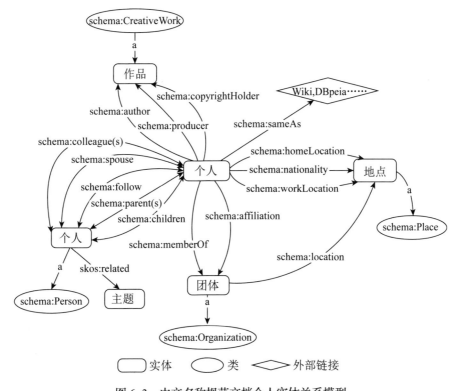

图 6-3 中文名称规范文档个人实体关系模型

为了体现资源之间的关联，通过 schema:sameAs 将本地的个人名称与 Wiki、DBpedia 等外部资源进行链接。对于其他相关实体，Schema.org 中定义了 schema:orgnization 描述团体 / 机构 / 组织实体，schema:Place 描述地点实体。与个人相关的日期有时被作为实体，描述以时间为主题的周边信息，可以采用 TimeLine 本体或 Time 本体，这两个本体中都包含描述不同时间单元的 Instant（时刻）类和 Interval（时间段）类。

6.2.5.2 机构实体描述模型

结合所定义的机构实体属性和关系，主要采用 Schema.org 词表表示，如果 Schema.org 词表不足以进行描述时，则采用 RDA 词表进行补充，如表 6-4 所示，对属性、关系的名称、说明、RDF 映射及其取值类型进行列表描述。

表6-4　机构相关的属性、关系及RDF映射

	名称		说明	RDF映射	取值类型
属性	机构规范名称		常用或者正式名称	schema:name	Text
	其他语种规范名称		并列名称	schema:name，标明语种属性	Text
	其他名称		机构的其他名称	schema:additionalName	Text
属性	类型		机构所属的范畴	schema:genre	Text
	活动领域		组织活动的专业领域	rda:fieldOfActivityOfTheCorporateBody	Text
	图像		组织的图像	schema:image	url
	评论		与组织相关的评论信息	schema:review	Text
	描述		描述机构的其他信息	schema:description	Text
	时间	创建日期	机构创建时间	schema:foundingDate	Date
		撤销日期	机构撤销时间	schema:deathDate	Date
		开始日期	机构活动的开始时间	schema:startDate	Date
		结束日期	机构活动的结束时间	schema:endDate	Date
	地点	电子邮件	组织联络的电子邮件地址	schema:email	Text
		地点	组织的位置或邮编，组织相关的事件发生地	schema:location	Place PostalAddress
		电话	组织的联络电话	schema:telephone	Text
		网址	组织主页url地址	schema:url	url
关系	机构与个人		雇员	schema:employee	Person
			成员	schema:member	Person
			创建者	schema:founder	Person
	机构与事件		与该机构相关的事件	schema:event	Event
	机构与会议		机构组织的相关会议	RDA:conference	Event

续表

	名称	说明	RDF 映射	取值类型
关系	机构与机构	等级关系	Subclass of	Organization
		相继关系	rda:precededBy	Organization
			rda:Succeeded by	Organization
		相关关系	rda:associatedInstitution	Organization
	机构与作品	创作关系	schema:creator	CreativeWork
		生产关系	schema:producer	CreativeWork
		拥有关系	schema:copyrightHolder	CreativeWork

图 6-4、图 6-5 分别对应机构的属性描述模型和关系描述模型，不仅对机构的各种属性特征进行表述，还将机构与机构、个人、会议、事件等建立关系，同时通过 schema:sameAs 将本地的个人名称与 VIAF、Wikipedia 等外部资源进行链接。

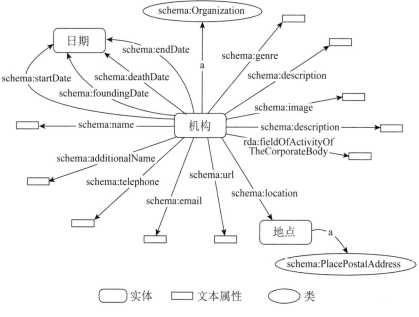

图 6-4 机构名称规范数据实体属性模型

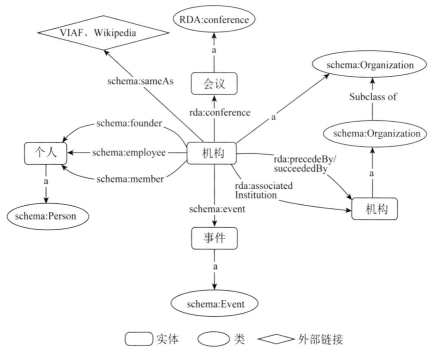

图 6-5　机构名称规范数据实体关系模型

6.3　基于 Drupal 的数据发布

Drupal[①] 是一款基于 PHP 语言编写的开源内容管理系统，可以帮助个人或用户社区发布以及构建动态的 Web 站点内容。2008 年，Drupal 推出了支持关联数据的相关功能，它具有很强的灵活性和扩展性，可以根据需求构建多功能结构化的内容。因而 Drupal 被用于将名称规范数据发布为 RDF 格式的结构化数据。根据构建的本体和语义描述模型定义好内容类型、字段和节点，导入名称规范数据，对元数据字段和本体

---

① Drupal[EB/OL]. [2017-12-20]. https://www.drupal.org/about.

中类、属性进行映射，最终将其转换成 RDF 格式。

6.3.1 创建数据节点

　　Drupal 将数据信息以节点的形式进行存储，即每一个内容类型的实例就是一个节点，各内容类型之间通过节点引用进行链接。不同内容类型对应不同的实体对象，需针对不同的实体生成不同的内容类型。目前我们所定义的实体对象主要为 Person、Organization 两种类型。Schema.org 模块中自带了一些内容类型，如 Event、Recipe、Person、Organization 等，因此我们直接选用这两种类型。明确每一个内容类型包含若干字段集合，每个字段通常包含名称、标签、字段类型、是否必填、值数量等。图 6-6 中对个人实体（Person 类型）的每一字段进行定义，即将属性与各个字段建立对应[①]。可以说，节点创建过程实为对不同实体对象的属性进行定义。

　　节点创建后,Drupal需明确RDF序列化所对应的主体、谓语、客体,实际上是将定义好的数据模型，运用词表的类及属性定义其所对应的字段。内容类型对应 RDF 主语，通过 RDF types 对其进行类型描述，字段名相当于 RDF 谓语，需定义其所对应的词表元素。"Person"内容类型的字段名"中文规范名称"，在数据模型中我们用 schema:name 进行描述，并建立对应。字段类型对应 RDF 宾语属性类型，Drupal 规定了 property、rel、rev 三种属性类型。property 代表属性类型是文本值，并且通过 XML Schema 数据类型进一步说明该文本值所属的数据类型，如字符串、布尔值、日期等。rel 代表属性类型是 URLs。rev 代表属性类型是节点参照，表示属性值来源于站点内另外一个节点，代表数据模型中的关系类型，如个人与个人之间的父 / 子关系字段类型定义为节点参

① 石燕青.中文个人名称规范文档共享研究及语义化探索[D].太原:山西大学,2016.

照。每一种属性可以有多个取值。该功能主要通过 RDF CCK 模块来实现，一旦建立对应关系，系统就会利用 RDF 模块自动生成该节点数据模型的本地化 RDFS 词汇表[①]。

标签	机读名称	字段类型	控件	操作	
名称	title	节点模块元素			
中文规范名称	field_schemaorg_name1	文本	文本字段	编辑	删除
西文规范名称	field_schemaorg_name2	文本	文本字段	编辑	删除
变异名称	field_schemaorg_additionalname	文本	文本字段	编辑	删除
性别	field_schemaorg_gender	文本	文本字段	编辑	删除
职业	field_schemaorg_jobtitle	文本	文本字段	编辑	删除
母语	field_schemaorg_language	文本	文本字段	编辑	删除
出生日期	field_schemaorg_birthdate	文本	文本字段	编辑	删除
死亡日期	field_schemaorg_deathdate	文本	文本字段	编辑	删除
专业	field_schemaorg_subject	文本	文本字段	编辑	删除
头衔	field_schemaorg_honorificprefix	文本	文本字段	编辑	删除
国籍	field_schemaorg_nationality	链接	链接	编辑	删除
居住地	field_schemaorg_homelocation	链接	链接	编辑	删除
工作地	field_schemaorg_worklocation	链接	链接	编辑	删除
父母	field_schemaorg_parents	Node reference	选择列表	编辑	删除
兄弟姐妹	field_schemaorg_siblings	Node reference	选择列表	编辑	删除
配偶	field_schemaorg_spouse	Node reference	选择列表	编辑	删除
同事	field_schemaorg_colleague	Node reference	选择列表	编辑	删除
附注信息	field_schemaorg_descrip	长文本	文本域（多行）	编辑	删除
参考数据源	field_schemaorg_source	链接	链接	编辑	删除
添加新字段					
标签		- 选择一个字段类型 - ▾ 存储的数据类型。	- 选择一个控件 - ▾ 编辑此数据的表单元素。		
添加已有字段					

图 6-6 "Person"类字段定义

① 白林林 . 中文古籍书目数据的关联数据化研究 [D]. 太原：山西大学，2016.

6.3.2 节点数据的批量导入

数据节点创建完成后，Drupal 需要为 Person、Organization 内容类型创建实例，生成各个实例化节点。在这一过程中既可单个节点生成，也可批量导入数据。通常采用批量导入，对数据预处理后生成 .csv 格式数据，并建立 .csv 文件中源字段值与 Drupal 的目标字段的一一对应关系，即将属性值准确地对应到相应的属性字段下。由节点处理器将导入的每条记录放入所归属的内容类型下，生成对应的实例节点。自定义生成导入数据代码，创建导入器，通过 Feeds 模块实现批量数据导入。

6.3.3 生成 RDF 数据

为实现数据的互边互通，需将描述的节点之间以及节点与外部资源之间建立联系，以确保数据的不断丰富完善，实现最大限度的共享、复用。

节点之间的链接通过属性定义实现，如机构名与机构名称的关联，通过 subclass of、rda:precededBy、rda:succeededBy、rda:associatedInstitution 等属性建立其链接关系[①]。Drupal 定义此关系类型时，先定义字段名所对应的词表元素，即属性关系，如 rda:Succeededby，再将字段类型定义为节点类型"rev"，并将字段值指向另外一个节点。

节点与外部资源链接通过 URL 链接到对应资源，通常使用 schema：sameAs、owl:sameAs、rdfs:see Also 将表示同一资源的不同 URI 进行链接，机构名称可指向的外部资源有 Wikidata、ISIN、VIAF、百度百科、中文名称规范联合数据库等资源，通过 URL 链接方式建立关联。Drupal 定义此关系类型时，通过 Link 模块将属性的字段类型设置为"链

---

① 石燕青. 中文个人名称规范文档共享研究及语义化探索 [D]. 太原: 山西大学，2016.

接"，通过提供的 URI 或 URL 链接到相应资源。

Drupal 为每一个所生成的节点自动赋予一个 URI，为了提高 URI 辨识度，可使用 Pathauto 模块进行 URI 重写，根据用户自定义 URI 的命名规则生成 URI。至此，关联数据发布在本地站点上，Drupal 的 SPARQL 模块和 Endpoint 功能支持 Sparql 终端查询，可以查看 HTML 等格式的结果，实现 RDF 数据的公开访问。以下是 Drupal 站点提供的 SPARQL endpoint 查询页面查询所得的数据[①]，现以"北京大学"为例，其 RDF 表示代码如下：

```
<?xml version="1.0" encoding="UTF-8"?>
<rdf:RDF xmlns:sioc=http://rdfs.org/sioc/ns#
 xmlns:dc="http://purl.org/dc/terms/"
 xmlns:rda=" http://rdvocab.info/"
 xmlns:schema="http://Schema.org/"
 xmlns:rdf="http://www.w3.org/1999/02/22-rdf-syntax-ns#">
<rdf:Description rdf:about="http://www.istic.ac.cn/authority/北京大学">
<rdf:type rdf:resource="http://Schema.org/Organization"/>
<schema:name>北京大学</schema:name>
<schema:name>Peking University</schema:name>
<schema:additionalName>北大</schema:additionalName>
<schema:genre>大学</schema:genre>
<schema:description>北京大学(英文：Peking University)，简称北大，诞生于
1898年，初名京师大学堂，是中国近代第一所国立大学……
</schema:description>
```

---

① 石燕青.中文个人名称规范文档共享研究及语义化探索 [D].太原：山西大学，2016.

```
<schema:foundingDate>1898</schema:foundingDate>

<schema:deathDate/>

<schema:startDate/>

<schema:endDate/>

<schema:email/>

<schema:location rdf:resource=" http://www.istic.ac.cn/authority/北京"/>

<schema:telephone/>

<schema:founder rdf:resource=" http://www.istic.ac.cn/authority/孙家鼐"/>

<schema:memeber rdf:resource=" http://www.istic.ac.cn/authority/林建华"/>

< rda:precededBy rdf:resource=" http://www.istic.ac.cn/authority/京师大学堂"/>

< rda:precededBy rdf:resource=" http://www.istic.ac.cn/authority/燕京大学"/>

< rda:precededBy rdf:resource=" http://www.istic.ac.cn/authority/北平大学"/>

< rda:associatedInstitution rdf:resource=" http://www.istic.ac.cn/authority/东亚研
究型大学协会"/>

<schema:events rdf:resource=" http://www.istic.ac.cn/authority/北京大学110周年
校庆"/>

<schema:events rdf:resource=" http://www.istic.ac.cn/authority/第五届液晶光子
学国际会议"/>

<schema:sameAs><rdf:Description rdf:about="http://viaf.org/VIAF/128820942/
#Beijing_da_xue."/></schema:sameAs>

<schema:sameAs><rdf:Description https://www.wikidata.org/wiki/Q16952"/></
schema:sameAs>

<dc:date rdf:datatype="http://www.w3.org/2001/XMLSchema#dateTime">2016-
05-05T13:51:26+00:00</dc:date>

<dc:created rdf:datatype="http://www.w3.org/2001/XMLSchema#dateTime">
2016-05-05T13:51:26+00:00</dc:created>
```

```
<dc:modified rdf:datatype="http://www.w3.org/2001/XMLSchema#dateTime">
2016-05-05T13:53:56+00:00</dc:modified>
<sioc:num_replies rdf:datatype="http://www.w3.org/2001/XMLSchema#integer">
0</sioc:num_replies>
</rdf:Description>
</rdf:RDF>
```

7　中文人名名称规范档与外部资源的聚合应用

从历史发展看，名称规范控制仅依赖图书馆内部资源构建具有一定的局限性。万维网时代，实际上就是开放共享的时代，如何使用网络上大量有价值的数据资源，如何充分利用大众智慧实现名称信息的不断更新完善，成为名称规范档未来构建所考虑的发展方向。维基百科及其依据维基百科生成的结构化维基数据已积累了大量的中外人名名称数据。豆瓣图书作为国内著名的 Web2.0 网站，用户除了标注图书的基本信息，还提供了作者信息。如何利用这些人名名称数据资源来丰富完善我们已构建的人名名称规范档，将是该部分重点关注的问题。

7.1　中文人名名称规范档与维基百科的链接

维基百科自 2001 年成立后，随着编辑用户量的增长，条目数不断丰富，目前已成为世界上最具影响力的免费在线百科全书，中文维基百科 ①的 811 305 个条目中，人物类（信息盒中的字段数大于 3）条目数已

---

① 中文维基百科 [EB/OL].[2015-02-08]. https://zh. wikipedia. org/.

经超过 8000 个，以传记的形式详细介绍了人物的简介、生平、作品、学术研究、贡献、评价、朋友、学生及影响力等信息。维基百科隐藏在幕后，其强大的 Web 服务 API 使得开发人员能够进行访问、搜索并将维基百科内容集成到自定义 Web 应用程序中[①]。该 API 通过 HTTP 工作，可返回各种格式的数据（包括 XML），可免费向广大编程人员提供，以利用维基百科的强大数据库来创建各类自定义 Web 应用程序。当前，中文名称规范数据来源有限，无法满足当前计算机环境下用户对数字资源检索的需求。我们应利用维基百科的人物条目信息丰富中文人名名称规范档，实现名称规范档与维基百科的链接，并生成个人简介为名称规范档提供必要的信息来源。

7.1.1 维基百科的特点

维基百科是一部人人可编辑的自由百科全书，它拥有众多的用户及志愿者，目前活跃成员有 72 000 人[②]。用户可以选择使用匿名、化名或者直接用真实身份来编辑条目，人物条目内容详尽记述了个人成就并附以足够参考资料、注释和图片。页面的首段要求编辑者必须给出人名、头衔、生卒年月，并且对该人物的事迹和对后世造成的影响进行简单概括。这些条目一直处于不断编辑更新状态。此外，维基百科还提供所有完整内容的电子文件（数据库转储文件）给有兴趣的用户，这些数据可用来当作镜像站点，供个人或者研究机构使用。如果实现了名称规范档与维基百科的链接，维基百科这些丰富的数据可以填补名称规范档附加信息的缺失，丰富名称规范档，为解决人名重名问题提供一定的帮助。

---

① GABRILOVICH E , MARKOVITCH S. Computing semantic relatedness using wikipedia-based explicit semantic analysis[C]//Prceedings of 20th interntional joint conference on artificial intelligence，2007:1606-1611.

② Wikipedia:about [EB/OL].[2015-02-08]. https://en. wikipedia. org/wiki/Wikipedia:About.

从镜像资源抽取动态数据来更新名称规范档，可以解决个人名称标识信息变动频繁的问题。

虽然维基百科的词条都是由非专业人员编写，不能保证人名的规范性，但维基百科采用了重定向机制以保证检索的准确性。重定向机制是利用一种特殊的页面，其提供一种运作机制，使得人们在输入该名称进入条目或者点击指向该名称的内部链接时，系统能够自动导航到重定向页面内部指定的另一相关页面中，从而实现相关页面可以以多个名称进行访问。这样不论用户检索的是规范标目还是变异标目，利用重定向机制就可以准确找到此人物，准确打开相关页面。

7.1.2 中文人名名称规范档与维基百科的链接实现思路

维基百科的丰富性、动态性、开放性，使其资源规模发展迅速，成为研究者及一般用户青睐的资源。国外业者开发了各种工具和软件从维基百科中抽取结构化数据，使用三元组的格式来描述，并建立数据间的关联使数据进行复用，生成有价值的新资源。维基百科开放了自己的接口 MediaWiki API。MediaWiki API 并不是 Wikipedia 专用，而是 MediaWiki 的一部分，是一个最初为维基百科量身打造的自由 Wiki 套件，使用 PHP 语言编程。现在维基媒体基金会开展的所有 Wiki 项目以及互联网上的许多 Wiki 网站甚至是 MediaWiki 的主页都是基于此建立的[①]。通过该接口可实现对维基百科中所有数据在线的编辑、查询和访问。

因此，我们可以利用 MediaWiki API 获取维基百科的数据丰富名称规范档，实现维基百科在中文名称规范档中的应用，主要从以下两方面着手：一是实现名称规范档与维基百科的动态链接，二是动态生成个人

---

① PONZETTO S P, STRUBE M. An API for measuring the relatedness of words in Wikipedia[C]//Proceedings of the 45th Annual Meeting of the ACL on Interactive Poster and Demonstration Sessions. Association for Computational Linguistics，2007:49-52.

简介。实现流程见图 7-1 所示。中文名称规范平台可通过代表性状态传输架构（REST）访问到维基百科的接口 MediaWiki API，再通过这个接口的查询模块访问到维基百科的资源，生成目标页面的 URL 以及个人简介，然后将这两部分内容添加到个人名称规范档中。

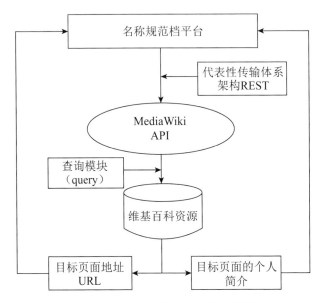

图 7-1　中文名称规范档平台与维基百科的交互

7.1.2.1　面向 MediaWiki API 的平台搭建

MediaWiki API 用 PHP 语言编写，是维基百科开放的应用程序编程接口，可以通过接受 HTTP 请求对维基百科进行搜索关键字等操作并返回多种格式的数据。面向该接口的平台需要搭建最新版 Zend Framework 的 Apache/PHP 开发环境。要想与 API 交互，就需要一个能够传输 GET 和 POST 请求，并能够处理响应的 HTTP 客户端，Zend Framework 将 PHP 应用程序与 Web 服务集成到一起，通过 HTTP 链接到维基百科的接口，执行对服务端点的特定操作并以对象实例的方式返回，方便访问维基百科的单个响应属性。

7.1.2.2 执行对维基百科相关条目的检索

MediaWiki API 提供了 50 多项参数模块来控制对维基百科进行操作，其中 query 用来获取来自或有关 MediaWiki 的数据，包括页面的修改记录、页面的内容、URL、页面片段以及抽取页面的一部分等；list 为 query 的子模块，可以对符合特定标准的页面进行操作；search 可以实现对维基百科的全文检索。同时，Media Wiki API 还提供了 18 种文档的输出格式，包括 dumpfm、JSON、jsonfm、php、phpfm、rawfm 等。如果其使用的输出格式为 XML，则实现的关键代码如下：

```
require_once 'Zend/Loader.php';
Zend_Loader::loadClass('Zend_Rest_Client');  //加载TEST客户端传输架构
$query = '鲁迅';//定义变量为"鲁迅"，该变量的值也可以通过用户输入得到
$wikipedia = new Zend_Rest_Client('http://zh.wikipedia.org/w/api.php');
                     //通过REST链接到维基百科的api，并创建对象
$wikipedia->action('query');      //将变量的值传递给action
$wikipedia->list('search');       //使用list模块中的全文检索参数
$wikipedia->srwhat('text');       //srwhat用来接收检索维基百科的范围
$wikipedia->format('xml');        //定义输出文档的格式
$wikipedia->srsearch($query);     //srsearch用来接收查询的值
$result = $wikipedia->get();       //将通过get方法得到的值全部传递给$result
```

7.1.2.3 获取人名条目的 URL 地址

维基百科人物的 URL 有固定的前缀 http://zh.wikipedia.org/wiki。在对维基百科执行全文检索后，获得维基百科中对应的人物标题条目，可在条目前添加前缀，生成目标 URL，如 http://zh.wikipedia.org/wiki/鲁迅，就可添加到名称规范档中建立链接。部分实现代码如下：

```
foreach ($result->query->search->p as $r):
```
　　　　　//利用foreach循环将$result中的方法属性参数传递给变量$r

```
echo $r['title'];  //输出变量$r的title字段，即检索出来的条目
href="http://zh.wikipedia.org/wiki/ <?php echo $r['title']; ?>">
```
　　　//利用<a>标签将http://zh.wikipedia.org/wiki/与条目的title结合形成URL

7.1.2.4　动态生成个人简介

　　维基百科人物页面的首段内容即为个人简介，所有人物信息均有简介，且信息量丰富，对人物情况有充分概括。如果能有效地提取该内容，添加到名称规范档的人物简介中，将有助于完善名称规范档人名附加信息。

　　该部分信息的提取需要用到 MediaWiki 中 Query 的 Properties 子模块来获取页面属性，使用参数 extracts 可以返回指定页面的纯文本或有限的 HTML。考虑到维基百科中人物简介描述平均在 150 字左右，因此可采用限制字数输出，并将输出部分添加到名称规范档的个人简介中。部分实现代码如下：

```
$wikipedia->action('query');      //将变量的值传递给action

$wikipedia->prop('extract');      //提取页面的文本内容或者是部分

$wikipedia->format('xml');        //定义输出文档的格式

$wikipedia->exchars('150');       //限定提取字数

$wikipedia->title('鲁迅');         //检索的条目为鲁迅

$result = $wikipedia->get();      //将通过get方法得到的值全部传递给$result
```

7.1.3　实现过程

　　依据实现思路，可将实现过程分为提取目标 URL、生成人物简介、

添加到名称规范档三个步骤。

7.1.3.1　提取目标 URL

　　在浏览器的地址栏中输入"http://qqwk.com/qqwk/public/index"，即可看到维基百科中该目标人物相关条目的链接，即通过自定义的应用程序访问到维基百科并将与鲁迅相关的条目呈现出来，详见图 7-2。其中第一条为精确匹配结果，其余为模糊匹配，模糊匹配的条目链接对丰富个人名称规范档也会有很大的作用，因此并没有去限制输出结果。

图 7-2　目标人物 URL 提取实现

7.1.3.2　生成人物简介

　　同样在浏览器的地址中输入"http://qqwk.com/qqwk/public/index2"，在 <extract> 标签中将维基百科目标页面的抽取结果生成 XML 格式。

```
<?xml version="1.0"?>
 <api>
  <query>
   <pages>
     <page _idx="693" pageid="693" ns="0" title="鲁迅">
```

```
<extract xml:space="preserve">周树人(1881年9月25日—1936年10月19
```
日)，字豫才，原名樟寿，字豫山、豫亭，以笔名鲁迅闻名于世，浙江绍兴人，为
中国的现代著名作家，新文化运动的领导人、支持者，中国现代文学的奠基人和开
山巨匠，在西方世界享有盛誉的中国现代文学家、思想家。鲁迅的主要成就包括杂
文、短中篇小说、文学、思想和社会评论...</extract>

```
            </page>

          </pages>

        </query>

      </api>
```

7.1.3.3　提取结果添加到名称规范档中

目前名称规范档中个人数据的记录方式见图 7-3，主要分为三个部分：①个人名称规范的规范标目与变异标目。②人物简介，这部分是对人物附加信息做了简短的描述，包括其姓名、职业、籍贯、作品信息，是名称规范档中区分不同人物最有价值的部分，但是当前缺失比较严重，这部分第一个星号表示是中文名称规范档中已有的简介，第二个星号表示通过实验，将抽取维基百科的目标人物简介添加到这里，以完善个人名称规范档。③资源链接是中文名称规范档与网络资源链接的部分，这部分中第一个星号表示是在 CALIS 中部分实现了到 cycnet 的链接，但是该链接不能打开，第二个星号表示通过测试，实现了提取维基百科有关此人物的链接（URL）。

使用维基百科的接口在线获取数据丰富中文名称规范档的方式，并不适用于百度百科。百度百科是国内主流的网络百科全书，是属于百度公司的商业项目，其开放程度远不及维基百科。维基百科不仅提供不同格式的数据供用户免费下载，支持复用，还开放了平台的源代码以及接口。而百度百科的开放更多限于信息知识的分享，因此一定程度上限制

了百度百科中信息的广泛应用。但百度百科的中文人名占比相对较大，如何有效地利用其中文百科人物资源来完善中文人名名称规范档也将是未来重要的研究问题。

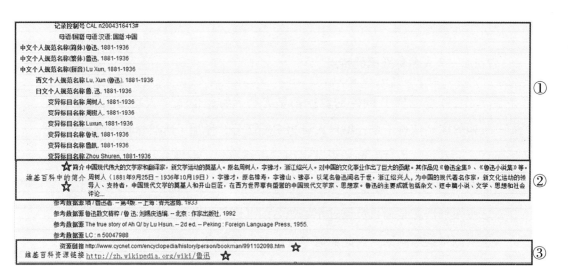

图 7-3　提取结果与名称规范档结合

7.2　中文人名名称规范档与维基数据聚合实现 [①]

维基数据（Wikidata）[②] 作为一个可被人或计算机识别并获取的结构化多语言知识库，根据 2017 年 10 月的维基数据统计报告，其收入的人物实体信息条目约为 3 653 957 条，占总量的 11.1%。这些人物实体信息条目拥有丰富的人物属性信息，尤其是对人物的职业类型进行了明确定义，可以一定程度上弥补名称规范档职业属性不足的问题，以个人名

---

① 贾君枝,赵宇飞.Wikidata 与名称规范档数据聚合实现[J].情报科学,2018,36(11):72-77,82.

② Wikidata main page[EB/OL].[2018-02-25].https：//www.wikidata.org/wiki/Wikidata：Main_Page.

称为对象，利用语义网技术可实现中文人名名称规范档与维基数据的人物信息聚合，通过实体之间的配对，形成更加完善的职业等信息，并生成个人名称的 RDF 语义化形式，为名称规范档的未来发展提供一定的借鉴。

7.2.1　个人名称数据的特点

名称规范档中98%的数据都是人物名称，但关于人物所属职业、机构等属性信息不全，编目人员为实现区分，增加了所属学科或领域信息，如在对"李红"的检索结果中，包含李红（电视节目）、李红（电子商务）、李红（建筑）、李红（经济）、李红（俄文翻译）等多条标目，这些附加信息是编目员通过作品题名信息进行推断得来，存在不准确甚至推测错误等问题。因此如何丰富已有数据信息，提高信息的价值和复用性，是当前名称规范档需要重点考虑的问题。

维基数据提取了包括中文维基百科在内的具有共同认知的条目，形成了一个可被人和计算机识别获取的结构化大型数据库。作为一个开放协作的数据库，维基数据允许用户参与数据的添加和修改，而且面向全球，链接各地各领域的有价值数据源，并能够以多语言的形式展示[①]。维基数据的内容由实体、属性组成，并提供查询接口，支持用户对实体和属性的获取。实体对应现实世界中的抽象概念，也可以认为是存在的具体对象，维基数据中通过"Q+ID"的形式给定实体唯一的 ID 号，实体既可以是条目中的主体，也可以是属性空间中的一个属性值。属性是对实体具有的特性的描述，用"P+ID"来标识，每个实体可以有多个属性，属性可能有一个值也可能有多个值，"实体—属性—属性值"对应关联数据中三元组的格式。

---

① NIELSEN F Å. Wembedder：wikidata entity embedding web service[EB/OL].[2020-08-26]. http：//www2. imm. dtu. dk/pubdb/edoc/imm7011. pdf.

维基数据对人物（Person）实体类定义了 104 个属性，将其归为通用类（Generic）、人物关系类（Relationship）、艺术家类（Artists）、运动员类（Sportspeople）、电影类（Film）、军事类（Military）六大类属性①。依据维基数据的统计，人物类目下频次较高的前二十种，如姓、名、出生日期、职业等信息出现的频次非常高，如图 7-4 所示。由于开放共享的状态，维基数据中的信息有较高的质量保证和时效性，人物条目中职业信息丰富。例如，"老舍"条目职业属性下包含"作家""大学教员""剧作家""科幻小说家"等。维基数据拥有丰富的可利用信息，且提供丰富的导出形式（如 JSON、RDF、XML 等格式），以及专门的 SPARQL 接口，为查询和筛选满足用户需求的信息提供了便利性。利用维基数据中的职业等信息丰富名称规范档中人名的属性元素，并采用关

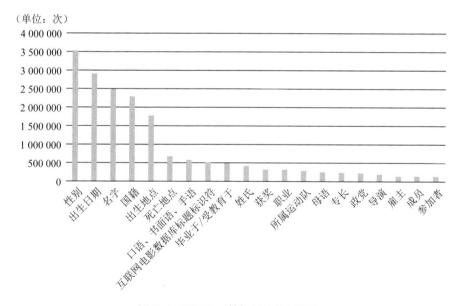

图 7-4 Wikidata 数据属性使用频次

---

① NIELSEN F Å. Wembedder：wikidata entity embedding web service[EB/OL]. [2020-08-26]. http：//www2. imm. dtu. dk/pubdb/edoc/imm7011. pdf.

联技术实现名称规范档中人物信息的语义化表示,一定程度上能解决其属性信息匮乏、同一人物多条记录的分散、同名人物的识别困难等问题。

7.2.2 中文人名名称规范档与维基数据的聚合实现流程

名称规范档和维基数据中的人物条目数据都是可访问的,需将两个不同格式的数据集进行解析后,进行人物信息匹配对齐运算,进而实现人物条目数据的关联,丰富名称规范中个人的性别、职业、人物关系等属性,为实现名称规范数据语义化奠定基础。具体实验流程如图 7-5 所示。

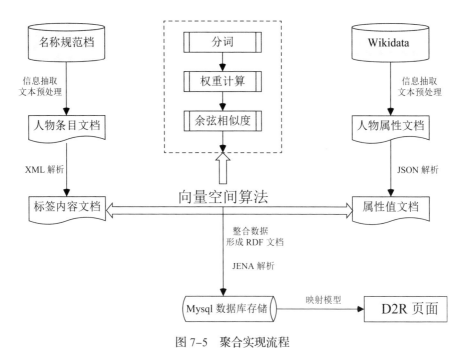

图 7-5　聚合实现流程

7.2.2.1　信息抽取

分别抽取维基数据和名称规范档中的人物条目信息。维基数据通过

SPARQL 限定检索条件获取指定内容。名称规范档也提供了支持文本、MARC 格式、MARCxml 格式多种格式的文档下载。

7.2.2.2 数据预处理

名称规范档的人名信息以 XML 格式导出。维基数据中人物条目信息的单个属性包含多个属性值，以 JSON 格式导出数据会生成同一实体多条目，通过人工识别和处理，消除重复数据，合并相同属性内容。利用 python 分别进行解析，获取维基数据中的所有属性值和名称规范档中的标签内容分别生成新文档，为计算人物条目相似度奠定基础。

7.2.2.3 人名实体匹配

利用向量空间模型，通过分词、去停用词、构造"词—文档"矩阵，以维基数据中的某一人物信息循环匹配名称规范中的所有条目，找到相似度最高的实体并返回匹配结果，依次执行，统计匹配数据。

7.2.2.4 语义化表示

集成维基数据和名称规范档的人物信息，利用 rdflib 模块构造 RDF 三元组格式，实现语义化操作，通过 Jena 解析写入 MySQL 数据库，建立数据库关联映射模型，D2R 发布人物页面。

7.2.3 人物实体匹配算法

数据整合的关键是维基数据和名称规范档中同一人物的识别，采用向量空间模型（Vector Space Model，VSM）生成"词—文档"矩阵，利用余弦相似度计算维基数据的人物属性值与名称规范档的标签内容的文本相似度[①]，确定两库之间实体映射关系，以便之后数据的整合和关联

---

① 郭庆琳,李艳梅,唐琦.基于VSM的文本相似度计算的研究[J].计算机应用研究,2008(11):3256-3258.

发布。向量空间模型利用词项权值，即词在文档中的重要程度，将文本与词的相关关系分离，以数字化向量的形式表示文档与词的关联，方便下一步的分析计算。构建向量空间模型的首要步骤是针对维基数据和名称规范档解析构成的文档进行分词并去除停用词。中文分词相比英文分词更复杂，英文句子和段落中的词都有明显的分割标志，而中文分词需要考虑字与字之间的多种组合，以及"一词多义"等现象，如果没有实际意义的词过多，会影响计算结果和占据大量的内存空间。针对特定文本中的无效词，利用 jieba 分词构造词袋模型，手动设置停用词文档并构造"词—文档"矩阵。

文本中每个词在决定文本的含义时其贡献度各不相同，即每个词的权重不同。对文本中关键词的权值计算主要采用 TF-IDF 方法，对于关键词 i 在文档 j 中的权值计算方法为：

$$W = TF \times IDF \qquad （公式 7-1）$$

这一公式中的词频 TF 表示某词在文档中出现的次数；文档频率 DF 表示在整个数据集中有多少个文档包含这个词；IDF 为逆文档频率，将 DF 代入公式 log2（N/DF）计算求得[①]。

向量空间模型通过计算向量之间的相似性来度量文档间的相似性。文本处理中最常用的相似性度量方式是余弦距离，即通过两文档向量夹角的大小来衡量文档的相似度。计算文档 D 和文档 Q 之间相似度的公式见公式 7-2：

$$\mathrm{CosSim}(D, Q) = \frac{\sum_{k=1}^{t}(D_k \cdot Q_k)}{\sqrt{\sum_{k=1}^{t} D_k^{2} \cdot \sum_{k=1}^{t} Q_k^{2}}} \qquad （公式 7-2）$$

---

① 公冶小燕,林培光,任威隆,等.基于改进的TF-IDF算法及共现词的主题词抽取算法 [J].南京大学学报（自然科学）,2017(6):1072-1080.

7.2.4 语义化表示

关联数据 [①] 是指为了提高用户和机器对网络数据的有效获取，在网络中按照一定的规范构建数据之间的关联，关联数据的核心就是将现有数据与其他数据集合进行链接。名称规范档含有文献信息机构提供的大量个人名称数据，将这些名称数据与维基数据建立链接并语义化表示，可以提高名称规范档的利用率，拓展人物数据的功能和价值。在维基数据中，URI 标识唯一实体，实体页面中的属性和属性值以 RDF 三元组的格式进行保存，并且通过 HTTP 协议实现了实体与实体、实体与属性以及属性与属性之间的链接。

名称规范中的个人名称信息是零散的、单个存在的，若想发布为关联数据，首先要把大量的数据以 RDF 三元组的形式存储，进而实现数据的关联。在关联数据中，实体与实体之间的链接是有意义的，不只是一种三元组的表示方式，还可以通过实体属性之间的关联形成复杂的数据网络。名称规范中一条记录拥有一个 ID 号，可将其看作一个实体的存在，对数据进行分析抽取，形成如下若干属性，包括中文名称、西文名称、变异名称、母语、性别、生年、卒年、专业、职业、籍贯、国籍、其他描述信息、参考数据源、相关链接。分析名称规范档标目格式，构造三元组的属性，如果在维基数据的存在相同属性则建立对应链接关系，不存在则建立属性标签。CALIS 的 CNMARC 字段标识与维基数据的属性之间的对应关系，如表 7-1 所示。

---

① 公冶小燕,林培光,任威隆,等.基于改进的 TF-IDF 算法及共现词的主题词抽取算法 [J].南京大学学报（自然科学）,2017(6):1072-1080.

表 7-1　CALIS 的 CNMARC 字段与维基数据属性的对应关系

字段	子字段	表示	维基属性	语义化标签
101	a	本国语言	language	language
102	a	国籍	country of citizenship	country
200_0	a	姓名	null	name
200_0	f	出生日期	date of birth	birthdate
200_0	f	死亡日期	date of death	deathdate
200_1	a	西文标目—姓	family name	familyname
200_1	b	西文标目—名	give name	nameLabel
200_1	g	全称	null	all_name
400_0	a	变异名称	null	alias_name
810	a	数据参考来源	null	source
830	a	作者简介	null	introduction
856	a	参考链接	null	work

7.2.5　实验过程和结果分析

7.2.5.1　数据源采集

维基数据获取可以通过关联数据接口、Mediawiki API、维基数据查询（WDQ）、SPARQL 查询四种方式获得。SPARQL 查询，是一种 RDF 查询语言，可以对三元组存储库进行查询，维基数据提供了 SPARQL 端口，用户可以在线使用，通过构造检索表达式，查询满足用户需求的数据内容。通过限定人物的国籍为"中国"，且职业包含"作家"，返回人物的其他属性，包括性别、出生年月、姓、配偶、儿子、职业等通用类和人物关系类中出现频次较高的属性内容。SPARQL 查询语句如下。

```
SELECT ?item ?itemLabel ?cLabel ?genderLabel ?birthdate ?deathdate ?family
nameLabel ?spouseLabel ?childLabel ?occupationLabel
WHERE {
  ?item wdt:P106 wd:Q36180.
  ?item wdt:P27 wd:Q148.
        ?item wdt:P21 ?gender.
        ?item wdt:P569 ?birthdate.
        ?item wdt:P570 ?deathdate.
        ?item wdt:P734 ?familyname.
  ?item wdt:P26 ?spouse.
        ?item wdt:P40 ?child.
        ?item wdt:P106 ?occupation.
        …
SERVICE wikibase:label { bd:serviceParam
wikibase:language"[AUTO_LANGUAGE], en". }
  }
```

通过限定国籍和职业，维基数据共返回 243 条人物条目，将返回列表内容以 JSON 格式导出。JSON 是一种轻量级的数据交换格式，简洁和清晰的层次结构使得 JSON 成为理想的数据交换语言，也方便人和计算机的读取和处理。JSON 解析去除标签名，可得到由属性值构成的以人物 itemLabel 命名的文本，例如，作家老舍的信息条目可如图 7-6 所示。

名称规范档提供各种格式的下载接口，根据维基数据下载的人物名称查询导出，去除无法找到的人名，共下载 221 个 XML 文档，如图 7-7 为"林昭"的信息内容，命名为"林昭 .xml"。通过 Python 的 XML 模块进行解析，获取人物条目的姓名、变异名称、出生年月、个人简介、数据参考源和参考链接等标签内容，以构造以人物姓名命名的文本。

```
 1  ⊟[{"occupationLabel":"作家、劇作家、大學教員"}
 2  {"genderLabel":"男性"}
 3  {"birthdateLabel":"1899-02-03T00:00:00Z"}
 4  {"countryLabel":"中华人民共和国"}
 5  {"countryLabel":"中国"}
 6  {"birthplaceLabel":"北京市"}
 7  {"deathplaceLabel":"太平湖"}
 8  {"languageLabel":"标准汉语"}
 9  {"educatedLabel":"北京师范学校"}
10  {"positionLabel":"全国人民代表大会代表"}
11  {"spouseLabel":"胡絜青"}
12  ⊥{"childLabel":"舒乙"}]
```

图 7-6　维基数据"老舍"属性内容

```
 1  <?xml version="1.0" encoding="UTF-8"?>
 2  <collection xmlns="http://www.loc.gov/UNIMARC/slim">
 3  <record>
 4  <leader>00383nx  a2200121   45 </leader>
 5  <datafield tag="001">000436810</datafield>
 6  <datafield tag="005">20040213143847.0</datafield>
 7  <datafield tag="100" ind1=" " ind2=" " >
 8  <subfield code="a">20040205achiy50^^^^^^ea</subfield>
 9  </datafield>
10  <datafield tag="152" ind1=" " ind2=" " >
11  <subfield code="a">BDM</subfield>
12  </datafield>
13  <datafield tag="200" ind1=" " ind2="0" >
14  <subfield code="7">jt0yjt0y</subfield>
15  <subfield code="a">林昭,</subfield>
16  <subfield code="f">(1929~)</subfield>
17  </datafield>
18  <datafield tag="200" ind1=" " ind2="0" >
19  <subfield code="7">ft0yft0y</subfield>
20  <subfield code="a">林昭,</subfield>
21  <subfield code="f">(1929~)</subfield>
22  </datafield>
23  <datafield tag="200" ind1=" " ind2="0" >
24  <subfield code="7">ec0yec0y</subfield>
25  <subfield code="a">Lin Zhao,</subfield>
26  <subfield code="f">(1929~)</subfield>
27  </datafield>
28  <datafield tag="200" ind1=" " ind2="0" >
29  <subfield code="7">ba0yba0y</subfield>
30  <subfield code="a">lin zhao,</subfield>
31  <subfield code="f">(1929~)</subfield>
32  </datafield>
33  <datafield tag="300" ind1="0" ind2=" " >
34  <subfield code="a">工程设计师。水利部天津水利水电勘测设计研究院副总工程师。生于新加坡。原籍福州市。</subfield>
35  </datafield>
36  <datafield tag="810" ind1=" " ind2=" " >
37  <subfield code="a">碾压式土石坝设计 专著</subfield>
38  </datafield>
39  </record>
40  </collection>
```

图 7-7　"林昭"人物名称数据

7.2.5.2　相似度计算

名称规范档中职业信息缺乏，但人物页面的个人信息比较丰富，包含姓名、别名、生年、卒年、个人简介和参考链接等，可以维基数据提取的人物条目属性丰富名称规范档中的人物条目，维基数据重点描述人物通用类和人物关系类属性内容，名称规范档信息源自机构标目且提供参考百科链接，如果直接计算人物实体文档的相似度，两数据库之间相异信息会导致无关因素对实体判别的影响。因此选择利用维基数据的人物单条目对名称规范档中所有人物实体循环比较，找到相似度值最高的，进而判别是否为同一实体，如果是则认为匹配成功。相似度计算伪代码如下：

```
import jieba.posseg as pseg

import codecs

from gensim import corpora，models，similarities

import os

stop_words = 'stopwords.txt'   //构建停用词表

stop_flag = []      //构建停用词性

for file in files:   //遍历名称规范档中的文件

for file in files2:  //遍历Wikidata的文件

tfidf = models.TfidfModel(doc_vectors)   //构建TF-IDF模型

sims = index[query_bow]      //返回相似度列表
```

以 PyCharm 2017 为开发环境，利用 Gensim 库构造"词—文档"矩阵，用余弦相似度计算文档之间的相似度，循环遍历执行寻找在名称规范档中与维基数据相似度值最高的文档。程序循环输出 221 行内容，部分内容如图 7-8 所示。其中，有 170 条匹配成功，51 条匹配失败，22

条未找到目标内容。分析结果可知，对于在名称规范档中无法找到维基数据的人物条目，原因在于名称规范档包含较多中文繁体字且维基数据人物条目属性稀少，仅包含姓名和出生年月，同时名称规范档中资源链接和信息出处也影响了相似度的值。

```
200  文件名：阿来.xml        相似度：0.33787245   最大相似度0.33787245
201  文件名：阿英.xml        相似度：0.22939578   最大相似度0.23711835
202  文件名：陈丹燕.xml      相似度：0.19179292   最大相似度0.19179292
203  文件名：陈凯歌.xml      相似度：0.32464737   最大相似度0.32464737
204  文件名：陈忠实.xml      相似度：0.4075377    最大相似度0.4075377
205  文件名：陈敬容.xml      相似度：0.35793722   最大相似度0.35793722
206  文件名：陈晓旭.xml      相似度：0.27242038   最大相似度0.27242038
207  文件名：陈祖芬.xml      相似度：0.44698864   最大相似度0.44698864
208  文件名：陳勤奇.xml      相似度：0.0         最大相似度0.21506539
209  文件名：霍达.xml        相似度：0.17374688   最大相似度0.17374688
210  文件名：韩寒.xml        相似度：0.45812997   最大相似度0.45812997
211  文件名：韦应物.xml      相似度：0.45940137   最大相似度0.45940137
212  文件名：韩东.xml        相似度：0.27229422   最大相似度0.27229422
213  文件名：韩少功.xml      相似度：0.29282105   最大相似度0.29282105
214  文件名：韩素音.xml      相似度：0.25354344   最大相似度0.25354344
215  文件名：饶雪漫.xml      相似度：0.44460252   最大相似度0.44460252
216  文件名：馬未都.xml      相似度：0.0         最大相似度0.36700374
217  文件名：马建.xml        相似度：0.22282226   最大相似度0.29965732
218  文件名：马烽.xml        相似度：0.43275994   最大相似度0.43275994
219  文件名：马瑞芳.xml      相似度：0.61684406   最大相似度0.61684406
220  文件名：高安华.xml      相似度：0.29531467   最大相似度0.29531467
221  文件名：高晓声.xml      相似度：0.40120018   最大相似度0.40120018
222  文件名：高行健.xml      相似度：0.33174914   最大相似度0.33174914
223  文件名：鬼马星.xml      相似度：0.43880612   最大相似度0.43880612
224  匹配正确量：      170  匹配错误量：       51
```

图 7-8　相似度计算结果

7.2.5.3　RDF 格式化

RDFlib 是支持 Python 对 RDF/XML、N3、NTriples、Turtle 等格式解析和构造的第三方模块[①]，同时支持 SPARQL 查询和更新操作。从人物信息文档中获取人物名称为主语、属性和对应的属性值依次构造为 RDF 三元组格式，执行代码如下：

---

① Rdflib[EB/OL].[2020-06-01]. https://wiki.python.org/moin/Rdflib.

```
f = open(data.json)      //读取文档

for line in f:                    //以行数遍历文档

    line→txt

    s = rdflib.URIRef(namespace+txt[entity])              //构造资源实体s

    p = rdflib.URIRef(namespace+property's name)  //构造资源属性p

    for i in range(len(value)-1):

        o = rdflib.URIRef(namespace+txt[value[i]])        //构造资源属性值o

        g.add((s,  p,  o))              //构造三元组表达式

g.serialize(data.rdf)                    //生成rdf文档

f.close()
```

生成 RDF 文档内容如图 7-9 所示，其采用可视化方式如图 7-10，可以看出，有关"老舍"的属性达 13 个，可从不同的角度展示其特征。

```
<rdf:Description rdf:about="http://wikidata.org/entity/老舍">
 <ns1:genderLabel rdf:resource="http://wikidata.org/resource/男性"/>
 <ns1:deathdate rdf:resource="http://wikidata.org/resource/1966-08-24T00:00:00Z"/>
 <ns1:occupationLabel rdf:resource="http://wikidata.org/resource/作家、剧作家、大學教员"/>
 <ns1:birthdate rdf:resource="http://wikidata.org/resource/1899-02-03T00:00:00Z"/>
 <ns1:birthplaceLabel rdf:resource="http://wikidata.org/resource/北京市"/>
 <ns1:languageLabel rdf:resource="http://wikidata.org/resource/标准汉语"/>
 <ns1:educatedLabel rdf:resource="http://wikidata.org/resource/北京师范学校"/>
 <ns1:positionLabel rdf:resource="http://wikidata.org/resource/全国人民代表大会代表"/>
 <ns1:spouseLabel rdf:resource="http://wikidata.org/resource/胡絜青"/>
 <ns1:childLabel rdf:resource="http://wikidata.org/resource/舒乙"/>
 <ns1:deathplaceLabel rdf:resource="http://wikidata.org/resource/太平湖"/>
 <ns1:introduction rdf:resource="http://cnass.cccna.org中国现代小说家、文学家、戏剧家。因作品繁多而获得"人
民艺术家"的称号，北京（满族正红旗）人，原名舒庆春、字舍予。北京人。主要作品有长篇小说《骆驼祥子》、《四世同堂》
，短篇小说《赶集》、《樱海集》，童话《小坡的生日》，诗集《剑北篇》，剧本《方珍珠》、《龙须沟》等。/>
 <ns1:works rdf:resource="http://cnass.cccna.org老舍小说 = Lao she's short stories. -- 杭州：浙江文艺出版社, 2001"/>
 <ns1:alias_name rdf:resource="http://cnass.cccna.org舒庆春"/>
 <ns1:source rdf:resource="http://cnass.cccna.orghttp://baike.baidu.com/view/6507.htm "/>
</rdf:Description>
```

图 7-9　RDF 文档表示

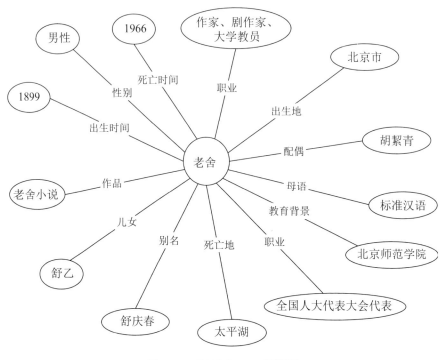

图 7-10 "老舍" RDF 属性图

7.2.6 数据关联实现

关联数据发布的开源软件有 Drupal、D2R、Triple、Virtuso 等，可以将关系型数据库的结构化数据转为具有语义关联能力的数据进行发布[①]。其本质是关系数据库与关联数据的语义模式转换。关系型数据库是以二维表的形式保存管理数据，而 RDF 三元组是以二元关系来表达各种复杂的关系，采用 D2R 实现 RDF 模式数据到数据库的转换，进而实现 D2R 页面对数据库语义化操作。

---

① Linked data：connect distributed data across the web[EB/OL]. [2018-03-05]. http://linkeddata. org.

7.2.6.1 数据表生成

充分利用维基数据与名称规范档所定义的所有属性集合，通过去重处理得到对人物实体描述的各类信息，定义数据表字段，包括人物 ID、姓名、性别、出生年月、死亡年月、姓、配偶、子女、职业、个人简介和作品等。利用 Mysql 数据库创建数据库表：

```
CREATE TABLE person (
    ID  int(4)NOT NULL，
姓名  varchar(20)，
性别 varchar(20)，
出生年月 varchar(20)，
死亡年月 varchar(20)，
姓 varchar(20)，
配偶 varchar(20)，
子女 varchar(20)，
职业 varchar(20)，
个人简介 varchar(50)，
出生地点 varchar(20)，
死亡地点 varchar(20)，
教育背景 varchar(20)，
职位 varchar(20)，
母语varchar(20)，
PRIMARY KEY (id)
)
```

利用 Jena 解析整合的人物数据。Jena 可以实现对三元组的构造、

RDF 文档的读取和写出、设置 Namespace 前缀以及对 model 三元组的增删改查和合并操作等 [①]。通过 Jena 对人物 RDF 文档的读取，利用 model 的 listStatements() 方法遍历读取到的 RDF 三元组，并分别将每个实体类的主语、属性和属性值写入数据库中。解析代码如下：

```java
public String getspo(String fileName) {
        String inputFileName = fileName;
        Model model = ModelFactory.createDefaultModel();
        InputStream in = FileManager.get().open(inputFileName);
        if(in == null) {
            throw new IllegalArgumentException(
                        "File: " + inputFileName + " not found");
        }
        Property pro = model.getProperty("ns1:deathdate");
        model.read(in，null);
        StmtIterator statement = model.listStatements();
        while(statement.hasNext()) {
            Statement stmt = statement.next();
            Resource subject = stmt.getSubject();
            Property predicate = stmt.getPredicate();
            RDFNode object = stmt.getObject();
        }
    }
```

① 用 Jena 解析本体 Ontology Jena 的使用 Jena 实例 [EB/OL]. [2020-06-01]. https:// blog.csdn.net/shunbenben/article/details/24272683.

7.2.6.2 关联关系的构建与映射实现

关系型数据库与关联数据的关联映射。在关系模型中，所有的实体、属性、属性值全部都由单一的结构关系，即数据库中的数据二维表，来存储和显示，将人物作为实体，表中的每一行代表一个人物条目信息，列代表了这个实体的属性值，以人物的标识符作为实体的主键区分。

关系模型的三元组映射关系可描述为概念映射和数据映射两个方面。概念映射体现为表与 RDF 类的映射，即表映射为 RDF 三元组中的主体或客体，表的主键映射为主语或对象的URI[①]。数据属性的映射，即二维表的列对应为三元组中的谓词，其行数据映射为文本对象。

关联数据发布平台 D2R 主要包括 D2R Server、D2R Engine 和 D2R Mapping3 个组成部分[②]。关键所在是通过映射文件将关系数据表中的数据转为 RDF 数据展示。具体发布过程为：生成 Mapping 文件，启动 D2R Server，访问及下载人物实体。如点击"老舍"，可得到如图 7-11 所示的老舍的个人基本信息和相关内容，可以在命令行或者 D2R 主页利用 SPARQL 语句进行查询，D2R 会根据数据库映射关系以三元组的形式返回。

以优化中文名称规范档的人物条目信息为目的，实现关联数据化，可以进一步提高名称规范档中数据价值，通过 SPARQL 抽取维基数据人物属性和特点，利用向量空间算法识别维基数据和名称规范档中的同一人物实体。在此基础上利用语义网技术，解析人物信息内容，构造 RDF 三元组格式，通过 D2R 映射模型得到丰富的人物信息页面。由于数据

---

① 白海燕,梁冰.利用D2R实现关系数据库与关联数据的语义模式映射[J].现代图书情报技术,2011(Z1):1-7.

② The D2RQ platform[EB/OL].[2020-06-01].http://d2rq.org/.

预处理和信息整合仍需手工识别和处理，同时名称规范同名实体较多，维基数据的属性内容和名称规范档实体信息的差异性导致批量数据处理易产生误差，因此进一步提高名称规范档数据的价值和功能成为未来研究的关键问题。

图 7-11 "老舍"人物信息页面

7.3 中文人名名称规范档与豆瓣读书的作者聚合

豆瓣读书是豆瓣网的一个子栏目[①]，自 2005 年上线以来，已成为国

---

① 豆瓣读书 [EB/OL]. [2020-06-01]. https://book.douban.com/.

内信息最全、用户数量最大且最为活跃的读书网站。豆瓣读书在提供书目资源的同时，对于相应资源的作者信息也进行了链接，包括"性别""出生日期""国家/地区"等。此外，豆瓣读书提供了利用作者名称进行检索的方式，可获取相关书籍与丛书的信息、评价、收藏数以及出版信息。但由于个人名称信息不完整、数据量大且数量不断增加，以及不同实体重名、同一名称实体不同标识和标识的演变，用户在利用作者数据获取所需信息时，检索的准确性及全面性受到了一定影响。

名称规范档有机地将同一名称实体的不同名称形式进行聚类，将同一名称形式的不同实体进行区分，以实现对名称的识别。利用名称规范档数据对豆瓣读书的作者数据进一步丰富与完善，可以实现两者之间的资源共享，推动数据的规范化应用，从而保持各平台数据的一致性，有利于用户采用既定名称进行查询，也可以利用姓名的变体或等同名称以及国家/地区、作品等相关信息进行检索。

关联数据是 W3C 推荐的语义实践，通过 URI 和 RDF 技术发布和链接各类数据，可以实现跨领域跨学科等数据集的关联。目前豆瓣读书和名称规范档数据之间的关联较少，影响了数据之间的通用。在分析受控词表与分众分类词表结合的基础上，采用关联数据技术方法，将匹配后的豆瓣读书作者数据和中文名称规范联合数据库个人名称数据通过构建资源描述框架，建立"作者—作品—人物"数据模型，然后基于作品关系将作者与其相应的人物数据进行聚合，实现豆瓣读书作者数据与中文名称规范档数据的链接，促进数据的共享与复用。

7.3.1 受控词表与分众分类系统的聚合

分众分类系统（Folksonomy）[①] 是在 Web2.0 环境下产生的，旨在提

---

① Folksonomy[EB/OL]. [2018-03-20]. https://en. wikipedia. org/wiki/Folksonomy.

供一种在线共享和交互协作的平台，用户通过标签对资源进行标注和分类，就可以通过共享标签找到特定的资源与内容，具有高度的共享性和动态性。豆瓣读书作为典型的分众分类系统[①]，开发管理者均为用户，所有的内容、分类、筛选和排序都由用户生成和决定，网站后台不断完善算法将用户的评分和标记数综合排序。作者数据经上传后，用户可以增加或修改详细描述，也可以对已有的描述进行报错。其为用户群体制定的选择和操作过程，不需要用户有较高的专业水平，普及性和操作性强，标签和分类亦可以直接反映用户的兴趣和需求。但一定程度上，用户标注的自由及随意性会导致标签的含义不明确或指代不明确。

名称规范档是由专业人员对描述记录中的名称标目进行专门的规范控制，将规范的标目形式与各类变异标目建立参照，以明确名称的语义。如果将名称规范档与分众分类系统进行有机结合，可以一定程度上弥补二者的优劣势。两者结合后将采用更为规范和通用的形式进行标目，通过对名称变异形式的处理使得同一人物的不同名称之间可以相互参见，且语义关系明确，更有利于标引和检索，以实现不同形式之间的标目共享。

对于受控词表和分众分类系统的结合，Yi 和 Chan[②] 从 Delicious 系统中选取样本与受控词表进行了匹配，研究了受控词表与 Delicious 系统的链接形式，实践表明两者结合后，受控词表链接可以增强分众分类系统的信息检索效率。贾君枝[③] 对受控词表和分众分类法结合的研究现状做了总结，并预测了两者结合的发展趋势。刘永和张春慧[④] 在对

---

① 关于豆瓣 [EB/OL]. [2020-06-01]. https://www.douban.com/about.

② YI K, CHAN L M. Linking folksonomy to Library of Congress subject headings: an exploratory study[J]. Journal of Documentation, 2009(6):872-900.

③ 贾君枝. 分众分类法与受控词表的结合研究进展[J]. 中国图书馆学报, 2010(5): 96-101.

④ 刘永, 张春慧. 分众分类的特点与应用策略研究 [J]. 情报科学, 2015(6):11-14.

Folksonomy 和传统信息组织方式的特点分析的基础上，对这两种方式如何结合的模式进行了概述。现有研究表明，两者可以进行结合且无法相互取代，受控词表的规范控制可以弥补分众分类系统的规范性不足、语义缺失及不准确等缺点，亦可通过分众分类法中丰富的标签资源对受控词表进行更新和完善，使其更符合用户的习惯和需求，为用户提供更佳的检索体验[①]。

7.3.2　豆瓣读书与名称规范档的作者聚合实现

7.3.2.1　豆瓣读书及名称规范档数据采集与分析

在豆瓣读书的网站中，主要涉及两类数据。一是作品相关信息的数据集，二是每一作品对应的作者相关信息的数据集。作品信息主要包括"作者""出版社""出版年""页数""定价""ISBN"等，对于一些外国作者的著作，还包含"原作名""译者"等。作者信息以其"中文姓名＋英文姓名"组合作为标题，其下包括"性别""出生日期/生卒日期""国家/地区""更多外文名""更多中文名""作者简介"等明确属性。其中，英文名称采取"姓在后、名在前"的形式。另外，作者简介以文本形式对作者的相关信息进行了描述，其中涉及一些隐含属性，如"祖籍""原名""现代作家"等。这些隐含属性对丰富人物信息也具有重要意义。

名称规范档包括"记录控制号""母语/国籍""中文个人规范名称""西文个人规范名称""变异标目名称""标目信息附注""参考数据源"等。其中国外作者的中文个人规范名称仅包含其名，没有姓氏；英文规范名称采用姓在前，名在后的形式。此外，名称规范档收录了较为丰富的变异名称，如对一些外国作者，将其西文名称音译为中文后，存

在同音不同字现象，因而变异名称不局限于一个。

考虑到文学作品中，作者应用的笔名形式多，变异名称较为丰富，选取豆瓣读书的文学类下的"名著"标签，以此作为数据选择依据。用八爪鱼数据采集软件对其最新排行榜进行抓取，共下载 200 条数据，包括作品数据及其对应的作者数据，然后对数据进行预处理。作品数据由于豆瓣读书的网站类型限制，不可单条属性采集，全部抓取书目相关信息后在 Excel 表中进行分离。作者数据去重后剔除名称为著作集合和抓取的非作者信息，再剔除著录不全的信息，即除中文名称外，其余属性均缺失的情况。筛选后得到 108 条数据。

豆瓣读书的作品数据集和作者数据集构建完成后，名称规范档收集的数据集以书目记录作者名称为依据。根据每一条作者数据，从中文名称规范联合数据库检索系统中检索相对应的个人名称数据，该系统集成了各成员单位名称规范数据。选取"规范名称"标目，以 HTML 方式导出数据，然后利用 Excel 表处理为 .xls 格式。在检索过程中，存在无记录现象，此类情况将进行保留，在后期聚合过程中作为干扰因素检验对齐效果。另外，由于名称规范档是多个机构合作生成的数据，CNMARC、MARC21 及 CALIS MARC 等多种编目格式在字段选择上都有所区别，因此选取规范名称时应尽量选取同一来源的数据。笔者在进行数据处理时首选国家图书馆，辅以 CALIS 的数据，经过筛选后共得到 103 条数据。

通过数据分析，两者的共同属性有中文名称、英文名称、国籍以及出生年，其中国籍信息存在双方数据不一致现象。比如"艾捷尔·伏尼契"，豆瓣读书中著录其国籍为"爱尔兰"，但名称规范档中著录为"英"，这与当年的政治环境、移民等各种原因有关。此外，两方数据均存在属性缺失情况，部分没有英文名称、国籍或出生年月，因而在匹配时需要首先考虑中文名称匹配，辅以其他属性。

7.3.2.2 匹配算法设计

经过对两者数据的分析，基于即含义相同的属性进行匹配，即中文名称、英文名称及出生年，三者均需考虑。然后针对匹配效果进行分析，确定两方数据聚合的可行性，流程如图 7-12 所示。

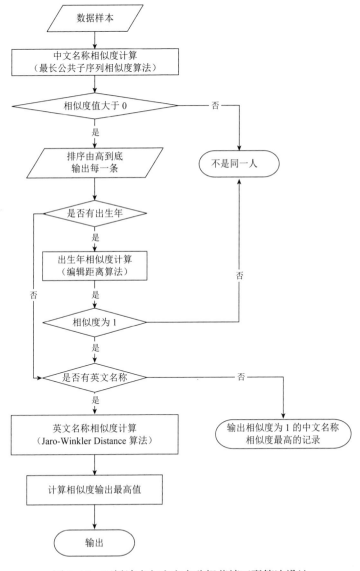

图 7-12 豆瓣读书与中文名称规范档匹配算法设计

（1）中文名称匹配

针对名称规范档中部分外籍人物数据仅有名字没有姓氏的情况，中文名称匹配选用最长公共子序列（Longest Common Subsequence，LCS）相似度算法[1]较为适合，且其最长公共字符串一般为1个，即名字。其原理为利用矩阵记录两个字符串所有位置的两个字符之间的匹配情况，若匹配则值为1，否则值为0；然后求出对角线最长的1序列，其对应的位置即最长匹配子串的位置。在此基础上计算相似度，见公式7-3：

$$\text{sim}(A, B) = \frac{\text{LCS}}{MAX(|A|, |B|)} \qquad （公式 7-3）$$

其中，$|A|$ 和 $|B|$ 为要比较的字符串的长度，LCS 为最长公共字串的长度。

通过对中文名称的对齐计算，对相似度值为0的认定为非同一人的记录；相似度值大于0的按从高到低排序后输出，并借助其他属性进行对齐。

（2）出生年匹配

由于两方数据除中文名称外，均有其他项属性缺失的情况。其中，出生年属性较为确定且可进行精确匹配，可以辅助筛选一部分数据。该属性是简单字符串，采用编辑距离算法进行精确匹配即可。编辑距离算法（Levenshtein Distance）[2]是Levenshtein提出的，编辑距离是指由源字符串转变为目标字符串所需的最小编辑操作的次数。计算相似度时，先取两个字符串长度的最大值，然后通过公式7-4计算相似度（Sim）。

$$\text{Sim} = 1 - （编辑次数/最大值） \qquad （公式 7-4）$$

① WAGNER R A, FISCHER M J. The String-to-String Correction Problem[J]. Journal of the ACM, 1974(1):168-173.

② LEVENSHTEIN V I. Binary codes capable of correcting deletions, insertions and reversals[J]. Soviet Physics Doklady, 1966(1):707-710.

通过对出生年属性的匹配，相似度值为1即两方数据一致无须修改，视为同一人的记录；相似度低于 1 视为非同一人的记录。对于无出生年记录的作者数据，进行下一步英文名称匹配判断。

（3）英文名称匹配

英文名称采用 Jaro-Winkler Distance 算法进行匹配。王道仁等[①] 在研究中通过对美国专利及商标局（United States Patent and Trademark Office，USPTO）专利数据中同一发明人英文姓名全名进行模糊匹配，得出 Jaro-Winkler 算法匹配效果最佳。该算法优化了 Jaro 算法（原用于判定健康记录上两个名字是否相同），它是计算由源字符串转变为目标字符串所需要的编辑操作，但将字符串添加了前缀范围因子，增加了字符串起始部分的权重，适用于姓名类较短字符串进行比较计算。计算公式如公式 7-5 和公式 7-6：

$$JD = \frac{1}{3} + \left(\frac{S}{|A|} + \frac{S}{|B|} + \frac{S-t}{S} \right) \qquad （公式 7\text{-}5）$$

$$sim = JD + L \times P(1-JD) \qquad （公式 7\text{-}6）$$

其中，$|A|$ 和 $|B|$ 为要比较的字符串的长度，S 为相同的字符数，T 为换位数；L 为前缀部分，P 为前缀因子，即调整前缀匹配的权值，默认为 0.1。

对于无出生年属性的数据，将中文名称匹配后相似度值大于 0 的记录全部输出，进行英文名称匹配，计算相似度后排序输出最高值记录；对于进行了出生年属性相似度计算的，输出其值为 1 的记录，进行英文名称匹配，同样计算相似度后输出最高值记录。最高值记录视为双方数据匹配的最终结果。

---

① 王道仁,杨冠灿,傅俊英.专利发明人英文重名识别判据及效度比较分析[J].数字图书馆论坛,2016(8):2-9.

7.3.2.3　实验及结果分析

本实验使用 MyEclipse 开发工具，用 Java 语言编写程序完成中文名称匹配、英文名称匹配、出生年匹配等操作。

中文名称匹配算法部分实现如下：

```
public class LCS {
    public static double SimilarDegree(String strA, String strB){
        String newStrA = removeSign(strA);
        String newStrB = removeSign(strB);
        int temp = Math.max(newStrA.length(), newStrB.length());
        int temp2 = longestCommonSubstring(newStrA, newStrB).length();
        return temp2 * 1.0 / temp;
    }
```

依次循环计算相似度，相似度值为 0 的直接输出，不再进行下一步的循环比较；相似度值大于 0 的判断是否有出生年属性。若有出生年属性，则采用编辑距离算法进行精确匹配，相似度值为 1 的继续判断是否有英文名称数据；相似度值不为 1 的直接输出。对于英文名称，豆瓣读书中为姓氏在后名字在前，而名称规范档正相反，但名称规范档姓与名之间均有逗号间隔，在计算之前可以利用 Excel 表格进行处理，统一为姓在前名在后的形式。然后将相对应的英文名称应用 Jaro-Winkler Distance 计算，排序输出最高值。英文名称匹配算法部分实现如下：

```
public float Distance(String s1，String s2) {
    int[] mtemp = matches(s1，s2);
    float m = (float) mtemp[0];
    if (m == 0) {
```

```
        return 0f;

    }

    float j = ((m / s1.length() + m / s2.length() + (m - mtemp[1]) / m)) / 3;

    float jd = j < getThreshold() ? j : j + Math.min(0.1f, 1f / mtemp[3])

            * mtemp[2] * (1 - j);

    return jd;

}
```

本研究的目标是实现豆瓣读书和名称规范档两方数据的对齐，通过对以上共同属性的匹配计算，并辅以人工验证，103 条数据中 96 条匹配正确，7 条数据未正确匹配，准确率达到了 90% 以上。证明豆瓣读书的数据和中文名称规范档数据具有较强的关联性，实体的属性信息可以通过相似度匹配将其进行对齐。

7.3.3 名称规范档与豆瓣读书数据的关联

两方数据对齐后，仍处于分离状态，检索及浏览时还需要分别浏览各自网站获取同一人的相关标目信息。因而引入关联数据技术，通过将对齐的数据以关联数据的形式发布，使得资源可以开放利用，实现一站式的浏览及检索，促进其在语义层面的交互。要实现这一目标，需将对齐的数据进行数据模型构建、RDF 映射、建立关联链接，从而实现开放使用，即在本地站点实现检索、RDF 数据查看、SPARQL 查询等。

7.3.3.1 数据模型构建

由于采集下载的数据并非结构化数据，需要通过构建 RDF 库将数据规范化进而完成数据模型的构建，即将实体的相应属性信息转换为结构化数据。

首先确定词表，选用 Schema.org 作为描述模型的核心 RDF 词表，描述个人实体时，选用其下位类 schema:person 作为实体的唯一类型。通过分析豆瓣读书数据和名称规范档数据，豆瓣读书作者与名称规范档人物结合 Schema.org 的下位类 schema:person 进行描述，Person 类几乎包括了个人的所有属性，可通过该词表建立 RDF 映射。采用 schema:CreativeWork 及其下位类 schema:book 对作品的"内容表达"和"载体表现"部分进行描述。此外，作者数据通过 schema:name 与名称规范数据建立关联，通过 schema:headline 与作品数据建立关联，作品数据通过 schema:author 与名称规范数据建立关联。数据模型如图 7-13 所示：

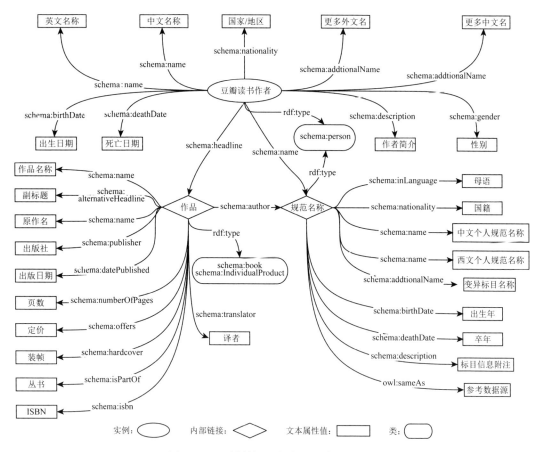

图 7-13 豆瓣数据和名称规范档数据模型

7.3.3.2 利用 Drupal 发布关联数据

采用 Drupal 将豆瓣读书的作品、作者数据以及中文名称规范档的人物数据发布为 RDF 格式的结构化数据。建立 Person 内容类型、Book 内容类型以及 Author 内容类型之间相应的内链，即可实现人物数据集与作品数据集以及作者数据集的关联，内容类型设置如图 7-14 所示。完成内容类型设置后，将构建的数据集导入，可进一步实现将数据在本地站点上发布为关联数据。图 7-15 为实验中截取的"毛姆"数据，从 A 分别链向 B、C。

标签	机读名称	字段类型	控件
Title	title	节点模块元素	
性别	field_schemaorg_gender	文本	文本字段
国籍	field_schemaorg_nationality	文本	文本字段
中文名称	field_schemaorg_name1	文本	文本字段
外文名称	field_schemaorg_name2	文本	文本字段
变异名称	field_schemaorg_additionalname	文本	文本字段
出生日期	field_schemaorg_birthdate	文本	文本字段
死亡日期	field_schemaorg_deathdate	文本	文本字段
作者简介	field_schemaorg_description	长文本	文本域（多行）
作品标题	field_schemaorg_headline	Node reference	复选框/单选按钮
规范名称	field_schemaorg_name3	Node reference	复选框/单选按钮

图 7-14 Author 内容类型字段设置

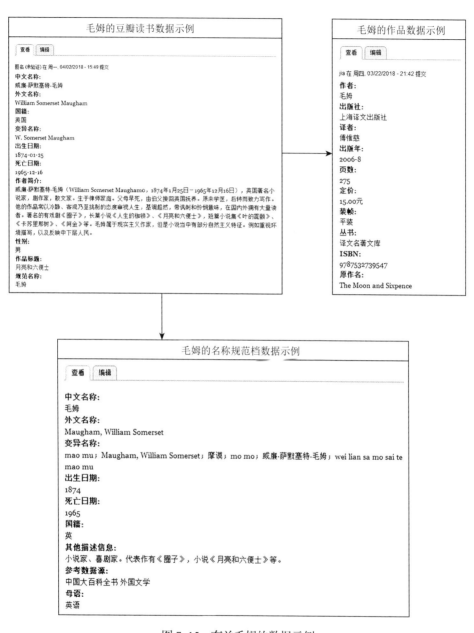

图 7-15　有关毛姆的数据示例

7.3.3.3　开放查询

通过上述对数据的 RDF 化和设置 RDF 链接，Drupal 会为创建的内容节点生成三元组 RDF 数据。用户可以通过 SPARQL Endpoint 输入语句进行查询所需数据，亦可通过 Firefox 浏览器直接查看 RDF 数据，如图 7-16 所示。

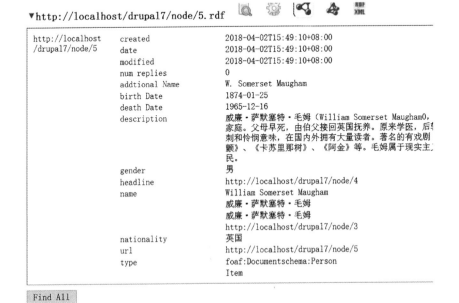

图 7-16　Firefox 浏览器查看 RDF 数据

　　两个不同系统的数据聚合一定程度上简化了用户的检索流程。从原始的两方站点分别查询同一人物到一站式检索，既可在本地站点浏览豆瓣一方数据时，通过链接直接访问其作品数据和规范名称数据，及时获取相关的名称变异形式；亦可进一步理清实体与其规范实体以及其他类型资源之间的关系，与名称规范档建立语义化链接。另外，促进了分众分类词表和受控词表的结合。豆瓣读书由于用户参与，其数据的一些属性信息并不完善，尤其是名称的规范形式。通过与名称规范档的结合，名称规范档数据的规范性弥补了豆瓣读书数据中的存在的用户参与的不标准、分散、语义不明确等缺点，同时还可挖掘豆瓣读书数据中丰富的标签资源完善受控词表，实现两者联合，从而优化网络资源。

术语缩略词表

中文全称	外文全称	外文简称
标识符	Open Research and Contributor ID	ORCID
标准编码档案背景	Encoded Archival Context	EAC
都柏林核心元数据倡议	Dublin Core Metadata Initiative	DCMI
共享 LEAF 规范记录	Shared LEAF Authority Record	SLAR
关联开放词表	Linked Open Vocabularies	
关联开放数据	Linked Open Data	LOD
关联开放数据项目	Linked Open Data Cloud	LOD
规范及参考款目准则	Guidelines for Authority and Reference Entries	GARE
规范记录的功能需求与编号	Functional Requirements and Numbering of Authority Records	FRANAR
规范记录及参考准则	Guidelines for Authority Records and References	GARR
规范款目与参照款目指南	Guidelines for Authority and Reference Entries	GARE
规范款目与参照指南	Guidelines for Authority Records and References	GARR

续表

中文全称	外文全称	外文简称
规范数据的功能需求	Functional Requirements for Authority Data	FRAD
国际标准名称识别符	International Standard Name Identifier	ISNI
国际标准书目著录	International Standard Bibliographic Description	ISBD
国际标准作者号	International Standard Author Number	ISAN
国际化资源标识符	Internationalized Resource Identifiers	IRIs
国际人工智能协会	The Association for the Advancement of Artifi cial Intelligence	AAAI
机读目录格式	Machine-Readable Catalogue Rulesedition	MARC
集成规范文档	Gemeinsame Normdatei	GND
简单知识组织系统	Simple Knowledge Organization System	SKOS
连接和探索规范档项目	Linking and Exploring Authority Files	LEAF
美国国会图书馆名称规范档	The Library of Congress Name Authority File	NAF
美国国家档案和记录管理局	National Archives and Records Administration	NARA
名称规范合作计划	Name Authority Cooperative Program	NACO
社会网络及档案语境	Social Network and Archival Context	SNAC
世界书目控制	Universal Bibliographic Control	UBC
书目记录的功能需求	Functional Requirements for Bibliographic Records	FRBR
书目框架	Bibliographic Framework	BIBFRAME
统一资源描述符	Unified Resource Identifier	URI
图书馆信息技术协会	Library Information Technology Association	LITA

续表

中文全称	外文全称	外文简称
香港高校图书馆咨询委员会	Joint University Librarians Advisory Committee	JULAC
香港中文名称规范数据库	HongKong Chinese Authority（Name）Database	HKCAN
虚拟国际规范文档	Virtual International Authority File	VIAF
英国图书馆与情报专家学会	Chartered Institute of Library and Information Professionals	CILIP
英美编目条例	Anglo-American Cataloguing RulesRules	AACR
元数据规范描述模式	Metadata Authority Description Schema	MADS
中国高等教育文献保障系统	China Academic Library & Information System	CALIS
中文名称规范联合数据库检索系统	China Name Authority Joint Database Search System	CNAJDSS
中文名称规范联合协调委员会	Cooperative Committee for Chinese Name Authority	CCCNA
主题规范数据功能需求	Functional Requirements for Subject Authority Data	FRSAD
资源描述框架	Resource Description Framework	RDF
资源描述与检索	Resource Description and Access	RDA
FRBR 图书馆参考模型	FRBR-Library Reference Model	FRBR-LRM

综合主题索引

303 响应机制,197-198

AACR2,6,9,15,17,92,95,97-98,
136,147,158

AriesSystems 编辑系统,195

BIBFRAME,9,13,15-16,55,121-124

CALIS,8,10,20,25,119,137,141,
156-158,175-178,188,191-192,
228,235-236,250

CCCNA,8,22,156,183,185

CNAJDSS 平台的功能模块图,157

CNMARC 中标目使用的字段表 (表),
118

datos.bne.es 项目,28

DC,19,30,43-45,53,55,57

DCMI,15,45,47,58

Drupal,214-215,217-218,242,257-
258

FOAF,29-30,45,52-53,57,134,136,
176,205-206

FRAD 模型,8,13,15-16,23,28,104-
105,181,197

FRANAR,13,197

FRBR,8,12,14-15,19-20,28,98,
101,104-105,121,181

FRSAD,13,15,181

GARE,7,94,102-103

GARR,7,12,94,103,105

Getty 地理名称规范档,17

GND,9,59,61,121,131-133,135,196

Hash URI,51,197

ISBD,14-15,20,96-97,99

ISNI,9,13,167,171-172,195,204

JULAC,8,177

LCSH 关联数据服务项目,64

LEAF 项目,8,137,142,151-155

LOD,9,27,58-59,61

LODe-BD 模型,27

MADS,15,138,160

MARC21,9,12,26-28,109,114-116,
119,131,147,154,158,160,188,
193,250

MARC/XML,17,26,138

microdata,125,206,208

NACO,7,9,14,19,24-25,72,137-
139,142,145-150

OCLC,30,55,126,139-140,147,149,
159,162,166,185

Ontology,41,45

OWL,82

PCC,103,146,150

RDA,9,97,101

RDF三元组,15,17,48-49,51,53,55,
59,64,233,235,240,242,244-245

Schema.org,125,206

SKOS,77

SNAC,9,167,171-172

UBC,5

UNIMARC,110

UNT名称应用程序,19

URI,28,34-36,39,46,48-52,54,56,
121,155,172-173,178,187,194,
197-198,217-218,235,245,247,

VIAF,159

Wikidata,10,165,167,172,195,206,
217,229,231

World Cat Identities项目,30

Z39.50,143-145,152-155

A

阿拉伯人名规范控制,23

B

本体,27,40-43,70,196

编目规则,93,95,99

编目员的著者字顺表,5

变异名称,71,76,91-92,101-102,104,
136,173,200-202,204,235,238,
249-250

标目,2,100

并列名称,112,174,204

部分整体关系,76

C

参照关系,67,76,92,202

参照系统,101

"词—文档"矩阵,233-234,239

D

单纯参照根查区,103-104

等级关系,68,70,76,204

等同关系,3,44,69,72,76

地理名称,55,100-101,111,117-118,
131,166,196

定义URI,50-51,198,218

豆瓣读书,246-251,254-259

杜威十进分类法,57-58,67,79

多馆中心式模式,22,187

多语言主题存取,23

F

反义关系,76

分布式模型,143-144,146,175

分类表,67

分众分类法,68,74,248-249

附加信息处理,193

G

个人变异名称,101,200

个人规范名称,200,249

个人名称,3,6,20,22,29,90,94,100,
  102,105,111-112,115,117-118,
  139-141,150,159,166,169,172,
  189,199-200,211,213,223-224,
  227-228,230,235,247,250

个人实体的属性列表,105,199

个人实体关系,202,211

个人实体描述模型,208

个人实体属性,199

功能需求(FRAD)模型,8,13

关联关系构建,245

关联开放词表项目,52

关联开放数据云图,9,27,58-60

关联数据,9,27,46,48,50,54,56,58,
  194,235,242

关联映射实现,245

规范标目区,103

规范档,25,29

规范记录的编号与功能需求研究组,
  197

规范记录组成,91,103,160,192

规范控制,2,5,12

规范名称,2,20,91-92,112,131,136,
  160,177,200-202,204,215,249-
  250,256,259

规范数据功能需求,104,199,201

国际标准规范数据号区,104

国际标准名称识别符,9,171-173

国际标准组织,13,171-172

国际标准作者号模型,14

国际虚拟规范文档,171

国家名称规范档建设,137

国家图书馆规范数据库,175

国内外编目规则,95

H

合作编目项目,146

合作联盟,184-185

互操作实现,196

J

机读目录格式,5,109

机构本体推荐标准,196

机构变异名称,201

机构规范档,172

机构名称,3,20,22,29,104,116,139,
  166,168,172-174,177,195,200-
  202,204,213-214,217

机构实体的属性列表,201

机构实体关系,203

机构实体描述模型,211

机构实体属性,200-201,211

疾病本体,43,71

集成规范文档,9,131

集中式共享,142

家族变异名称,102

检索点,2

简单知识组织系统,57,78,136

聚合关系,75-76

K

开放查询,258

开放研究及贡献者标识符,171

可变字段区,110

L

来源区,104

连接和探索规范档项目,8,142,151

联合式共享,142,186

联机规范共享数据库,24

联机规范控制项目,141,175,177

联机图书馆中心,5-6

M

美国地名表(部分)(表),70

美国国会图书馆分类法,10,67,138

美国名称规范合作项目,142

描述词表,88,120

描述格式,10-11,91,109-110,142,
158,178

描述规则,9,11,55,88,91,93-95,102-
103,119,175-177,181-182

名称规范,2

名称规范档,1,3-4,7,11,17,29,72,
88,90,92-93,137-138,142,147-
148,191

名称规范控制共建共享,24

名称规范联合库,22

名称规范描述规则,176

名称规范数据互访模型,142

目次区,110

目录分发服务,149

N

农业叙词表,69

O

欧洲MALVINE系统,152

欧洲连接和探索规范档项目,8,142,
151

P

平行标目,94,103

R

人名名称数据库,171

瑞典联合目录,54

S

上下位关系,76

社会关系网络本体,45

社会网络及档案语境,9,171

世界书目控制,5

书目框架,13,121-122

术语表,70

T

同一关系,173,202-204

同义关系,76

同源关系,76

统一机构规范档,139

统一题名,7,89,94,100-102,111-112,
114-115,117,141

统一资源描述符,34

头标区,110

图书馆参考模型,14

图书馆关联数据,54,56-58

团体变异名称,102

团体名称,100,113,116

W

网络知识组织工具,180

微数据,125-126,206,208

唯一识别符,56,171-172,200-201

维基数据,10,171,178,199,201,221,
229-240,243,245-246

X

西班牙大学资源库规范控制,18

相关参照根查区,103

相关关系,68-69,72,76,204-205,234

相继关系,204

香港中文名称规范数据库,119,158

形式化表述语言,77

虚拟国际规范文档,8,58,126,140,
142,159,172

Y

医学主题词表,69

英国国家书目,55

语义网,8-9,11,15-17,26-28,31-33,
43-44,46-47,54-55,60,66,72-
73,76-78,96,131,138,171,178,
181-182,194,206,230,245

语义知识地图,66

Z

增强型规范记录生成,160

知识组织工具,11,58,64,66,180

知识组织系统,66

中国科学院机构名称规范库,20

中国科学院机构名称规范控制库,22

中文名称规范档,10-11,18,21-22,
25,29,31,137,156,158-159,168,
174-186,188,191,194,197,223-
224,228,245,247,251,255,257

中文名称规范联合数据库检索系统,
156,175,250

中文名称规范数据库,7,20,119,156,
158

中文名称规范文档,16,20,119,210-
    211
中文名称规范一站式查询系统,8
中文名称联合数据库,137,142,145,
    155,157,178

中心式模型,144-146,186-187
主题规范档,2,23,138-139
主题规范记录,27
主题规范数据功能需求,13
资源描述框架,13,33,182,247

（衡中青、李秋宇编制）